Eghalanda Gmoi z' Stuttgart

Egerländer Gemeinde zur Pflege der heimatlichen Kultur

Löüwa Vetter

Walter Clemens

*Es ist uns eine Freude, Dir diese
Aufmerksamkeit als Dank und Anerkennung
für 25 Jahre treue Mitgliedschaft
in der Eghalanda Gmoi z Stuttgart
zu überreichen.*

Harald Wenig
Vüarstäiha

Stuttgart, den 3 März 2012

D1640259

Richard Bachmann

Geschichten aus dem Grenzwald

Erzählungen aus Bayern und Westböhmen

EDITION OCTOPUS

Richard Bachmann, »Geschichten aus dem Grenzwald«
© 2006 der vorliegenden Ausgabe: Edition Octopus
Die Edition Octopus erscheint im
Verlagshaus Monsenstein und Vannerdat OHG, Münster
www.edition-octopus.de
© 2006 Richard Bachmann

Alle Rechte vorbehalten
Umschlag & Satz: Claudia Rüthschilling

Druck und Bindung: MV-Verlag

ISBN 3-86582-309-2

Inhalt

Vorwort des Lektors

Richard Bachmann (Jahrgang 1935) hat in diesem Erzähl-band Geschichten aus der mündlichen Überlieferung zu-sammengetragen, die in der Oberpfalz und Westböhmen schon seit Jahrhunderten Ausdruck einer volkstümlichen Erzählkultur sind. Gespenstergeschichten etwa kursieren – nicht nur in dieser Region - schon seit dem Zeitalter des Barock (17. Jahrhundert). Nichtsdestotrotz ist die schrift-liche Aufzeichnung und damit die Bewahrung jener Tradi-tion höchst spärlich und unzureichend. Die frei schwebende mündliche Überlieferung, die nur durch Wiedererzählen und Weitererzählen fortlebt, läuft Gefahr, sich im Medien-zeitalter restlos zu verflüchtigen. Wir haben verlernt zu er-zählen und zuzuhören. Und soziale Einrichtungen wie die »Hutschaabende«, bei denen Nachbarn, Freunde und Ver-wandte regelmäßig zusammentrafen, um wilde fantas-tische Geschichten vorzutragen, gehören bereits der Ver-gangenheit an.

Umso erstaunlicher ist das große Engagement des Autors, der seit seiner Kindheit nicht nur als begeisterter Hörer von Geschichten, sondern stets auch als ein fleißiger Wei-ter-Erzähler und Bewahrer dieses Erzählguts in Erschei-nung getreten ist. Durch direkte Teilhabe an der Tradition konnte er deshalb aus seiner eigenen Erinnerung viele Ge-schichten rekonstruieren. Und durch Nachfragen und Re-cherchieren bei seiner eigenen Generation und der seiner Eltern wurde er im Laufe der Jahrzehnte ebenfalls mit al-lerlei Erzählungen belohnt, die ohne seine Aufzeichnungen unwiederbringlich verloren gegangen wären. Das Beste aber ist: Richard Bachmann hat in der Auseinandersetzung mit der mündlichen Überlieferung auch selbst Geschichten erfunden – nicht nur gefunden. Er benutzt ihre charakteristischen Motive und Gestalten, ihre spezielle Atmosphäre und ihr zeitgenössisches Kolorit, um die Tradition auch selbst ein Stück weit fortzuschreiben. Damit verhindert er, dass seine Geschichten ausschließlich zur musealen Erinnerung erstarren. Selbst gehörte, anderswo gesammelte und selbst verfasste Erzählungen bilden also einen lebendigen, bis in die Gegenwart reichenden Zusammenhang.

Die Geschichten – auch die erfundenen – spielen allesamt in einem Zeitraum, der vor dem Ersten Weltkrieg einsetzt und sich bis in die 50er Jahre erstreckt. Richard Bachmanns *Geschichten aus dem Grenzwald* dokumentieren also die letzten Ausläufer einer mündlichen, echt volkstümlichen Erzählkultur, die in der ersten Hälfte des 20. Jahrhunderts noch in voller Blüte stand. Die wunderlichen Figuren und Begebenheiten, die seit jeher die Fantasie der so genannten einfachen Leute inspiriert haben – hier finden sie sich alle wieder: Lichter-Erscheinungen, Waldgeister, Schmuggler, Wilderer, Ehebrecher, Spieler, Musikanten, Totengräber, Hellseher, Selbstmörder und Mörder; gefürchtete Waldwinkel und Plätze, wo es umgeht und spukt; sowie das ganze Arsenal der Gespenster und Wiedergänger aus dem Reich der Toten: Weiße Frauen, enthauptete Söldner aus dem Dreißigjährigen Krieg, spurlos verschwundene Leichen, in gespenstischen Kutschen dahinjagende Verstorbene, Vollmondnächte mit Tod und Teufel und vieles andere mehr. *Die Geschichten aus dem Grenzwald* sind eine einzige Liebeserklärung an die Oberpfalz und Westböhmen. In geradliniger klarer Sprache, dem Volk direkt vom Maul abgeschaut, rettet dieses Buch ein Bruchstück mündlich entstandener Kultur, die bald schon vollkommen vergessen sein könnte.

Günter Bachmann
Stuttgart, im Februar 2006

Der Böhmerwald

Viele meiner Erzählungen haben sich in der Gegend um den westlichen Teil des Böhmerwalds und der nördlichen Oberpfalz zugetragen. Dort also, wo der Böhmerwald sich mit dem Oberpfälzer beziehungsweise Bayerischen Wald berührt. Gemeinsam bilden sie das größte zusammenhängende Waldgebiet in ganz Europa. Die dort lebenden Menschen sind von dieser unendlich wirkenden Ausdehnung der Wälder wohl ganz besonders geprägt. Ähnlich wie Gemeinschaften, die am Meer oder im Hochgebirge angesiedelt sind, durch die Gegenwart elementarer Naturgewalten einen eigenen Charakter aufweisen. Das belegt auch der auffällige Hang zu mündlichen Erzählungen, die nicht selten eine geheimnisvolle, mystische oder auch gespenstische Gestalt annehmen. Im vorliegenden Erzählband habe ich deshalb Geschichten aus dieser mündlichen Überlieferung zusammengetragen – so, wie sie mir von Dritten berichtet wurden. Darüber hinaus habe ich mich an eigenen Geschichten versucht, die durch die Auseinandersetzungen mit diesem Erzählgut direkt inspiriert sind. Schließlich würden wir der Überlieferung ja einen schlechten Dienst erweisen, wenn wir nicht bereit wären, sie auch unsererseits gleichsam weiterzubilden. Und wozu hätte ich meiner Fantasie Zügel anlegen sollen, wenn sich neue Geschichten wie von selbst aufdrängen? In Stil und Inhalt unterscheiden sie sich nicht von den nacherzählten Geschichten – und auch von diesen ist längst nicht klar, ob sie sich nicht eher der Erfindung eines Einzelnen verdanken als unbedingter faktischer Wahrheit. Entscheidend scheint mir, dass diese Art zu erzählen ein Ausdruck einer bestimmten kulturellen Mentalität ist, die über Jahrhunderte hinweg die Region geprägt hat. Ob alles verbürgt ist, was sich um die Geschichten über Wilderer oder auch Gespenster rankt, scheint mir am Ende also weniger bedeutsam als die Frage, inwiefern sich darin soziale Aspekte der armen Unterschichten oder auch die tief verwurzelte Veranlagung der Bevölkerung zu mystischem Denken widerspiegeln. Deshalb sind bei manchen Erzählungen, sei es durch Rücksicht auf Dritte, sei es, weil ich Eigenes präsentiere, Namen von Personen und Ortschaften geändert worden.

Im »Böhmischen« selber wird der Böhmerwald übrigens liebevoll *Šumava* genannt. Die westböhmische Stadt Pilsen (Plzeň), die Geburtsstätte des berühmten »Pilsner Biers«, ist zwar eine Industriestadt mit knapp 172.000 Einwohnern; aber sie hat auch einige schöne Seiten. Sie ist sicher die bekannteste Stadt in Westböhmen. Meine Geschichten und Erlebnisse haben allerdings in weit weniger bekannten Städtchen und Dörfern ihren Ursprung. Auf mich wirkt besonders der Böhmerwald bis zum heutigen Tag mit einer starken Anziehungskraft. Ob ich mich nun im Oberpfälzer oder auch Bayerischen Wald aufhalte, macht zwar keinen großen oder grundsätzlichen Unterschied. Meine Gefühle sind fast die gleichen – aber eben nur *fast*. Wenn ich bei Eslarn in Richtung Tillyschanze fahre, um dann zu Fuß die bayerisch-tschechische Grenze nach Eisendorf (Železná) zu passieren, ist mein Empfinden plötzlich wie umgewandelt: *Eisendorf ist nämlich mein Geburtsort.* Obwohl ich die Umgebung der ehemaligen Kreisstadt Vohenstrauß inzwischen als meine zweite Heimat bezeichnen möchte und mich da sehr wohl fühle, so ist, wenn ich in die Nähe meines Heimatorts komme, meine Wahrnehmung dennoch eine völlig andere. Manchmal habe ich das Gefühl, sobald ich die ersten Meter nach der Grenzkontrolle in Richtung Ortschaft gehe, dass selbst die Luft hier eine andere ist. Wie oft ich seit der Grenzöffnung 1990/91 diesen Weg gegangen bin, kann ich nicht genau sagen, aber es war wohl viele Male.

Der Ort selber stimmt mich traurig. Es ist nicht mehr viel übrig geblieben von dem einstmals schönen Dorf. Sogar der prächtige Weiher, der einmal acht Hektar groß war, ist zusammengeschrumpft. Das landwirtschaftlich geprägte Umfeld und die weit verzweigten Höhenzüge des Böhmerwalds machten Eisendorf früher zu einer wahren Idylle. Schon vor dem zweiten Weltkrieg kamen reiche Geschäftsleute zur »Sommerfrische« in den Ort. Heute ist Eisendorf schlicht heruntergekommen und halb verfallen. Auch über zehn Jahre nach der so genannten »Sanften Revolution« in der damaligen Tschechoslowakei. Man hat zwar die Straßen etwas erneuert und einen kleinen Park angelegt, doch der Gesamteindruck bleibt deprimierend. Ich habe wenig Hoffnung, dass sich dieser Zustand in absehbarer Zeit ändert.

Trotz allem - und würde nicht einmal mehr ein einziges Haus stehen - immer werde ich hierher zurückkommen. Dieses Stück Erde ist meine Heimat. Unausweichlich führt mich die Straße am Schulhaus vorbei – was für Erinnerungen! Hier lernte ich, den ersten Buchstaben zu schreiben, das Zählen und Rechnen und wie viele Kontinente es auf der wunderbaren Erde gibt. Ich bleibe stehen. Gehe ich um das Gebäude herum, fällt mein Blick unwillkürlich auf ein Fenster, das einmal zu meinem Klassenzimmer gehörte. Als ich nach der so genannten »Wende« das erste Mal herkam, war der Tarnanstrich aus dem Zweiten Weltkrieg noch deutlich am Schulgebäude zu sehen. Bei meiner zweiten Stippvisite, einige Wochen später, war es eine Gaststätte. Wieder etwas später sogar ein Aufenthaltsort, wo heimlich der Prostitution nachgegangen wurde. Jetzt ist die Schule ganz offiziell zum Bordell geworden. Mit einem 24-Stunden-Service. All die Besitzer oder Pächter wollten einfach schnell ein paar »Deutsche Mark«, später noch schnellere Euro verdienen. Damit sind auch zahlreiche Nordkoreaner und andere Asiaten unausgesetzt beschäftigt: Kurz bevor man den Ort erreicht, betreiben sie auf einer riesigen Fläche einen schwunghaften Handel. Alles, von Kleidung über Gartenzwerge bis hin zu DVD-Raubkopien wird dort feilgeboten. Mittlerweile ist diese Situation auch der tschechischen Verwaltung ein Dorn im Auge. Die Razzien häufen sich.

Dennoch komme ich regelmäßig in die Oberpfalz und besuche Eisendorf – ich kann nicht anders. Ich fühle mich dort hingezogen, als ob ein riesiger Magnet oder eine geheimnisvolle Schwerkraft auf mich einwirkt.

Richard Bachmann
Stuttgart, im Februar 2006

Geschichten aus dem Grenzwald

Die Geister vom Galgenberg

Anfang der fünfziger Jahre, der Zweite Weltkrieg war den Menschen noch gut in Erinnerung, war Georg Hafner, (Name geändert) besser bekannt unter seinem Hausnamen »Hafner Schorsch«, (Name geändert) aus Vohenstrauß unterwegs nach Pleystein. Er war beim »Kreuzwirt« mit einem Bauern aus Georgenberg verabredet. Natürlich wurde die gut fünf Kilometer weite Strecke zu Fuß zurückgelegt. Außerdem machte sich das Frühjahr bemerkbar und die Natur blühte überall auf. Doch dafür hatte der Hafner Schorsch keinen Blick. Er dachte, wie üblich, nur an Geld. Denn der »Hafner Schorsch« war ein ganz gewaltiger Geizkragen. Bevor der ein »Zehnerl« ausgab, überlegte er sich das zweimal. Heute war er also am Nachmittag aufgebrochen, denn die geschäftliche Zusammenkunft beim Kreuzwirt sollte um 19 Uhr stattfinden. Vorher hatten die Bauern ja keine Zeit. Erst wenn die Tiere gefüttert und versorgt waren, ging man ins Wirtshaus.

Es war gegen 15 Uhr, als der Schorsch in Pleystein eintraf. Er war übrigens ein sehr religiöser Mensch. Einer von denen, die kein Problem damit haben, Gott und dem schnöden Mammon gleichzeitig zu dienen. Daher stieg er als Erstes ganz fromm zur »Kreuzbergkirche« hinauf. Lange saß er auf einer Kirchenbank und betete zur Heiligen Jungfrau, dass diese ihm doch helfen möge, den Bauern aus Georgenberg tüchtig übers Ohr zu hauen. Er betete durchaus mit großer Inbrunst. Ihm wäre es nie in den Sinn gekommen, seine Bitte nur oberflächlich und ohne den rechten Ernst vorzutragen; so, wie es die Gottlosen tun. Er war sich auch sicher, dass es absolut keine Sünde sei, den Bauern eiskalt über den Tisch zu ziehen. Die meisten Menschen waren doch üble Verschwender, die das Geld nur zu sündiger Lust ausgaben. Er musste sie regelrecht vor dem Geld schützen, das bei ihm ganz sicher nicht für weltliche Freuden verschwendet wurde. Und dies, so schloss der Hafner Schorsch, musste zweifellos auch im Sinne der Vorsehung sein.

Schließlich ging er über die »Stationen« (Kreuzweg) zurück und setzte sich am Stadtweiher auf einen größeren Stein. Die Frühjahrssonne war auch noch am Spätnachmittag recht mild. Er war schon im Begriff weiterzugehen, als sich ihm ein Mann näherte. Eine schon recht seltsame Erscheinung war das, die da direkt auf ihn zukam und unmittelbar vor ihm stehen blieb.

»Grüß Gott!«, sprach der Fremde den Hafner Schorsch an.

»Grüß Gott!«, antwortete der und musterte sein Gegenüber von oben bis unten.

»Hast du Kummer, mein Freund?«, fragte ihn der komische Kauz, noch bevor der Schorsch mit dem Schauen richtig fertig war.

»Das geht dich ja wohl kaum was an!«, entgegnete er etwas unwirsch. Neugierig geworden, fragte er aber dennoch: »Und wenn es so wäre?« Die komische Gestalt lachte – ein seltsam blechernes Lachen war das. »Du hast nicht nur Probleme, du bekommst noch größere Schwierigkeiten dazu, wenn du deinen Geiz nicht zügeln kannst!«, sprach der Sonderling und begleitete seine Worte wieder mit diesem ekelhaften Lachen. Einen Moment lang war der Hafner Schorsch nun doch gehörig verwirrt. Dann fasste er sich wieder und forderte den Unbekannten auf, sich gefälligst um seinen eigenen Kram zu kümmern und schleunigst zu verschwinden.

Der jedoch tat, als habe er die Aufforderung erst gar nicht verstanden, und fuhr mit seiner unangenehmen Stimme fort:

»An deiner Stelle würde ich sofort nach Hause gehen; ich rate dir dringend, dies zu tun!« Sprach's, drehte sich um und verließ stadtauswärts den Ort. Gerne hätte der Schorsch ihm noch einige Unfreundlichkeiten gesagt, doch der Fremde war schon um das nächste Hauseck verschwunden.

Nachdenklich verließ nun auch er die Anlage am Stadtweiher. Er wollte noch etwas trinken und dann auf seinen Geschäftspartner warten. Die Gaststätte war um diese Zeit fast leer und der Schorsch konnte in aller Ruhe vor sich hingrübeln. Zwanghaft kehrten seine Gedanken zu diesem seltsamen Mann zurück, den er in der Anlage getroffen hatte. Schon zum zweiten Mal kam der Wirt zu ihm an den Tisch, um nachzusehen, ob er eventuell ein weiteres Bier bringen konnte. Das brauchte er nicht! Der Hafner Schorsch hatte bis auf einen kleinen Rest sein Bierglas geleert – nie wäre ihm eingefallen, ein zweites zu bestellen, denn dafür war er freilich viel zu geizig. Als der Wirt ein drittes Mal an seinen Tisch kam, trank er bis auf den letzten Tropfen sein Glas leer, bezahlte und verließ, immer noch sehr nachdenklich, das Gasthaus. Unschlüssig blieb er eine Weile auf der Straße stehen, dann schlenderte er ein wenig auf und ab, um auf den Bauern aus Georgenberg zu warten.

Dieser kam pünktlich. Sie gingen sogleich ins Wirtshaus und setzten sich an einen leeren Tisch im hintersten Winkel. Der Georgenberger kam ohne Umschweife zum Geschäft. »Wir haben alles bei der Besichtigung besprochen, was zu besprechen war; und nun zum Preis!«, sagte er zum Hafner Schorsch. Dieser nahm einen bedächtigen Schluck aus seinem Bierkrug, wischte mit dem Handrücken den Schaum vom Mund und sagte mit leiser Stimme: »Ich habe das Geld dabei, wie ausgemacht. Nur habe ich mich in Weiden erkundigt und erfahren, dass der Schrank nicht einmal die Hälfte von dem wert ist, was du verlangst. Der Georgenberger sprang entrüstet auf und packte den Hafner Schorsch fest beim Kragen. Der aber konnte sich schnell befreien, indem er dessen Hände auf die Tischplatte drückte und ihn ermahnte, sich zu setzen: »Mach kein Theater! Es muss ja nicht die ganze Wirtschaft erfahren, um was es uns geht!« Immer noch reichlich wütend, setzte sich der Bauer wieder auf seinen Stuhl. »Was kann der ‚Weidner‘ über meinen Bauernschrank wissen? Er hat ihn doch gar nicht gesehen!«, antwortete er aufgebracht. »Und ob er ihn gesehen hat«, entgegnete der Schorsch, »er war vor zwei Wochen bereits bei dir und hat sogar ein Angebot gemacht.« - »Ach *den* meinst du - den habe ich von meinem Hof gejagt! Der wollte ihn fast geschenkt haben!« - »Ich weiß, hat er mir doch erzählt, was für ein ungehobelter Mensch du bist!«, sagte der Schorsch und fuhr fort: »Da beißt die Maus keinen Faden ab! Der Mann ist ein Experte, was antike Möbel anbelangt!« Der Bauer aus Georgenberg wurde unsicher. War sein Schrank, der schon Jahrzehnte auf dem Speicher stand, doch nicht so viel wert? Oder wollte ihn sein Gegenüber nur runterhandeln? Noch bevor er etwas sagen konnte, meinte der Hafner Schorsch leise: »Mir gefällt der Schrank; nur die Summe, die du verlangst, steht in keinem Verhältnis zum Wert.« Verunsichert ob der neuen Situation, lenkte der Georgenberger ein: »Ausgemacht waren zweitausend Mark. Wenn du mir einen Tausender gibst, kannst du ihn haben.« Der Schorsch bestellte zum Erstaunen des Bauern zwei Bier. Bei seinem im ganzen Landkreis bekannten Geiz war das eine regelrechte Sensation. Dann prostete er dem Bauern sogar freundlich zu, stellte behutsam das Bierglas auf den Tisch und sprach: »Schade, dass du nicht einsichtig bist – so gerne ich das gute Stück hätte – aber tausend Mark für ein paar bemalte, wertlose Bretter bin ich nicht bereit zu zahlen.« Der Hafner Schorsch sah dann zur Wirtshausuhr hinüber und ließ durchblicken, dass er bald aufbrechen müsse. Der Bauer aus Georgenberg war schwer enttäuscht. Er hatte sich ein gutes Geschäft versprochen, aus dem nun aber nichts werden sollte. Schuld war dieser verdammte Kerl aus Weiden! Der hatte alles kaputt gemacht.

Der Vohenstraußer hatte inzwischen den Wirt gerufen, um zu bezahlen. Der Georgenberger machte einen letzten Versuch, doch noch ins Geschäft zu kommen: »Was hat denn der Weidner dir gegenüber für einen Preis genannt?« – Doch der Hafner Schorsch winkte ab: »Wenn ich dir den sage, glaubst du mir ja doch nicht!« Dabei trank er sein Glas leer und tat so, als sei er an dem Geschäft nicht mehr interessiert. Wieder streifte sein Blick die Wirtshausuhr und ganz beiläufig sagte er: »Damit nicht alles umsonst war, mache ich dir ein allerletztes Angebot.« Der Georgenberger blickte erwartungsvoll auf den Schorsch. »Ich muss ein Narr sein, aber ich gebe dir zweihundert Mark!« Dabei verzog er schmerzhaft sein Gesicht. Und das war noch nicht einmal gespielt: Der Hafner Schorsch empfand wirklich und wahrhaftig große Pein, wenn er nur daran dachte, dass er Geld ausgeben solle. Er hätte selbst bei einer Summe von nur zwei Pfennig wahre Höllenqualen ausgestanden, geschweige denn bei zweihundert Mark. So wirkte er in dieser Szene absolut überzeugend. Der Bauer streckte schließlich seine Hand über den Tisch, in die der Hafner Schorsch eiligst einschlug. Als er die zwei Hunderter feierlich auf den Tisch legte, meinte er: »Hast ein gutes Geschäft gemacht. Zweihundert Mark sind heutzutage viel Geld!« Obwohl der Georgenberger noch eine Halbe zahlen wollte, lehnte dies der Schorsch ab. Es war schon ziemlich spät und er hatte noch eine gute Stunde Fußweg bis nach Vohenstrauß.

Trotzdem es tagsüber bereits recht warm war, wurde es jetzt, eine halbe Stunde vor Mitternacht, empfindlich kühl. Der Hafner Schorsch schlug den Kragen seiner Jacke hoch, schob die Hände tief in die Hosentaschen und ging los. Vorbei an der Stadtkirche, erreichte er den Friedhof. Schemenhaft konnte er einige Grabkreuze erkennen. Er war schon ein Stück Richtung Bahnhof gegangen, als er innehielt. Er kannte einen Weg nach Vohenstrauß, der ihm kürzer schien – aber über den Galgenberg führte. Man erzählte sich zwar an den Wirtshaustischen so mancherlei Dinge über die Gegend um den Galgenberg; doch der Hafner Schorsch glaubte nicht an derlei gottlose Ammenmärchen. Überhaupt: Angst war für den tapferen Streiter der Vorsehung ohnedies ein Fremdwort! Er ging also die paar Schritte, die er in Richtung Bahnhof gemacht hatte, zurück und überquerte die Brücke, die über die Bahnlinie führte. Der Weg zum Galgenberg zog sich direkt an der Friedhofsmauer entlang. Keinem Menschen war er begegnet, seit er die Gaststätte verlassen hatte. Und ein bisschen mulmig war es dem Schorsch schon. Er vergrub die Hände noch tiefer in seinen Hosentaschen und zog den Jackenkragen noch höher. Verstohlen – als ob es jemand sehen könnte - schaute er über die Friedhofsmauer. Nur die Spitzen einiger Grabkreuze waren zu sehen. Mit schnellen Schritten ließ er den Friedhof entschlossen hinter sich. Er wollte auf die Anhöhe des Galgenbergs kommen. Hatte er diese erst einmal erreicht, konnte er rechts abbiegen und über die Abkürzung durch den Wald zügig nach Hause gehen. Er hatte noch nicht einmal die Hälfte des Wegs bis zum Kreuz, das sich auf dem höchsten Punkt des Galgenbergs befand, zurückgelegt, als er seltsame Laute vernahm. Erschrocken blieb er stehen. Angestrengt lauschte er in die Richtung, aus der er glaubte, das seltsame Gewinsel gehört zu haben. Doch es war mit einem Schlag verstummt. Hatte er sich womöglich getäuscht? War es ein Tier, was er da gehört hatte? Langsam setzte er sich wieder in Bewegung. Da, – jetzt hörte er es ganz deutlich, rechts, aus den Sträuchern am Wegrand musste es kommen. Es waren dieselben Laute wie vorhin! Vorsichtig ging der Schorsch auf das Gebüsch zu. Er hatte noch keine zwei Schritte gemacht, als er wie zur Salzsäule erstarrte.

Vor ihm stand eine hagere oder besser gesagt klapperdürre Gestalt. Wie ein Blitz durchzuckte den Schorsch – das beim »Kreuzwirt« getätigte Geschäft mit dem Bauern aus Georgenberg. Es hatte sich für ihn gelohnt. Zweihundert Mark hatte er für den alten Bauernschrank bezahlt, der gut und gerne 2000 Mark wert war. Der so genannte Experte für antike Möbel aus Weiden war nur ein Strohmann. Denn natürlich steckte der mit dem Hafner Schorsch unter einer Decke. Noch vor wenigen Augenblicken hatte er auch fest daran geglaubt, dass sein Gebet in der Kirche auf dem Kreuzberg erhört worden war. Angesichts dieses Kerls, der wie aus dem Nichts heraus erschienen war, beschlichen ihn leise Zweifel: Waren die höheren Mächte wirklich mit ihm zufrieden? - All diese Gedanken rasten in Sekundenschnelle durch seinen Kopf. »Wer bist du, was willst du von mir?«, fragte er mit kleinlauter Stimme. Die ausgemergelte Figur streckte ihre klapperdürren Hände nach ihm aus und sprach: »Lege alles, was du besitzt, unter das Kreuz am Galgenberg, – hörst du? Ich sage alles!« Erschrocken fuhr der Vohenstraußer einen Schritt zurück! Diese Stimme kannte er doch? Nie würde er ihren ekelig blechernen Klang vergessen. Es war die von dem Kerl aus der Anlage, da war er sich ganz sicher. Ein Straßenräuber und Wegelagerer! Was sonst? Der wollte sich als Geist präsentieren und durch den heidnischen Aberglauben der Leute zu Geld kommen! Aber nicht mit dem Hafner Schorsch! Schon wallte heftiger Zorn in ihm auf. Doch noch ehe er sich's versah, war die Erscheinung plötzlich verschwunden. Direkt vor seinen Augen! Einfach weg.

Er kam erst wieder richtig zu sich, als er die Glockenschläge von der Kreuzbergkirche herüberhallen hörte. Es waren deren zwölf! Auch das noch – Geisterstunde. Und er ganz mutterseelenallein auf halbem Weg zum Galgenberg. Mit einem Mal fror der Hafner Schorsch gewaltig. Es schien um mindestens zehn Grad kälter geworden zu sein. Angestrengt streifte sein Blick noch einmal über das Gebüsch am Wegesrand. Da war nichts. Er musste geträumt haben. Trotzdem: Sollte er nicht doch lieber umdrehen und zurück zum Ort gehen? Da näherte sich ihm vom Galgenberg her ein Licht. »Gott sei Dank!«, dachte der Schorsch. »Ein Mensch! Verflucht kalt hier. Ich geh jetzt heim.« So marschierte er auf das Licht zu, immer weiter Richtung Vohenstrauß.

Je näher er der Lichtquelle kam, umso mehr Lichter waren plötzlich zu sehen. »Sieh an, eine ganze Prozession!«, rief der Schorsch erfreut. Er beschleunigte jetzt seine Schritte, um die Lichter zu erreichen. Doch die Helligkeiten hielten sich immer gleich weit von ihm entfernt. Als er nur noch wenige Meter bis zum höchsten Punkt des Galgenbergs zu gehen hatte, blieb er abermals wie vom Donner gerührt stehen: Die Lichter waren mit einem Mal sehr nahe – sie tobten wie Feuerbälle kreuz und quer durch die Lüfte! Da waren keine Menschen! Der Hafner Schorsch wurde totenbleich. Doch urplötzlich waren die Lichter mitten im rasenden Flug erloschen und ließen vollkommene Dunkelheit zurück. In diesem Moment beschloss der Hafner Schorsch, in Weiden baldigst einen Nervenarzt aufzusuchen. Ja er schlug sich sogar mit den flachen Händen gegen das Gesicht, um sicher zu gehen, dass er nicht träume. Nach einer ganzen Serie von Watschen atmete er tief auf. Kein Zweifel: Die Lichter waren verschwunden und er selbst war putzmunter. Als er gerade weitergehen wollte, verlor er aber endgültig allen Glauben an seinen Verstand: Das Wimmern und Stöhnen war wieder zu hören! Direkt hinter ihm! Mit dem Mut der Verzweiflung drehte sich der Schorsch jetzt um: »Herr Jesus Christus!«, schrie er wie von Sinnen. Die Lichter kamen jetzt aus der anderen Richtung direkt auf ihn zu! Der Hafner Schorsch geriet in Todesangst. Schnell wie der Blitz rannte er zum Kreuz hoch. Er legte alles Geld, das er bei sich hatte, unterm Kreuz nieder und lief in Richtung Vohenstrauß auf und davon. Hinter sich hörte er gellendes Gelächter. Und das Klagen und Jammern schien ihn immer auf gleicher Höhe zu verfolgen. Obwohl ihm fast schon schwarz vor Augen wurde, rannte er mit unverminderter Höchstgeschwindigkeit in den Wald hinein, wo die Abkürzung nach Vohenstrauß führte. Schwer nach Atem ringend, lehnte er sich an einen Baum. Er hatte keine Kraft mehr. Das Entsetzen stand ihm ins Gesicht geschrieben und die Knie schlotterten so stark, dass er sich kaum auf den Beinen halten konnte. Er knickte ein und fiel so plump wie ein Sack Kartoffeln auf den Hintern. Mit weit aufgerissenen Augen schaute er in Richtung Galgenberg. Die Lichter tanzten immer noch wie ein Wirbelwind durch die Luft. Das Kreuz wurde in dem irrwitzigen Geflacker deutlich sichtbar. Unnatürlich groß und dunkel sah es aus. Fassungslos glotzte der Hafner Schorsch mit weit geöffnetem Munde vor sich hin: Direkt beim Kreuz stiegen jetzt massenweise Rauchschwaden auf. Also doch ein natürliches Feuer, dachte er verwirrt. Doch als der Rauch sich legte, trat eine mächtige Gestalt daraus hervor. Die Lichter sammelten sich um sie und ließen sie in einem gleißenden Licht erstrahlen. Der Galgenberg wurde heller und heller. Die tanzenden Feuerbälle schienen sich endlos zu vermehren und zogen immer weitere Kreise bis weit in die Wiesen hinein. Da! Jetzt bewegte sich die leuchtende Gestalt mit erstaunlicher Geschwindigkeit direkt auf den Schorsch zu. Ein Meer aus Lichtern rollte heran wie eine gewaltige Brandung. Drohend richtete das Gebilde einen seiner Arme genau auf den Schorsch, der sich vor Angst, und zwar wörtlich, in die Hosen machte.

Weglaufen konnte er nicht mehr. Ihm fehlte wie gesagt die Kraft. Er warf sich einfach flach auf den Boden und rappelte sich mühsam auf die Knie hoch. Er fing an zu beten, wenn man das wirre Zeug, was er von sich gab, überhaupt als Gebet bezeichnen konnte. Die Augen weit aus den Höhlen getreten und Speichel vorm Mund, gab der sonst so gerissene, geizige Hafner Schorsch ein jämmerliches Bild ab. Noch einmal starrte er auf den Lichterglanz, dann drückte er den Kopf kerzengerade auf den Waldboden und ahmte den Vogel Strauß nach. Er glaubte, es gehe zu Ende mit ihm - und seine Sünden fielen schwer auf sein schuldiges Haupt. Wie lange er in dieser Stellung verharrte, wusste er nicht. Es dauerte eine ganze Ewigkeit, ehe er es wagte, auch nur den Kopf zu heben. Erst als die Kirchturmuhr der Stadtkirche und unmittelbar darauf die der Kreuzbergkirche ein Uhr schlug, sah er vorsichtig auf. Ängstlich und zaghaft glitt sein Blick hinüber zum Galgenberg. Nichts – aber auch gar nichts war da zu sehen! Alles schien ruhig und friedlich. Froh, noch einmal so glimpflich davongekommen zu sein, richtete er sich auf, um seinen Weg nach Vohenstrauß fortzusetzen.

Als die ersten Häuser von Vohenstrauß vor ihm auftauchten, ging es ihm wieder besser. Erst jetzt wurde ihm bewusst, dass seine ganzen Ersparnisse, die er in dieses fragwürdige Geschäft gesteckt hatte, beim Teufel waren. Nur wer den Schorsch und seinen sprichwörtlichen Geiz kannte, konnte nachvollziehen, in was für einen Gemütszustand er sich befand. All seine Gebete und Beteuerungen waren schnell wieder machtlos geworden. Wie konnte er nur so blöd sein und mehr als 1800 Mark einfach auf dem Galgenberg hinterlegen, nur weil es diese halb verhungerte Gestalt so verlangt hatte? Doch um kein Geld der Welt wäre er bereit gewesen, wieder zum Kreuz zu marschieren, schon gar nicht bei Dunkelheit. Voll quälender Unruhe legte er sich ins Bett und tat kein Auge zu.

Die ersten Sonnenstrahlen hatten das Kreuz auf dem Galgenberg kaum beschienen, als der Schorsch schon wieder vor Ort war. Er blickte auf die Stelle, wo das Geld liegen musste – alles weg! Mit tränenden Augen rutschte er auf den Knien um das Kreuz herum und tastete mit den Händen den gesamten Erdboden ab. Sein Schmerz war groß. Wer selbst nicht betrügt und dennoch betrogen wird, den tröstet die Tugend. Ein betrogener Betrüger jedoch findet keinen Trost – weder in sich selbst, noch bei den Menschen, ja nicht einmal bei der Heiligen Jungfrau persönlich. Der Hafner Schorsch hatte mit dem Geld auch seinen Glauben an die göttliche Vorsehung verloren. In seiner Erinnerung hallte das eklige Hohngelächter des Fremden wider. Es wurde immer lauter. Aus allen Richtungen drang es unheimlich hervor: »Ja lach nur, du Sauhund!«, schimpfte der Schorsch. »Ich habe es nicht anders verdient – ich Tölpel! – Doch Moment mal...« Dem Schorsch gefror das Blut in den Adern: »Die Stimme kommt doch von außen! Das ist doch Realität!« Er sprang auf die Beine und blickte wie ein gehetztes Tier wild um sich. - Da nahm er endgültig die Beine unter den Arm und schwor sich, nie wieder an diesen Ort zurückzukehren. Zu Hause angelangt, fühlte er sich krank und legte sich ins Bett.

Bereits einige Tage später war er wieder ganz der Alte. Er heckte Pläne aus, um andere Leute zu betrügen – nur hatte das Ganze einen Haken: Sein »Betriebskapital« war verloren. Und natürlich hütete sich der Hafner Schorsch, auch nur ein Sterbenswörtchen von seinem Erlebnis zu erzählen. Eine Woche später hatte er jemanden in Vohenstrauß aufgetrieben, der seinen Bauernschrank aus Georgenberg abholen sollte. Er wollte den Schrank gleich nach Weiden bringen lassen, um ihn dort zu marktüblichen Preisen zu verkaufen. Den fetten Gewinn musste er allerdings mit seinem Kumpan, den Experten für Antiquitäten, teilen. Als er und sein Fahrer mit einem alten Lieferwagen bei dem Bauern in Georgenberg ankamen, erlebte der Schorsch eine Überraschung. Der Bauer versicherte ihm, dass schon vor drei Tagen der Schrank in seinem Auftrag abgeholt wurde.

»Ich habe niemand beauftragt, den Schrank bei dir abzuholen!«, schrie ihn der Schorsch an. »Wie kannst du es wagen, mein ehrlich erworbenes Gut einfach fremden Leuten anzuvertrauen!« Der Bauer ging ins Haus und kam mit einem Zettel in der Hand zurück. »Hier, diesen Wisch hast du selber unterschrieben. Damit geht mich die Sache nichts mehr an. Und jetzt verschwinde von meinem Hof.« Um seinen Worten Nachdruck zu verleihen, nahm er einen riesigen Hund von der Kette. Dem Hafner Schorsch und seinem Begleiter blieb nichts anderes übrig als zu gehen.

»Eines möchte ich noch wissen, bevor ich gehe«, fragte der Schorsch. »Wie hat der Mann ausgesehen, der meinen Schrank abgeholt hat?« - »Es war schon ein eigenartiger Bursche. Spindeldürr. Besonders unangenehm an ihm war sein ekelhaftes Lachen, als er sich von mir verabschiedete. – Ach ja: Er sagte, du kannst ihn jederzeit auf dem Galgenberg treffen, wenn du noch Fragen hast. Ein Spinner! So viel steht fest!« Der Bauer kehrte ihm den Rücken zu, kettete den Hund wieder an und ging ins Haus. Der Schorsch wusste ganz genau, wer ihn übers Ohr gehauen hatte. Gerne hätte er natürlich herausgefunden, wo der Gauner wohl herkam. Doch trotz intensiver Nachforschung seitens des Hafner Schorsch blieb die Identität des Mannes ein Rätsel. Niemand außer ihm selbst und dem Georgenberger Bauern hatte ihn jemals zu Gesicht bekommen.

Der Geist vom Goldberg

Es war im Jahr 1942, mitten im Zweiten Weltkrieg. An einem schönen Sommertag ging der »Steffel«, (Name geändert) ein furchtloser Bursche aus Eisendorf, zu Fuß nach Eslarn. Er wollte sich noch mal bei seiner Tante sehen lassen, bevor er zum »Reichsarbeitsdienst« (RAD) einrücken musste.

Vor einigen Tagen erst hatte er den »Einberufungsbefehl« zum RAD erhalten. In zwei Wochen war es so weit, dann musste er seinen geliebten Heimatort Eisendorf verlassen. Beim RAD wehte wohl in Zukunft ein anderer Wind. Und so wollte er seine noch verbleibende Freiheit weidlich nutzen.

Gleich hinter der Tillyschanze bog er in einen Waldweg ab. Dies war der kürzeste Fußweg nach Eslarn. Heute war es schon am Vormittag heiß und der Steffel war froh, den Schatten der Bäume nutzen zu können. Als er am Goldberg vorbeikam, musste er an eine Geschichte denken, die ihm seine Mutter oft erzählt hatte. Er, der Steffel, glaubte an solche Geschehnisse natürlich nicht. Die Mutter behauptete nämlich, dass es in der Umgebung vom Goldberg »umgeht« (geistert). Sie hatte ihm erzählt, dass es nicht ratsam sei, sich dort bei Dunkelheit und insbesondere um Mitternacht aufzuhalten. Für Steffel war dies ganz einfach – wie er es zu nennen pflegte - ein »Altweibertratsch«. Im Winter war er schon als Bub hier am Goldberg Schlitten gefahren. Und im Sommer hatte er Brennholz und Tannenzapfen gesammelt.

Als er den so genannten »Pflanzgarten« erreicht hatte, wo der Berg abflachte und die Straße wieder ebener wurde, konnte man bereits den Marktflecken Eslarn sehen. Nun waren es noch etwa 4 Kilometer bis zur Ortschaft. Steffel nutzte, solange es möglich war, den Weg über die Wiesen und gelangte erst kurz vor Ortsbeginn auf die Hauptstraße. Er hatte seine Jacke ausgezogen, die Hitze wurde jetzt immer größer. Der Zufall wollte, dass er seine Tante vor der Metzgerei traf, wo sie immer ihren Einkauf machte.

»Ja Steffel, wo kommst du denn her?«, fragte sie erstaunt.

»Zu dir will ich, möchte mich von dir verabschieden, muss nämlich zum Arbeitsdienst!«, erwiderte er und nahm ihr dabei die Einkaufstasche ab. »Die ist nicht schwer«, meinte die Tante, »die geben ohne Marken nichts mehr ab!« Mit »Marken« meinte sie die Fleischmarken auf der Lebensmittelkarte, die zum Kauf einer vorgeschriebenen Menge berechtigten. »Selbst wenn du noch Marken hast, bekommst du nicht immer etwas!«, erzählte sie ihrem Neffen. Dann aber sollte Steffel berichten, wann und wohin er denn »einrücken« musste. Sie versprach, heute etwas ganz Besonderes für ihn zu kochen. Beim Mittagessen erzählte die Tante, dass der Onkel an die Ostfront versetzt worden sei. Zwei Wochen schon habe er nichts mehr von sich hören lassen. Steffel versuchte, sie damit zu trösten, dass die »Feldpost« oft sehr lange unterwegs war, bis sie im Reichsgebiet ankam. Dann beendeten sie das Thema. Die Tante wollte ihren Neffen nicht beunruhigen, wo er doch selber bald Soldat werden sollte.

Steffel blieb noch bis zum Abendessen, das sie, bei so schönem Wetter, im Garten einnahmen. Danach verabschiedete er sich und versicherte seiner Tante, sie während seines ersten Urlaubs gleich zu besuchen. Er wollte noch einen ehemaligen Schulfreund treffen, mit dem ihn eine herzliche Freundschaft verband. Auch dieser hatte schon seine »Musterung« hinter sich und erwartete in Kürze den »Einberufungsbefehl«.

Sie gingen in eine Gaststätte, um noch gemeinsam ein Bier zu trinken. Im Wirtshaus waren nur alte Männer anwesend, die einzige Frau war die Wirtin. Sie setzten sich mit an den Stammtisch, die älteren Herren hatten sie dazu aufgefordert. Steffel wollte nach dem zweiten Bier den Heimweg antreten, was die trinkfeste Runde aber zu verhindern wusste.

»Trink ruhig noch eine Halbe!«, meinte der Älteste der Alten, »hast noch einen weiten Weg vor dir.«

Nach langem Hin und Her willigte Steffel ein.

»Ich möchte nachts nicht über den Goldberg gehen«, sagte der Älteste, als Steffel sein Bier in Empfang nahm.

»Kannst dir deine alten Geschichten sparen, ich glaube an keine Gespenster!«, antwortete Steffel ärgerlich. »Ich habe nämlich noch keines gesehen!«

Der Alte zündete sich seine Pfeife an, die einen fürchterlichen Gestank verbreitete. Tabak konnte das nicht sein, was er da rauchte. Und dann wandte er sich ruhig an den Steffel: »So haben schon viele geredet - und sich dann doch in die Hose gemacht, als sie dem Geist vom Goldberg begegneten!« Die anderen murmelten Beifall und nickten mit den Köpfen.

»Wenn du willst«, mischte sich die Wirtin ein, »kannst du hier übernachten, ich habe zwei Fremdenzimmer.« Dabei lachte sie, weil sie erkannte, dass sich der Steffel in seiner männlichen Ehre gekränkt fühlte. Jetzt mischte sich der Schulfreund in das Gespräch ein und erklärte, dass sein Freund nirgends übernachten müsse und wenn, dann könne er das bei ihm. Die Alten lachten und ihr Wortführer meinte, dass sie einfach schon zu viele Grünschnäbel gesehen hätten, die große Töne spucken. Es sei jedes Mal dasselbe. Aber im Angesicht des Geistes würden sie dann plötzlich so klein, »dass sie bequem unter einen Fingerhut passen«.

Steffel beeilte sich nun, seine Halbe leer zu trinken. Ihm ging der Disput auf die Nerven. Der wahre Schrecken, das war der bevorstehende Arbeitsdienst und nicht diese

Schauermärchen. Als es fast schon eine Stunde vor Mitternacht war, verlangte Steffel entschlossen nach der Wirtin, um zu bezahlen.

»Du bist nichts schuldig«, erklärte ihm der Älteste vom Stammtisch, »deine Zeche übernehme ich!«

»Warum?«, fragte Steffel.

»Weil du bald zum Militär musst, Junge. Da braucht man jeden einzelnen Pfennig. Ich habe gehört, beim Arbeitsdienst gibt es nur zwanzig Pfennig am Tag!«

Steffel konnte es recht sein. Er bedankte sich, stand auf und wollte gehen. Doch der Älteste konnte es sich nicht verkneifen, ihm einen guten Rat mit auf den Heimweg zu geben: »Pass gut auf dich auf, mein Lieber, mit dem *Geist vom Goldberg* ist nicht gut Kirschen essen.« Steffel verzichtete auf eine Antwort, wünschte eine gute Nacht und verließ mit seinem Freund das Gasthaus. Erst auf der Straße nahmen sie herzlich Abschied voneinander. »Komm gut nach Hause«, meinte der Schulfreund.« – »Na klar!«, entgegnete Steffel. »Da bin ich ganz sicher!« – Dann war Steffel alleine.

Mit schnellen Schritten machte er sich auf den Weg. Da im gleichen Moment die Kirchturmuhr elf Mal schlug, hatte er die genaue Zeit und er konnte sich ausrechnen, dass er wohl kurz nach Mitternacht zu Hause sein musste. Er blieb auf der Straße, die an den so genannten »Kellerhäuslern« vorbeiführte, um später die Abkürzung über einen Feldweg zu nehmen. Diesen Feldweg benutzte er bis kurz vor dem »Pflanzgarten.« Der Fußweg führte dort wieder auf die Hauptstraße, die über den Goldberg geradewegs nach Eisendorf verlief. Da er ein enormes Tempo vorgelegt hatte – hatte er vielleicht doch Angst? -, wollte er sich nun ein bisschen Zeit lassen. Es war eine sehr warme Nacht. Ab und zu verschwand der Mond hinter einer Wolke, ansonsten verbreitete dieser ein mildes Licht über die Landschaft.

Er näherte sich bereits dem zur linken Seite stehenden, ehemaligen Zollhaus, als er genau gegenüber seltsame Geräusche vernahm. Diese Seite war doch reines Waldgebiet! Er blieb stehen und horchte angestrengt in die Stille der Nacht hinein. Da – jetzt war es ganz deutlich zu hören –: »Hilf mir, hilf mir...«, flüsterte verzweifelt eine leise Stimme. Steffel, der sich am linken Straßenrand befand, wechselte sofort auf die andere Seite und rief mit lauter Stimme: »Was ist los, wo bist du, gib Antwort, wenn ich helfen soll!« Totenstille – nichts war zu hören! Der Steffel war wahrhaftig kein Hasenfuß. Er sprang herausfordernd über den Straßengraben und ging sogar einige Meter in den Wald hinein. »Hallo, melde dich doch noch mal, wenn ich dir helfen soll!« Nichts, kein Laut war zu hören. Steffel überquerte abermals den Graben und begab sich wieder auf die Straße zurück. Er zuckte mit den Schultern und glaubte, sich getäuscht zu haben. Er war noch keine drei Schritte gegangen, als er wie zu einer Säule erstarrt stehen blieb. Zwischen einigen Himbeersträuchern, die hier in Waldrandnähe zwischen den Bäumen wuchsen, sah er eine weiß gekleidete Frauengestalt stehen. Sie hatte eine Hand erhoben, die ihm eindeutig Zeichen gab, näher zu treten. Steffel war beim Anblick der Erscheinung so erschrocken, dass er regelrecht gelähmt war.

Als er noch überlegte, was er tun sollte und dabei als Erstes eine schnelle Flucht in Betracht zog, war das Gebilde zwischen den Sträuchern wieder verschwunden. Erst jetzt konnte er sich bewegen. Weg hier, dachte er, und zwar schleunigst! Er ging auch sofort los und mit jedem Schritt erhöhte er das Tempo. Er hatte höchstens 50 Meter zurückgelegt, als die weiß gekleidete Gestalt, keine zehn Schritte vor ihm, plötzlich mitten auf der Straße stand. Wieder war Steffel an allen Muskeln und Gliedern gelähmt. Wie in einem Albtraum, wo man mit aller

Kraft weglaufen möchte und trotzdem keinen Zentimeter vorankommt. Auch glaubte der Steffel wortwörtlich zu spüren, wie sein Blut in den Adern gefror. Sein Herz schlug ganz oben am Hals, lauter als ein Trommelschlag. »Hilf mir...«, wimmerte die Gestalt und kam, die Hände wie zu einem Gebet gefaltet, direkt auf ihn zu. Für einen kurzen Augenblick sah er dem Wesen direkt ins Gesicht: Schauerlich!! Drei schwarze Löcher konnte er deutlich erkennen, zwei für die Augen und ein großes in der Mitte, wo sich bei Normalsterblichen die Nase befindet. Fleischliches oder Menschliches wie Mund oder Lippen waren nicht zu sehen. Das grauenhafte Bewusstsein, einem echten Geist gegenüberzustehen, flößte dem Steffel solche Todesangst ein, dass er die Lähmung seines Körpers überwinden konnte. Instinktiv machte er einen Schritt zurück. Und dann fing er an zu laufen. Einen Bogen um die Gestalt machend, rannte er los, so schnell wie noch nie zuvor in seinem Leben. Einmal kam er dabei zu Fall. Er spürte keine Schmerzen. Er raffte sich sofort wieder auf und rannte wie besessen weiter. Plötzlich befand er sich an der »Gaststätte zur Tillyschanze«, wo er mit zittrigen Knien stehen blieb. Er rang nach Luft und dann wurde es schwarz vor seinen Augen.

Wie lange Steffel ohnmächtig am Boden lag, konnte er nicht sagen. Als er zu sich kam, schaute er in ein Männergesicht, das sich über ihn beugte. Erschrocken wollte er sich erheben, was ihm aber nicht gelang.

»Langsam, Bub«, hörte er eine Stimme wie aus weiter Ferne sagen, »ich helfe dir!« Der Mann fasste den Steffel unter die Arme und zog ihn hoch.

»Wo bin ich?«, fragte Steffel verwirrt.

»Auf der Tillyschanze. Ich kam aus dem Gasthaus und sah dich hier am Boden liegen«, antwortete der Mann.

Langsam gewann Steffel den Überblick zurück. Deutlich

hatte er jetzt wieder die weiße Gestalt vor Augen, vor der er in panischer Angst weggelaufen war.

Nachdem sich der Helfer erkundigt hatte, ob er denn alleine zurechtkomme und Steffel dies bejahte, ging er in Richtung Eslarn davon. Steffel wollte den Mann noch warnen und ihm von seiner »Begegnung« berichten, unterließ es aber, weil er befürchten musste, sich lächerlich zu machen. So begab er sich ebenfalls auf den Heimweg. Er wohnte im »Hundschwanz«, so nennen die Einwohner von Eisendorf die lang gezogene Straße zum Ortsausgang. Als er am Weiher vorbeikam, blieb er stehen, lehnte sich an das Geländer und dachte über sein Erlebnis am Goldberg nach. Was war das für ein Wesen, das ihn um Hilfe angefleht hatte? Und in welcher Angelegenheit sollte er Beistand leisten? Fragen über Fragen. Hatte man ihm womöglich einen Streich gespielt? Oder gab es tatsächlich diesen Geist vom Goldberg? »Ich bin gewiss kein Feigling«, sagte er zum Weiher hin, »und das Schlimmste ist, ich kann meine Geschichte niemand erzählen. Sonst gehöre ich jetzt auch zu den alten Tratschweibern, die mit ihren Geistergeschichten hausieren gehen. Ich selbst würde mich so sehen, wenn ich ein anderer wäre, dem ich das erzählen will. Und doch. Und doch: Ich hab's doch erlebt und mit eigenen Augen gesehen!« Noch lange stand der Steffel am Weiher und grübelte und grübelte.

Eines aber war sicher: Nachts, und schon gar nicht um Mitternacht, würde er niemals wieder über den Goldberg gehen.

Die Geschichte vom Söldner ohne Kopf

Zu dieser Geschichte sollte ich zunächst ein bisschen aus der Zeit des »Dreißigjährigen Krieges« (1618-48) erzählen.

Wenn man von Eisendorf zur Tillyschanze geht, kommt man schon nach wenigen Schritten auf der oberpfälzer Seite in ein Waldstück, das zu den »Tillygräben« führt. Diese Schanzen sind bis heute noch sehr gut an den ausgeprägten Vertiefungen im Waldboden zu erkennen. Hier hatte sich im Jahr 1621 der Feldherr Johann Tserclaes Graf Tilly mit seinem Heer verschanzt. Auf der böhmischen Seite bei Eisendorf lauerte der Söldnerführer Peter Ernest/Ernst Graf zu Mansfeld mit seinen Landsknechten. Dieser rücksichtslose Söldnerführer zog mit seinen protestantischen Truppen gegen das kaiserliche Heer ins Feld. Und deshalb hatte Maximilian von Bayern seinen Feldherrn Tilly mit der Verfolgung der Truppen des Grafen Mansfeld beauftragt.

Die Oberpfalz hatte zu dieser Zeit Entsetzliches zu überstehen. Die Disziplin im Heer von Tilly war schon im Sommer 1621 völlig untergraben. Auch die unvollständige Soldzahlung trug dazu bei, dass sich Tillys Soldaten plündernd und mordbrennend an den Dörfern und den darin lebenden Menschen schadlos hielten. Tilly wusste auch, dass er alleine diesen Mansfeld nicht schlagen konnte. Er drängte aber dessen Heer aus der Oberpfalz, wo er dann sein Winterquartier bezog. Der Begriff »Winterquartier« steht für viele menschliche Tragödien und hemmungslose Brutalität. In den Städten plünderten die Soldaten sogar die Spitäler und Pesthäuser, dabei schleppten sie die Seuche in ihre eigenen Reihen ein und verbreiteten sie über das ganze Land. – Doch nun zu unserer Ge-

schichte, denn Geschichten über die »Tillygräben« gibt es viele. Die folgende ist mir bis heute noch gut in Erinnerung.

Alle Bewohner von Eisendorf und Umgebung wussten, dass es angeblich nachts im Wald an der Grenze, dort wo sich die »Tillygräben« befinden, nicht geheuer sei. An dieser Stelle, nahe der Tillyschanze, sollten noch Geister und Gespenster aus dem Dreißigjährigen Krieg ihr Unwesen treiben.

Es soll ja Menschen geben, die selbst den Teufel nicht fürchten. Von dieser Sorte war auch der »Meier Toni« (Name erfunden) aus Eslarn. Er arbeitete als Knecht und Erntehelfer auf verschiedenen Bauernhöfen. An Sonntagen verbrachte er seine freie Zeit hauptsächlich in den Wirtshäusern um Eisendorf herum; oder direkt im »Gasthaus zur Tillyschanze«. Nur an Werktagen ging er abends in Eslarn *auf ein Bier*, wie er zu sagen pflegte. Es war im Hochsommer 1939, als er, von Eisendorf kommend, noch ins »Gasthaus zur Tillyschanze« einkehren wollte. Er war etwas außerhalb vom Ort in einer Wirtschaft zu Gast gewesen, die an der Straße nach Dianaberg lag. So benutzte er für den Heimweg nicht die Hauptstraße, die ebenfalls zur Tillyschanze geführt hätte. Er kannte einen Schleichweg, der an den Tillygräben entlang direkt zum Wirtshaus verlief.

Schon war der Meier Toni fast am Ziel: Er marschierte an einigen kleinen Weihern vorbei, die direkt neben den Tillygräben lagen. In diesen waren Frösche, Molche und manchmal sogar Feuersalamander zu sehen. Die Tümpel waren deshalb auch ein beliebter Treffpunkt für die Kinder aus Eisendorf und von der Tillyschanze. Nachts sah es da allerdings immer etwas gespenstisch aus. Die großen Weidenstauden, die um die Weiher herum in die Höhe geschossen waren, nahmen in der Dunkelheit seltsame Formen an. Das Geäst hatte Ähnlichkeit mit einem drohenden Riesen, der seine gewaltigen Arme zum Himmel streckt.

Dem Meier Toni machte das alles rein gar nichts aus. Er war bekannt für seine tollkühne Furchtlosigkeit. Dem 1,85 Meter großen Mann sagte man außerdem ungewöhnliche Körperkräfte nach. In dieser Nacht sollte sein Mut auf eine grausame Probe gestellt werden.

Er hatte gerade den ersten Wassertümpel erreicht und freute sich bereits auf einen Krug Bier an der Tillyschanze. Plötzlich vernahm er sonderbare Geräusche, die aus dem Wald – nahe den Tillygräben – leise hervordrangen.

Der Toni blieb stehen und lauschte angestrengt in diese Richtung. Deutlich hörte er jetzt Stimmen. Als er noch überlegte, ob er nachsehen sollte, um der Sache auf den Grund zu gehen, näherte sich ihm eine Gestalt. Der sonst unerschrockene Meier Toni zuckte beim Anblick derselben zusammen und wurde blass. Das Gebilde, das da auf ihn zukam – war ohne Kopf! Denselben trug es nämlich unter seinem Arm! Was aber noch schlimmer war: In dem vom Rumpf abgetrennten Kopf funkelten die Augen wie Feuerblitze und auch der Mund bewegte sich. Die Figur blieb etwa fünf Meter vor dem Toni stehen. Dieser dachte, dass vielleicht der Alkohol schuld sei und er nur einem Irrtum unterliege. Er wischte sich einige Male über die Augen. Doch dieser Mann, der in einer Art Ritterrüstung vor ihm stand, trug tatsächlich seinen Kopf unter dem Arm! Der Schreck saß dem Toni so tief in den Knochen, dass er nicht fähig war, auch nur einen Schritt zu machen. Und das war doch Blut, was da aus dem kopflosen Hals zu strömen schien! Lange zottelige Haare hingen seitlich am abgetrennten Kopf hinunter und die Augen glühten immer noch wie Kohlen. Unaufhörlich bewegten sich auch die Lippen weiter, als wollten sie dem Toni etwas mitteilen. Der Kopf war übrigens ganz leger unter dem Arm geklemmt, so wie die Ritter einst ihren Helm trugen, wenn sie ihn abnahmen. Doch mit einem Schlag war von Toni die Erstarrung gewichen. Wenn sich jemand einen Scherz erlaubte, sollte er ihn kennen lernen! Er war wild entschlossen, den Kerl da vor ihm anzugreifen. Urplötzlich sprang er auf die Gestalt zu, um sie mit den Händen zu greifen. Doch er fasste verblüfft ins Leere. Und durch die Wucht, mit der er den Sprung ausführte, stürzte er heftig zu Boden. Verwirrt rappelte er sich auf. – Der Kerl war einfach weg!

Da hörte er ein schauriges Lachen und der Bursche stand, im gleichen Abstand wie zuvor, erneut vor ihm. Wie schon gesagt, Toni war zu Boden gestürzt, es hatte nicht viel gefehlt, und er wäre in einem der Tümpel gelandet. Jetzt wählte er eine andere Taktik. Er setzte nicht mehr zu einem Sprung an, sondern ging mit ruhigem, aber festem Schritt auf das Wesen zu. Er hatte schon mehr als zehn Meter zurückgelegt, doch der Abstand zu seinem Gegenüber wollte sich einfach nicht verringern. Ohne es bemerkt zu haben, befand er sich bereits nahe am Waldrand, nur wenige Meter von den Tillygräben entfernt. Die Person ohne Kopf stand immer noch in gleicher Entfernung vor ihm. Nun wurde es dem Toni endgültig zu dumm. Er rief, so gut er es in dieser Lage vermochte, mit herausfordernder Stimme: »He, wenn du etwas von mir willst, dann bleib gefälligst stehen!« Was er von der Gestalt zu hören bekam, war jedoch nur dieses abscheuliche Lachen. Toni glaubte, jetzt erneut Stimmen zu hören. Ja sogar das Schnauben von Pferden! Die Geräusche kamen, das konnte er deutlich wahrnehmen, direkt aus den Tillygräben. Der Bursche ohne Kopf winkte ihm jetzt einladend mit der Hand zu. Er wollte, dass Toni zu ihm kommen sollte.

Bei allem Mut, den der Toni sonst problemlos aufbrachte – er würde einen Teufel tun und sich diesem Kerl noch weiter nähern. Er drehte sich um, ging an dem Tümpel vorbei, in den er beinahe gestürzt wäre, und verließ den Ort des Grauens in Richtung Eisendorf. Dabei sah er kein einziges Mal zurück. Seine Konzentration war nur auf das Hören gerichtet, nur darauf, ob ihm dieser Bursche wohl folgen würde. Doch so angestrengt er lauschte, so wenig war zu hören.

Er ging fast bis zu den ersten Häusern der Ortschaft. Erst dann blieb er stehen. Langsam drehte er sich um. Soweit die Dunkelheit erkennen ließ, war weit und breit niemand zu sehen. Nach kurzem Überlegen entschloss er sich doch noch, ins Gasthaus zur Tillyschanze zu gehen. Der Meier Toni war den Zustand der Furcht einfach nicht gewohnt. Und nach so einem Schreck hatte er sich zweifellos ein Bier verdient. Als er das Wirtshaus fast erreicht hatte, streifte sein Blick unwillkürlich hinüber zum ehemaligen Zollhaus. Bei Gott und allen Heiligen hätte er schwören können, dass hinter dem Gebäude, das unmittelbar an den Wald grenzte, eine Gestalt zu sehen war, – eine Gestalt ohne Kopf!

Mit schnellen Schritten betrat er die Wirtsstube. Es waren kaum noch Leute anwesend. Als der Wirt ihm einen Krug Bier brachte, bemerkte dieser, wie bleich sein Gast aussah: »Jessas Toni! Bist du krank?« Stockend und mit heiserer Stimme erzählte ihm der Meier Toni sein Erlebnis. Wer geglaubt hat, der Wirt würde ihn nun auslachen, der sah sich getäuscht. Er setzte sich zum Toni an den Tisch und sagte: »Weißt du was? So langsam glaub ich wirklich selber daran. Ja, ich glaub dir! Bei den Tillygräben ist es nicht geheuer. Das haben mir schon oft Gäste berichtet, die nachts dort vorbeigingen. Aber von einer Gestalt ohne Kopf habe ich noch nie etwas gehört.« – »Das war noch nicht das Schlimmste«, entgegnete Toni, »ich war schon drauf und dran, diesen unheiligen Geist zu vermöbeln. Kennst mich ja. Ich fackle nicht lang. - Aber die Geräusche! Es klang wirklich so, als sei da ein komplett bemanntes Feldlager aufgeschlagen! Pferde inklusive! Und dann das Winken! Da bekommt es auch das bravste Mannsbild mit der Angst zu tun! Das war mit Sicherheit kein Schuljungenstreich!« Der Wirt schlug dann dem aufgeregten Meier Toni vor, die Nacht bei ihm zu verbringen. Dieser war nämlich nicht mehr gewillt, die 5 Kilometer nach Eslarn durch den Wald - und noch dazu über den Goldberg - zu gehen. Als der Wirt die Gaststätte schloss, legte er sich dankbar auf eine harte Bierbank nieder.

Der sonst so furchtlose Meier Toni hatte in dieser Nacht das Fürchten gelernt.

Eine unheimliche Begegnung

In der Zeit vor dem Zweiten Weltkrieg, im Frühjahr 1936, marschierte der »Sulzer Michl« (Name geändert) von Eisendorf nach Weißensulz. Das machten in jener Zeit viele. Die einen sparten sich das Geld für den Autobus, den anderen passte einfach der Fahrplan nicht, weil sie zum Beispiel erst spät am Abend zurückkehren wollten. Auch dem Sulzer Michl wäre nicht im Traum eingefallen, mit dem Autobus zu fahren. Er war einer, der sich gerne in Gottes freier Natur aufhielt. Die 12 Kilometer bis Weißensulz kamen ihm gerade recht. Es war noch sehr früh am Morgen, als er sich auf den Weg machte. Er benutzte die Bezirksstraße über Ruhstein, wollte aber, nachdem er den Langenberg erreicht hatte, eine Abkürzung nutzen. Jetzt, Anfang Mai, war der Morgen noch sehr kühl. Die Straße führte hier nur durch dichtes Waldgebiet, das erst am späten Vormittag einige Sonnenstrahlen zwischen den hohen Baumwipfeln durchdringen ließ. Michl kam recht zügig voran. Er marschierte an einer Waldkapelle vorbei und bog nach wenigen Metern vom Fußpfad ab. Er wollte ein Stück des wohlbekannten Weges abkürzen. Er hatte die Kapelle noch keine 100 Meter hinter sich gelassen, als ihm jemand entgegenkam. Ein Mann, groß, schlank, ja fast abgemagert, mit dunklem Vollbart und langen Haaren.

Er sah ungeniert dem Michl ins Gesicht, mit Augen, die dieser nicht gerade als angenehm empfand. »Wohin des Wegs, Kamerad?«, fragte er den Michl.

»Nach Weißensulz, – wüsste aber nicht, was dich das angeht!«

Der merkwürdige Waldschrat jedoch lachte nur, und dabei schauten seine Augen den Michl eiskalt an. »Du könntest mir einen Gefallen tun«, fuhr er fort, »wenn du nach Weißensulz kommst!« - »Wenn es mir keine größeren Umstände macht, gerne; ich habe aber meine Zeit auch nicht gestohlen«, meinte der Michl und betrachtete sein Gegenüber noch etwas genauer. Er stellte fest, dass der Mann höchst eigenartig gekleidet war. Er trug einen Mantel, ganz in Schwarz, der fast bis zu den Knöcheln reichte. Vor allem die Schuhe aber waren noch seltsamer: Sie sahen aus, als ob sie aus schwarzer Pappe gefertigt wären, auf keinen Fall waren sie aus Leder. So lang auch der Mantel geraten war, die Ärmel waren viel zu kurz. Dafür die Hemdsärmel wiederum viel zu lang und das Material keinesfalls aus Stoff. Deutlich konnte Michl erkennen, dass sie tatsächlich aus Papier hergestellt waren. »Ich gebe dir eine Adresse, wo du für mich eine Nachricht hinterlassen kannst. Wäre dir sehr dankbar für die Gefälligkeit!«, fuhr der Hagere fort.

»Und *was* soll ich *wem* ausrichten?«, fragte Michl und bereute bereits, dem Fremden eine Zusage gemacht zu haben.

»Sage einfach, dass du mich getroffen hast und ich ganz gewiss noch zu ihm komme. Mich halten dringende Geschäfte auf.« Dann überreichte er Michl ein Stück Papier und meinte: »Das ist die Adresse.«

»Wenn weiter nichts ist, richte ich das gerne aus!«

»Nein, weiter brauchst du nichts zu tun«, sagte der langhaarige Kerl, dabei schaute er den Michl so intensiv an, dass dieser eine Gänsehaut bekam.

Michl wollte noch wissen, von wem die Botschaft sei, für den Fall, dass er danach gefragt würde.

Der Mann überlegte verdächtig lange. Er musste doch schließlich wissen, wie sein eigener Name lautete! Bis er dem Michl endlich mitteilte, er brauche nur zu sagen, der »Anpocher« habe ihm die Nachricht aufgetragen.

Ein merkwürdiger Name, dachte sich Michl. Doch er wusste, dass in ländlichen Gegenden oftmals derartige »Hausnamen« keine Seltenheit waren. Bevor sich Michl versah, war die seltsame Gestalt auch schon um die nächste Wegbiegung verschwunden. »Anpocher!« – Er bekam den Namen nicht mehr aus dem Kopf. Er holte den Fetzen Papier, den ihm der Fremde gegeben hatte, aus der Tasche, um zu sehen, wem er die Nachricht überbringen sollte. Die Adresse war mit unbeholfener, fast etwas kindlich wirkender Schrift auf den Zettel gekritzelt worden: »Familie Schaler, Weißensulz«. Nur durch Zufall war dem Sulzer Michel die Familie bekannt. Er hatte besagten Herrn Schaler bei einem Kartenspiel in einer Gaststätte in Weißensulz kennen gelernt. Wusste etwa der so seltsam gekleidete Mann, dem er da im Wald begegnet war, dass Michl die Familie Schaler kannte? Warum hatte dieser keine Straße mit Hausnummer aufgeschrieben? Michl ging jetzt zügig weiter. Als er noch vor der Mittagszeit Weißensulz erreichte, war er entschlossen, erst einmal ein Bier im nächstbesten Wirtshaus zu trinken.

Die Gaststätte war noch spärlich besetzt um diese Tageszeit. Er ließ sich gleich am ersten Tisch in Eingangsnähe nieder und rief dem Wirt, der hinter dem Tresen stand, seine Bestellung zu. Ohne auch nur ein Wort zu sprechen, brachte dieser das gewünschte Bier. Nach einem kräftigen Schluck wischte sich Michl über den Mund und fragte den Wirt, ob er die Familie Schaler genauer kenne. »Was heißt genauer«, antwortete dieser, »der Schaler liegt seit einigen Tagen mehr oder weniger auf dem Sterbebett!« Der Sulzer Michl wurde plötzlich hellhörig. »Auf dem Sterbebett?«, fragte er.

Der Wirt nahm einen Stuhl und setzte sich zu seinem Gast. »Ja. Auf dem Sterbebett. Warum fragst du?« Dabei sah er den Michl durchdringend an. Der sagte nur, dass er eine Nachricht für ihn habe, die er, nach Lage der Dinge, besser schnell überbringen wolle. Nur zu gerne hätte der Wirt mehr gewusst, doch der Michl ließ sich nicht ausfragen. Er bezahlte und verließ schleunigst die Gaststätte. Er wollte die Geschichte so schnell wie möglich hinter sich bringen. Er hatte ja auch noch seine eigenen Sachen zu erledigen. Am Haus von Schaler angekommen, klopfte er an die Tür, worauf ihm eine ältere Frau öffnete. Ängstlich fragte sie nach seinem Begehr. Der Michl sagte, dass er eine Nachricht für Herrn Schaler habe, die er ihm nur persönlich überbringen könne. Die Frau bat ihn ins Haus und er nahm in der Wohnküche Platz.

»Meinem Mann geht es nicht gut. Ich werde ihm aber sagen, dass Sie da sind.« Sie öffnete eine Tür, die in ein abgedunkeltes Zimmer führte, und bat Michl ihr zu folgen. Im Zimmer stand ein alter Lehnstuhl, daneben ein Bett, in dem der besagte Schaler lag. Wegen der schlechten Lichtverhältnisse waren zunächst nur verschwommene Umrisse zu sehen. Als der Michl aber näher ans Bett trat, glaubte er, in Schaler tatsächlich den Mann wieder zu erkennen, mit dem er vor einiger Zeit im Wirtshaus Karten gespielt hatte. »Setz dich nur«, sagte der Mann im Bett mit schwacher Stimme. Der Michl setzte sich in den Lehnstuhl und berichtete dem Mann von seiner Begegnung mit dem Fremden. Dieser hörte mit geschlossenen Augen zu. Als Michl zu der Beschreibung des Mannes kam, riss Schaler plötzlich seine Augen auf und fragte: »Hat er auch seinen Namen genannt?« Michl merkte, dass Schaler immer nervöser wurde. »Ja, hat er«, sagte Michl, »ich soll dir ausrichten, dass er dich ganz gewiss noch aufsuchen werde. Im Moment sei er geschäftlich verhindert.« Schaler hob mühsam seinen Kopf und fragte mit heiserer Stimme: »Den Namen! Sag mir den Namen!« Michl, der jetzt doch etwas erstaunt war, dass sich der Mann vor ihm im Bett plötzlich so aufregte, sprach: »Ich soll dir nur sagen, die Nachricht käme vom *Anpocher*, du wüsstest dann schon Bescheid!«

Der Mann im Bett ließ seinen Kopf zurück in das Kissen fallen und sah nun aus wie der Tod in Person. Grau und starr, als ob er schon nicht mehr leben würde, lag er vor dem Michl da. Plötzlich richtete er sich senkrecht mit dem Oberkörper auf. Mit den Augen sein Gegenüber fixierend, sagte er mit tonloser Stimme: »Er löst wohl jetzt sein Versprechen ein, dieser Lump!« Michl konnte mit Schalers Worten leider nicht viel anfangen.

Wie leblos fiel Schaler, nach dieser enormen Kraftanstrengung, wieder auf sein Kissen zurück. Michl überkam ein schlechtes Gewissen. Er wollte den offenbar halluzinierenden Kranken nicht länger quälen und sich unverzüglich davonstehlen. Doch auf einmal, mit einer schwachen, ja fast weinerlichen Stimme, fing Schaler zu sprechen an. Michl blieb wie angewurzelt sitzen und hörte eine ungeheuerliche Geschichte:

Vor etwa elf Wochen ist ein Bekannter von mir gestorben. Kurz vor seinem Tod besuchte ich ihn am Krankenbett. Er war kein guter Mensch gewesen, er hatte viele Leute betrogen und nahm es mit der Wahrheit nicht so genau. Er hat mir vor Jahren einmal aus einer sehr misslichen Lage geholfen. Ich hatte viel Geld beim Kartenspiel verloren und Schulden gemacht. Meine Gläubiger bedrängten mich, die Summe von zweitausend Mark an sie zu zahlen, wozu ich aber absolut nicht in der Lage war. Mein Bekannter gab mir ohne zu zögern die Summe. Als ich mit ihm die Rückzahlung besprechen wollte, winkte er ab und meinte, er wisse doch ohnehin, dass ich so viel Geld niemals zurückzahlen könnte. Als ich ihn fragte, ob er mir denn das Geld schenken wolle, lachte er und sagte, er habe

noch nie jemandem was geschenkt und mir schon gleich
gar nicht. Wenn er einmal sterben müsse, das schwöre er
mir, dann hole er mich innerhalb von drei Monaten nach!
Mich durchfuhr es eiskalt. Dieser Mensch war schon im-
mer etwas unheimlich gewesen und was er sagte, klang
überzeugend. Doch was hätte ich tun sollen in meiner
Lage? Etwa aus Angst vor einer Redewendung ein Darle-
hen ohne Rückzahlpflicht ausschlagen? Da er jünger war
als ich, machte ich mir über seine Drohung sowieso keine
großen Gedanken. Ich war überglücklich, endlich meine
Schulden los zu sein. Als ich mich damals von ihm ver-
abschiedete, sagte er: »Merke dir, ich werde irgendwann
bei dir anpochen, um die Schulden einzutreiben. Bis es so
weit ist, musst du auf den Anpocher *halt warten!« Wie-*
der konnte ich mich eines Schauers nicht erwehren: »So
sei es!«, meinte ich, um irgendetwas zu erwidern, und
ging eilig meiner Wege.

Schaler schien das Reden fürchterliche Überwindung zu
kosten. Er lag völlig reglos im Bett. Der Michel aber hing
noch lange wie gebannt den Worten des Sterbenden nach.
– Der Mann, dem er heute Morgen nicht weit von der
Waldkapelle begegnet war, konnte niemand anders sein
als der, von dem Schaler gerade berichtet hatte.
Was hatte Schaler behauptet? Vor elf Wochen sei dieser
Mann schon gestorben?
Er schaute wieder auf das Bett. Schaler rührte sich immer
noch kein bisschen. Doch jetzt starrte er mit weit aufgerissenen Augen zur Decke. »He, Schaler«, fragte er leise, »ist
das alles wahr, was du da erzählt hast?« In seinen weit aufgerissenen Augen stand das blanke Entsetzen. »Schaler,
so antworte doch«, rief Michl jetzt etwas lauter. Doch der
Todkranke schwieg und bewegte sich nicht. Als Michl erneut zu einer Frage ansetzten wollte, richtete sich Schaler

ruckartig in seinem Bett auf und stieß einen markerschütternden Schrei aus. Michl hatte in diesem ausgemergelten Körper keine derartige Energie mehr vermutet. Schalers Augen glotzten ihn an, als ob er der Leibhaftige wäre. Bevor Michl etwas sagen konnte, fiel Schaler wieder erschöpft in die Kissen zurück. Er trat nun näher an sein Bett, um ihm seine Hilfe anzubieten. Wie schon erwähnt, war der Raum abgedunkelt und erst, als er unmittelbar vor ihm stand, konnte er sehen, dass Schalers Gesichtszüge nichts Menschliches mehr an sich hatten. Inzwischen war der Arzt eingetroffen, den die Frau wohl gerufen hatte. »Ist er tot?«, wollte Michl vom Doktor wissen. Dieser wandte sich an Schalers Frau und sprach: »Er liegt im Koma!« Die Frau weinte und verließ das Zimmer. Auch der Arzt ging, versprach aber Schalers Frau, am Abend noch mal zu kommen.

Der Sulzer Michl warf noch einen kurzen Blick auf den Mann im Bett und verließ ebenfalls das Haus. Was er in den letzten zwei oder drei Stunden erlebt und gesehen hatte, reichte auch ihm. Er schickte sich nun an, seine Privatangelegenheiten zu erledigen, um dann so schnell wie möglich den Heimweg anzutreten.

Als er damit fertig war, genehmigte er sich noch eine halbe Bier und machte sich auf den Rückweg. Er musste ständig an den armen Schaler denken. War er denn heute Morgen tatsächlich diesem »Anpocher« begegnet? All diese Fragen schwirrten in seinem Kopf herum und ließen ihn, der die Natur ansonsten so sehr liebte, kaum auf die Umgebung achten. Er hatte unbewusst seine Gangart dermaßen verschärft, dass er alsbald die Waldkapelle erreichte. Die Sonne war schon hinter den Hügeln des Böhmerwaldes verschwunden, als er sich auf die Bank setzte, die neben der Kapelle stand. Er war müde, was bei Michl nicht oft vorkam. Bequem streckte er seine Füße aus und war entschlossen, hier eine längere Rast einzulegen. Die feierliche Stille an der Waldkapelle tat seiner Seele wohl. Er nickte ein. Doch urplötzlich war er wieder hellwach und sprang auf die Beine! Schritte waren zu hören, die von der Straße her immer näher kamen. Tatsächlich: Eine Gestalt tauchte zwischen den Bäumen auf. Sofort erkannte Michl den Kerl von heute Morgen wieder. Er war noch genauso gekleidet; auch sein übriges Aussehen hatte sich um kein Haar geändert. Die kalten Augen auf Michl gerichtet, fragte er: »Hast du meine Nachricht überbracht?« Dieser brauchte erst einmal Zeit, um seine Gedanken zu ordnen. Er wollte den zweifelhaften Gesellen so schnell wie möglich loswerden. »Habe ich«, antwortete er kurz. »Nun muss ich gehen!« Die abgemagerte Hand unter dem Papierhemd streckte sich Michl entgegen. Zum Dank wollte ihm der Fremde offensichtlich die Hand reichen. Michl wich instinktiv zurück. Er weigerte sich, den ekligen Kerl zu berühren. Völlig unbeeindruckt zog sein Gegenüber die Hand zurück und ließ sie in der Tasche des Mantels verschwinden. Michl war nun vorsichtig geworden. Er ließ den Burschen nicht mehr aus den Augen. Wenn sich herausstellen sollte, dass er es war, der Schaler die 2000 Mark gegeben hatte, konnte die Sache nicht mit rechten Dingen zugehen. Denn nach Schalers Angaben war sein Bekannter vor knapp drei Monaten gestorben und in Weißensulz auf dem Friedhof beerdigt worden. Michl glaubte aber weder an Geister noch Gespenster und schon gar nicht, dass Tote einfach im Wald herumlaufen. Er legte alle Scheu ab und fragte diesen spindeldürren Kauz, wer er sei und wo er wohne. Keine Regung war in seinem Gesicht zu erkennen, als er mit teilnahmsloser Stimme entgegnete: »Hör mir gut zu, was ich dir jetzt sage!« Dabei sah er den Michl immerzu mit seinen kalten, ausdruckslosen Augen an. »Ich warne dich, auch nur einer einzigen

Menschenseele etwas von unserer Begegnung zu erzählen. Es würde dir sonst schlecht bekommen!« - »Willst du mir etwa drohen?«, antwortete Michl. Der andere machte einen Schritt nach vorne, so dass Michl seinen Atem spüren konnte. Er wich zurück, nicht aus Angst, sondern vor dem Gestank des Atems, der von dem Kerl ausströmte. »Komm mir nicht zu nahe, Bursche, sonst muss ich handgreiflich werden!« Die Hand zur Faust geballt, richtete sich Michl vor dem Kerl auf. »Willst mich wohl totschlagen?«, lachte dieser heiser. »Nur zu, tu dir keinen Zwang an!« Höhnisch schaute er Michl an und forderte ihn mit seinen mageren Fingern auf, es doch zu versuchen. Dieser hatte es nun endgültig satt, sich noch länger mit dem unangenehmen und wunderlichen Menschen abzugeben. Ohne ein weiteres Wort ließ er den Mann stehen und setzte den Heimweg fort. »Trotzdem, nochmals schönen Dank, dass du Schaler vorbereitet hast!«, hörte er die merkwürdige Gestalt noch sagen und als sich Michl umdrehte, um zu antworten, war der Mann wie vom Erdboden verschluckt. Nur dieser modrige Verwesungsgeruch, der von dem Fremden ausging, lag hartnäckig in der sonst so wohlriechenden Waldluft. Als die ersten Häuser von Eisendorf zu sehen waren, atmete der Sulzer Michl auf. Er getraute sich nicht, jemandem von dieser unheimlichen Begegnung zu erzählen.

Eine Woche später traf er durch Zufall den Doktor von Weißensulz, der einen schwer erkrankten Patienten in Eisendorf besuchte. Michl fragte den Arzt, wie es dem armen Schaler wohl gehe. »Der ist noch in der selben Nacht verstorben, genau an dem Tag, als Sie ihn besucht haben«, antwortete er. Und da er sah, dass der Michl blass wurde, fragte er ihn nach seinem Befinden. Er versicherte dem Doktor, dass es ihm gut gehe und machte sich schnell aus dem Staub.

Monatelang vermied es der Sulzer Michl, nach Weißensulz zu gehen. Und als er es doch wieder wagte, besuchte er das Grab von Schaler. Auf dem kleinen Holzkreuz war zu lesen: *Hier ruht in Frieden M. Schaler.* Nur
eine Grabstelle weiter fand er die letzte Ruhestätte jenes
Mannes, den Schaler den »Anpocher« genannt hatte. Viele
Jahre später erst vertraute Michl sein Erlebnis schließlich
dem Pfarrer von Eisendorf an. Wer aber die seltsame Geschichte weitererzählte und unter die Leute brachte, ist bis
heute nicht bekannt.

Wilderer

Diese Geschichte soll sich tatsächlich oder mindestens so ähnlich zugetragen haben, wie sie hier erzählt wird. Sie ereignete sich kurz nach dem Ersten Weltkrieg. Die genaue Jahreszahl lässt sich nicht mehr feststellen. Ein Zeitzeuge hat mir die Geschichte in den fünfziger Jahren erzählt. An einem so genannten »Hutscherabend«. So nannte man früher abendliche Zusammenkünfte bei Bekannten. Diese »Hutscherabende« waren hochinteressant, dienten sie doch dazu, immer das Neuste zu erfahren. Waren die aktuellen Klatschgeschichten aus dem Ort und der Umgebung gründlich besprochen, kam es, meistens zu später Stunde, noch zu Erzählungen aus der »guten alten Zeit«. Auch wenn die gute alte Zeit gewiss nicht immer gut war. Doch die Menschen sind nun einmal so, dass sie das Schlechte schnell vergessen und nur das Gute in der Erinnerung bewahren. Die nun folgende Geschichte stammt zweifellos aus einer schwierigen Zeit voller sozialer Not.

Nach dem Ersten Weltkrieg und später, als die Arbeitslosigkeit ständig zunahm, hatten viele Menschen kaum das Notwendigste zum Leben. Auch der Grenzort Eisendorf blieb nicht verschont. Wer keine Arbeit hatte und nicht wollte, dass seine Familie hungerte, griff auch manchmal zu ungesetzlichen Mitteln. Unter anderem gehörte auch die Wilderei dazu. Manch einer schoss ein Reh oder Kaninchen, damit sich die Familie endlich einmal richtig satt essen konnte.

Nur war diese Art der »Fleischversorgung« natürlich höchst strafbar. Wer erwischt wurde, kam unter Umständen sogar ins Zuchthaus! Wilderei wurde jedoch nicht nur von armen Leuten begangen. Viele, die genug Geld hatten und also angesehene Bürger waren, frönten dieser Tätigkeit auch aus bloßer Abenteuerlust und Leidenschaft.

An einem herrlichen Maientag war der Forstmeister Portner (Name geändert) mit einem Kollegen aus Weißensulz
unterwegs. Sie wollten sich nahe am Weiler »Bärentanz«
etwas umsehen. In den letzten Jahren hatte in dieser Gegend die Wilderei stark zugenommen. Der Weiler Bärentanz lag in einer Waldrodung an der Straße von Eisendorf
nach Weißensulz. Es war ein einsames Gebiet und nicht
umsonst meinten die Leute, dass sich hier Fuchs und
Hase gute Nacht sagten. Forstmeister Portner war übrigens ein Mann mit eisernen Prinzipien, besonders wenn
es um Wilddiebe ging. Man erzählte sich hinter vorgehal-
tener Hand, dass er keine Skrupel hatte, einen Wilderer
auch ohne weiteres zu erschießen. Er hasste nun mal die
Wilddieberei wie die Pest und war allgemein als »scharfer
Hund« bekannt. Sein Begleiter aus Weißensulz allerdings
war das genaue Gegenteil von ihm. Er war dem Portner
von einer vorgesetzten Stelle zugeteilt worden. Und so
machten sie einen gemeinsamen Kontrollgang.

Es musste etwa gegen 17 oder 18 Uhr gewesen sein, als
die beiden einen Schuss hörten. Portner riss sofort sein
Gewehr von der Schulter und rief seinem Kollegen zu:
»Los, du von oben und ich von unten!« Dabei rannte er in
die Richtung, wo er den Schützen vermutete. Sein Partner rannte ebenfalls los, aber in die entgegengesetzte
Richtung. Portner hatte bereits eine kleine Lichtung erreicht und suchte, stets vorsichtig, Schutz hinter einem
Baum. Auf der Waldlichtung war nichts Verdächtiges zu
erkennen. Als er aber genau hinschaute, bemerkte er etwas Braunes im Gras. Er entsicherte seine Büchse und beobachtete aufmerksam den Waldsaum. Er wartete etwa
5 Minuten, erst dann betrat er die Lichtung. Das braune
»Ding« im Gras entpuppte sich als Rehbock! Das Tier, und
das erkannte der Forstmeister sofort, war tot, – erschossen.
Da hatte es also ein Wilderer gewagt, praktisch vor seinen

Augen einen Rehbock zu erlegen. Er musste gewusst haben, dass die Forstbeamten in der Nähe waren, sonst hätte er seine Beute schon längst geholt. Für Portner stand fest, der Wilddieb wollte ihn ärgern und ganz offen zeigen, dass er ihn nicht fürchtete. Von der oberen Seite kam nun auch langsam sein Kollege näher und berichtete, dass er nichts Auffälliges gesehen habe. Portner bemerkte, dass sein Partner reichlich blass aussah. Er glaubte, die nackte Angst in seinen Augen zu erkennen. Die beiden schafften schließlich das erlegte Tier unter die schützenden Bäume am Waldrand.

Portner beauftragte dann seinen Kollegen aus Weißensulz, das Tier abholen zu lassen. Dieser war froh über den Auftrag, konnte er doch endlich den Heimweg antreten. Portner war ihm einfach zuwider. Auf dem Rückweg ließ er sich seine Begegnung mit dem Wilddieb nochmals durch den Kopf gehen. Er hatte seinem Kollegen aus Eisendorf nicht die Wahrheit gesagt! Als er nämlich losgerannt war, um den Wilderer zu stellen, hatte er eine unliebsame Begegnung mit ihm. Kaum hatte er das Unterholz erreicht, stand plötzlich ein Mann vor ihm mit angeschlagenem Gewehr und geschwärztem Gesicht. Der junge Forstgehilfe war dermaßen erschrocken, dass er keinerlei Gegenwehr leistete. Wortlos stand ihm der »Geschwärzte« gegenüber! Dieser deutete ihm mit dem Gewehrlauf an, sich umzudrehen. Dann nahm er ihm die Büchse ab und entfernte die Patronen. Dabei spürte der Gehilfe ständig den Lauf der Waffe im Rücken. Er wagte nicht einmal zu atmen, als der Wilderer zu ihm sprach: »Richte bei Gelegenheit dem Portner aus, dass ich, wenn ich es will, ihn jederzeit ins Jenseits befördern kann. Das kostet mich gar nichts. - Hast du verstanden?« Portners Kollege nickte bestätigend mit dem Kopf, da er kein Wort herausbrachte. Am ruhigen, aber sehr entschlossenen Tonfall der Stimme erkannte er, dass mit diesem Gesetzlosen nicht zu spaßen war. Als er sich nach einer Weile vorsichtig umdrehte, war der Mann spurlos verschwunden. Portner war zwar die Nervosität seines Kollegen aufgefallen, hatte diese jedoch auf die vorangegangene Situation bezogen.

Auch zu Hause ging dem Gehilfen aus Weißensulz die Begegnung nicht aus dem Sinn. Wer war der Wilderer? Sein Gesicht war entweder mit Ruß oder Schuhcreme geschwärzt gewesen, es war unmöglich, etwas Bestimmtes zu erkennen. Er beschloss, auf keinen Fall dem Kollegen aus Eisendorf von der Begegnung zu erzählen.

Portner meldete am nächsten Tag den Vorfall seiner vorgesetzten Dienststelle. Weiter nahm er sich vor, diesen »Burschen« unbedingt zu erwischen. Schon einige Tage später war er erneut in Richtung zum Weiler Bärentanz unterwegs. Denn Portner war zäh! Er legte sich jetzt fast jeden Tag auf die Lauer. Er wusste - einmal würde er den Dreckskerl erwischen. Spätestens im September, so kalkulierte Portner, wo die Jagd auf Dammwild freigegeben wurde, würde der Wilderer ganz gewiss wieder aktiv werden.

Er sollte Recht behalten. An einem Morgen, Portner war schon sehr früh unterwegs, schlug der Wilddieb erneut zu! Es herrschte kaum schon richtiges »Büchsenlicht«, als Portner zwei Schüsse in Folge vernahm. Sofort war er hellwach! Dieses Mal rannte er nicht gleich los, sondern schlich sich, immer den Wald als Deckung nutzend, in die Richtung, aus der die Schüsse kamen. Kühl und überlegt, ohne auch nur eine Spur von Angst, pirschte er sich immer näher heran. Plötzlich sah er hinter einem niedrigen Buschwerk die Spitze eines Hutes. Er brachte sein Gewehr in Anschlag und ging vorsichtig auf die Stelle zu. Gerade als er die vermeintliche Person mit dem Hut auffordern wollte, mit erhobenen Händen heraus zu kommen, fiel abermals ein Schuss. Diesesmal aber aus der Richtung, aus der Portner gekommen war. Nur noch etwa zwei Meter entfernt von der vermuteten Gestalt im Dickicht und den Finger am Abzug, forderte er diese auf, sofort hervorzutreten oder er werde schießen! Nichts, der Bursche rührte sich einfach nicht! Als Portner noch etwas näher kam, erkannte er, dass außer dem Hut, – der geschickt zwischen den Zweigen angebracht war –, nichts im Gestrüpp war. Von der anderen Seite des Waldes, da wo Portner hergekommen und der dritte Schuss gefallen war, vernahm er schallendes Gelächter! Verdutzt verharrte er für einen Moment und dann wurde ihm klar: Der Wilderer hatte ihn getäuscht und lächerlich gemacht. Als er wieder zurückging, sah er fast genau an der Stelle, wo er die ersten zwei Schüsse vernahm, dass hier ein Tier ausgenommen worden war. Die Spuren waren eindeutig. Voller Wut musste Portner erkennen, dass ihn dieser Schweinehund hereingelegt hatte und zwar auf eine demütigende, tolldreiste Art. Mit einem unbeschreiblichen Zorn im Bauch trat er den Rückweg an. Kurz vor Ruhstein kam ihm ein Mann aus Eisendorf entgegen, den er kannte. Mürrisch dankte er für dessen freundlichen Gruß. Ohne auch nur ein Wort mit ihm zu wechseln, ging er weiter. Der Mann schüttelte den Kopf und murmelte leise vor sich hin: »Wut ist ein schlechter Berater!« Ein Lächeln huschte über sein Gesicht: »So bekommst du mich nie – du elender Büttel. Die Reichen lässt du gewähren. Die dürfen auf alles schießen, was sich bewegt. Die Armen jedoch, die etwas zu essen brauchen, verfolgst du wie ein Bluthund. Bete zu Gott, dass du mich niemals stellst. Da könnte leicht dein letztes Stündlein schlagen!«

Der Sargtischler

Die kleine Ortschaft Lepitz (Name geändert) gehört zum Landkreis Bischofteinitz. Die Hälfte der Bewohner aber hatte die Kreisstadt bestimmt noch nie zu Gesicht bekommen. Auch Fremde kamen selten in den abgelegenen Ort. Dort gab es nur zwei Wirtshäuser, eine Kirche und einen Lebensmittelladen. Das Gewerbe bestand aus einem Schmied und einem Schreiner. Letzterer war weit über das Dorf hinaus bekannt. Als Sarghersteller. Wer Wert darauf legte, für einen lieben Verstorbenen einen »schönen« Sarg machen zu lassen, war bei ihm an der richtigen Adresse. Im Dorf nannten ihn alle nur den »Sargtischler«. Für die Ortschaft Lepitz war er zugleich auch als Totengräber zuständig. Die übrigen Bewohner lebten mehr schlecht als recht von der Landwirtschaft.

Jeden Mittwochabend traf sich im Gasthof »Zur Gans« ein Stammtisch. Dieser bestand aus folgenden Personen: Da war zum einen der Dorfschullehrer, der zugleich Organist und Leiter des Kirchenchors war. Dann der Bürgermeister, seines Zeichens auch Wirt und nebenbei der größte Bauer im Ort. Ferner einige kleinere Landwirte und nicht zuletzt der Sargtischler. Manchmal gesellten sich auch andere Ortsbewohner, die nicht zum eigentlichen Stammtisch gehörten, dazu. Diese wurden zwar geduldet, mussten aber, wenn Platzmangel herrschte, ihren Sitzplatz räumen. Der Pfarrer kam nicht regelmäßig, aber sein Platz wurde stets freigehalten.

Heute allerdings war der Tisch voll besetzt. Die alte Wahrsagerin, bekannt unter dem Namen »Hellseher Vroni«, war schwer erkrankt. Am Vormittag war der Docktor aus Weißensulz bei ihr gewesen. Am Nachmittag der Pfarrer. Am Stammtisch war man schon gespannt, was Hochwürden zu berichten wusste. Der zog erst einmal seine Schnupftabakdose aus seiner Tasche und nahm eine kräftige Pries. - »Ich kann euch nur so viel sagen, dass die Vroni schwer, ja sogar sehr schwer erkrankt ist!«, erläuterte der Herr Pfarrer. Dann erklärte er seinen neugierigen Tischgenossen, dass es wohl in Gottes Hand liege, ob die Hellseher Vroni wieder gesund werde. Der Dorfschullehrer mischte sich jetzt ins Gespräch: »Ich habe sie vor zwei Tagen besucht und sage euch, – die wird nimmer!« Der Wirt, der gerade eine Bestellung aufnahm, wollte ebenfalls eine Prognose abgeben: »Die kommt durch, die ist zäh wie Ziegenleder, da halte ich jede Wette!« Dem Wirt und Bürgermeister wollte niemand unbedacht widersprechen und so gab es ein zustimmendes Gemurmel. Der Sargtischler nahm inzwischen gedankenverloren die Schnupftabakdose des Herrn Hochwürden, die dieser vor sich auf den Tisch gestellt hatte, und bediente sich reichlich. Geräuschvoll zog er eine Pries durch die Nase. Dann bat er mit gedämpfter Stimme seine Tischgenossen um Ruhe. Gespannt blickten alle auf ihn.

»Ich sage euch und insbesondere dir, lieber Bürgermeister, dass die *Hellseher Vroni* sterben wird!« Er griff abermals zur Schnupftabakdose, nahm nochmals eine Pries und fuhr fort: »Ich weiß das ganz sicher!« Etwas erstaunt sahen alle auf den Sargtischler, der ein riesiges Taschentuch in der Hand hielt und sich lautstark schnäuzte. Der Herr Pfarrer war sichtlich verärgert ob dieser gotteslästerlichen Anmaßung: »Woher willst du das so genau wissen?«, fragte er den Sargtischler scharf. Der war schon wieder dabei, nach der Schnupftabakdose zu greifen, was ihm der Eigentümer diesmal energisch verweigerte. Der Sargtischler, nun seinerseits aufgebracht über das Verhalten des Geistlichen, lehnte sich bequem in seinen Stuhl zurück und wartete, bis es in der Runde still war. »Woher ich das weiß?«, fragte er in die Runde. »Ich werde es euch sagen!« Er nahm einen tiefen Schluck aus seinem Bierkrug und fuhr fort: »Schon vor einigen Tagen – da war die Vroni noch nicht erkrankt - bekam ich ein Zeichen!« - »Ein Zeichen?«, unterbrach ihn der Pfarrer. »Was für ein Zeichen?« Die Stimme des Sargtischlers wurde leiser und immer eindringlicher:

»Ja, ein Zeichen. Und zwar ein ganz eindeutiges!«

Der Wirt wurde nun unruhig und ermahnte den Sargtischler, endlich mit der Sprache herauszurücken.

Nach einem abermals vergeblichen Versuch, die Schnupftabakdose von Hochwürden zu erlangen, erzählte er folgende Geschichte:

Es war schon spät am Abend, als ich vor gut einer Woche nach Hause kam. Ich ging noch in meine Werkstatt, um einige Arbeiten an einem Sarg vorzunehmen. Noch bevor ich die Werkstatt betrat, hörte ich, dass meine Hobelmaschine lief. Ich öffnete die Tür und machte Licht. Die Maschine lief tatsächlich. Ich wusste aber genau, dass ich sie beim Verlassen der Werkstatt abgestellt hatte. Aber es kommt noch besser! Spaten und Spitzhacke, die ich zum Ausheben der Gräber benutze, lehnten an der Hobelbank. Dieses Werkzeug bewahre ich nicht in meiner Werkstatt auf, sondern im Abstellraum am Ende des Flurs. Ich frage euch, wie kommt das Handwerkszeug in die Tischlerwerkstatt? Und warum lief die Hobelbank? Das sind Zeichen. So etwas ist mir schon einmal passiert: Da lag ein Sargdeckel auf einem fertig gestellten Sarg und war so festgeschraubt, dass ich den Deckel nur mit Gewalt wieder öffnen konnte. Ich schraube doch keinen Deckel zu, wenn der Verstorbene noch nicht drin liegt! Und schon gar nicht so, dass ich den nicht mehr aufbekomme. Drei Tage später starb unser Feuerwehrhauptmann bei einem Unfall. Ich sage euch, das sind keine Zufälle, – da geht es nicht mit rechten Dingen zu. Das Laufen der Hobelbank und das Werkzeug, das ich noch nie in meiner Werkstatt aufbewahrt habe, bedeutet Arbeit für mich. Und darum glaube ich nicht an eine Genesung der Hellseher Vroni.

Als Erster schien sich Hochwürden von dem Gehörten erholt zu haben. Er nahm eine riesige Portion aus der Schnupftabakdose und wandte sich mit zorniger Stimme an den Sargtischler: »Was du uns da erzählst, ist gottloses Geschwätz!« Er zog sein Taschentuch hervor und schnäuzte sich, dass man meinen konnte, die Trompeten von Jericho zu hören. »Ich weiß, wovon ich rede, und jedes Wort ist wahr, was ich euch gesagt habe«, wehrte sich der Sargtischler energisch. Um einen größeren Streit zu vermeiden, mischte sich nun der Wirt, auch in seiner Eigenschaft als Bürgermeister, in den Streit zwischen Pfarrer und Sargtischler: »Ich glaube ja auch nicht an derlei Dinge. Aber was hätte der Sargtischler davon, uns anzulügen?« Ein Landwirt aus Lepitz, der am Nachbartisch saß, drängte sich ebenfalls ins Gespräch: »Ich glaube dem Totengräber. Es gibt mehr Dinge zwischen Himmel und Erde, als wir alle zusammen wissen!« Jetzt stand der Herr Pfarrer auf, steckte seinen Schnupftabak in die Hosentasche und hieb mit der Faust auf den Tisch: »Schluss jetzt mit dem dummen Gerede! Ich sage euch, – nur, – aber auch nur - Gott kann Wunder vollbringen. Und sonst niemand!« Er sprach mit amtlicher Autorität und Strenge. Und keiner wagte, auch nur einen Mucks zu tun oder gar zu widersprechen. Aufrecht, seinen scharfen Blick auf die Wirtshausbesucher gerichtet, stand Hochwürden da.
In diesem Moment ging die Tür zur Gaststube auf und der Messner kam herein. Alle wandten wie an der Schnur gezogen die Köpfe und stierten ihn an. Der Messner blick-

te suchend umher, behindert durch den Tabaksqualm, der wie Nebel in der Luft lag. Da erblickte er den immer noch hoch aufgerichteten Diener Gottes, ging direkt auf ihn zu und meldete aufgeregt: »Hochwürden - kommen Sie schnell, mit der Hellseher Vroni geht es zu Ende!« Totenstille breitete sich sofort im ganzen Raum aus. Man hätte den Atem jedes Gastes hören können, doch niemand dachte daran, auch nur Luft zu holen. Die Stammtischrunde starrte unentwegt den Schreckensbotschafter an, als wäre er der Leibhaftige persönlich. Und dieser Zustand dauerte fort, bis der Pfarrer seine Geistesgegenwart wieder gefunden hatte. Eilig brach er mit dem Messner auf, um der armen Vroni die Sterbesakramente zu erteilen. In der Gaststube herrschte immer noch tiefes Schweigen. Da erhob sich endlich der Sargtischler, ganz träge und unlustig, genau wie ein Mensch, der beim Feierabendbier gestört wird, und brummte: »Hab ich's doch gewusst, dass noch Arbeit auf mich zukommt.« Grußlos verließ er das Gasthaus »Zur Gans«, um das Grab für die Hellseher Vroni auszuheben.

Alleine in der Raunacht

Eine Erzählung aus meinem Kinderbuch »Hanselmeiers Advents- und Weihnachtsgeschichten.«

In vielen Gegenden des Böhmerwaldes sind die Adventswochen eine besondere Zeit. In der Umgebung von Kollau waren die so genannten *Raunächte* – die letzten Tage im November und der Vorweihnachtszeit – auch für Erwachsene voller Zeichen und Wunder. Denn viele Geschichten und Erlebnisse, die in den Raunächten passierten, lebten um diese Jahreszeit wieder auf und wurden bei jeder Gelegenheit erzählt. Und das war natürlich auch eine althergebrachte Tradition in der Familie »Hanselmeier«, vor allem an den langen Winterabenden.

Dabei rückte der Großvater in den Mittelpunkt des Interesses: Er hatte nämlich, nach eigenen Angaben, viele dieser Geschichten selber erlebt. Deshalb musste er auch in der Vorweihnachtszeit jeden Abend eine dieser seltsamen Begebenheiten vortragen.

In der Adventszeit war es um halb Fünf Uhr nachmittags bereits dunkel. Jana und ihr Bruder »Hanselmeier« freuten sich schon, wenn nach dem Abendessen alle Familienmitglieder sich um den großen Tisch setzten. Jeder hatte *seinen Platz.* In der riesigen Wohnstube stand links ein großes Kanapee (Sofa); auf dem kuschelten sich Hanselmeier und Jana eng aneinander. Die Mutter und der Vater saßen am Tisch. Großvater jedoch hatte einen *Sessel* mit bequemer Armlehne und Kopfstützen. Eine Nachbarin, die oft zu Gast war, hatte es sich auf einem *Hocker* in der Ecke des Zimmers bequem gemacht. Alle warteten nun, bis Großvater seine Pfeife anzündete und zu erzählen begann. Dieser blies erst einmal dicke Wolken Tabakrauch genüsslich durch seine Nasenlöcher und freute sich, dass er so eine gefragte Person war.

Vor etwa 45 Jahren, Großvater war noch jung und hatte selbst vor dem Teufel keine Angst, fragte ihn ein alter Bekannter, ob er eventuell am Wochenende helfen könne. Eine schwere Fuhre Holz hätte er zu holen und alleine schaffe er das nicht. Zu dieser Zeit war es unter Nachbarn ein Grundsatz, sich gegenseitig zu helfen. Und Großvater sagte bereitwillig zu. Der Bekannte wohnte im Nachbarort und hieß mit Vornamen Wenzel. Er hatte einen kleinen Bauernhof, von dem er *mehr schlecht als recht* leben konnte. In der Gegend um Kollau gab es gewöhnlich viel Schnee. Wenn es zwischendurch mal nicht schneite, nutzten das die Bauern aus, um Brennholz zu holen.

Es war ein eiskalter Wintertag, als der Großvater und Wenzel sich auf den Weg machten. Der riesige Holzschlitten war schon unbeladen reichlich schwer. Daher legte Wenzel den *Zugriemen* über die Schulter und nahm die Deichsel in die Hand. Dann ging es los in Richtung Wald. Großvater schob am Ende des Schlittens kräftig an. Auch war es Schwerstarbeit, das Holz zu schlagen und auf den Schlitten zu laden. Die damals noch jungen Männer schafften es in relativ kurzer Zeit. Schon nach ein paar Stunden war der Schlitten voll beladen. Die Rückfahrt gestaltete sich naturgemäß wesentlich schwieriger. Die schwere Last musste bergab gebremst werden, bergauf aber wurde mit allen Kräften geschoben und gezogen. Die beiden brachten es schließlich fertig, noch vor Einbruch der Dunkelheit auf den Hof zurückzukommen.

Wenzel bedankte sich beim Großvater für seine Hilfe und bat ihn, zum Abendessen zu bleiben. Er nahm die Einladung dankend an, wollte danach aber sofort wieder aufbrechen. Hatte er doch noch einen langen und beschwerlichen Fußmarsch vor sich. Und in einer *Raunacht* wie heute war er nicht gerne so spät unterwegs. Doch wie es halt so geht: Er blieb letztendlich eben doch erheblich länger sitzen. Und als er endlich den Hof verließ, schlug die Kirchturmuhr genau zehn Mal. Noch keine ganze Stunde unterwegs, spürte er die eisige Kälte durch die Kleider kriechen. Und erst jetzt fühlte er die Müdigkeit am ganzen Körper.

Die Nachtluft legte sich wie Blei auf seine Brust. Durch das schnelle Gehen konnte er kaum Atem schöpfen. Der Waldweg, auf dem er sich befand, war tief verschneit, ein schnelles Vorankommen also nicht möglich. »So spät noch durch den Wald stapfen«, brummte er, »und noch dazu in einer *Raunacht*. Ich hätte konsequenter sein und sofort aufbrechen sollen.«

Großvater kannte sich in dieser Umgebung nicht genau aus. Doch nach seiner Einschätzung musste er die Hälfte des Weges hinter sich haben. Die Bäume waren mit einer dicken Reifschicht bedeckt, die fast alle Geräusche schluckte. Nur seine eigenen Schritte kamen ihm laut vor. Großvater ärgerte sich fast darüber, weil er eine innere Unruhe aufkommen fühlte. Zu viele unheimliche Vorkommnisse hatten die Leute schon während der *Raunächte* erlebt. Sie wurden nicht müde, davon zu erzählen. Und diese dummen Gedanken konnte Großvater einfach nicht loswerden. »Zum Teufel«, sprach er zu sich selber, »weg mit dieser blöden Angst! Ich muss mich auf den Weg konzentrieren.« Er befürchtete, sich womöglich zu verirren. Und als ob er seine Worte damit bekräftigen wollte, verschärfte er jetzt das Tempo.

Endlich lichtete sich der Wald etwas und die Sicht wurde besser. Großvater blieb einen Augenblick stehen, um sich zu orientieren, als er zu seiner großen Freude eine Hütte sah. Schwacher Lichtschein war darin zu erkennen. War das womöglich der Schuppen, an dem er immer vorbeikam, wenn man von der bayerischen Seite aus nach Kollau ging? Er beschloss zur Hütte zu gehen. Wenn dort Licht brannte, musste auch jemand da sein. Als er nur noch wenige Meter entfernt war, hörte er Geräusche, die wie das Schnauben von Pferden klangen.

Er hatte sich durchaus nicht getäuscht: Hinter der Hütte stand ein Schlitten, der mit zwei Pferden bespannt war. Großvater klopfte an die Tür und von drinnen hörte er, wie jemand »herein« rief.

Nur schwer ließ sich die Türe öffnen und ein übler Geruch schlug ihm entgegen. Er sah vier Männer, die an einem alten wackligen Tisch saßen. »Guten Abend!«, sagte Großvater – und genau in diesem Augenblick schlug eine uralte Wanduhr zwölf Mal, – es war Mitternacht. Ohne seinen Gruß zu erwidern, forderten ihn die Männer auf, Platz zu nehmen.

Diese sahen nicht gerade vertrauenswürdig aus. Alle waren in Lumpen gehüllt und hatten auffallend bleiche Gesichter.

Großvater bedankte sich und nahm Platz. Der Raum war mit einem Tisch, Schrank und Ofen ausgestattet. Als einziger Schmuck hing die erwähnte Uhr an der Wand.

Am schlimmsten aber war der üble *Geruch,* der sich im ganzen Raum ausbreitete. Einer der Männer fragte, warum er so spät noch unterwegs sei. Großvater erzählte ihnen den Grund und wollte wissen, wie er am schnellsten Kollau erreichen könne. »Nichts leichter als das!«, sagte einer von den vieren, der ganz besonders hager war. »Wenn du willst, kannst du mit uns fahren, wir müssen ohnehin gleich los.« - »Ja!«, sprach ein anderer. »Lasst uns fahren, sonst bekommen wir die größten Schwierigkeiten.« Natürlich war Großvater einverstanden, denn besser hätte es gar nicht kommen können. »Macht die Petroleumlampe aus!«, befahl der Hagere. »Um das Feuer kümmere ich mich!« Großvater blickte sich noch einmal in der Hütte um. Was ihm seltsam vorkam – die Männer hatten nichts gegessen und getrunken und auch *ihm* nichts angeboten. Gastfreundlich war diese Gesellschaft wohl nicht.

Draußen war der Schlitten bereits vorgefahren und die Pferde scharrten wild mit ihren Hufen. Der Hagere nahm die Zügel und schlug mit der Peitsche auf die Tiere ein, so dass sie mit einem wilden Ruck nach vorne sprangen und in wilder Fahrt den Schlitten hinter sich herzogen. Die anderen drei Männer grölten und lachten. Ihnen schien das hohe Tempo Spaß zu machen. Der Großvater aber hatte Mühe sich festzuhalten. Er saß auf der Rückbank des Schlittens, genau zwischen den Männern.

Jetzt im Mondlicht wirkten ihre Gesichter noch bleicher und irgendwie blutleer. Der *Hagere* malträtierte die Tiere derart, dass diese dahinrasten, als ob der *Leibhaftige* hinter ihnen her wäre. Dem Großvater fiel ein Stein vom Herzen, als er in einiger Entfernung schemenhaft die Häuser von Kollau sah. Kurz bevor sie den Ort erreichten, hielt der Schlitten an. Die Männer forderten ihn nun unmissverständlich auf, den Schlitten zu verlassen. Schnell sprang er auf die Straße, bedankte sich fürs Mitnehmen und wollte gehen. Da rief ihm einer der Männer zu: »Überlege dir gut, ob du noch mal in einer *Raunacht alleine* durch diese Gegend ziehst!« Dann brauste der Schlitten mit der rätselhaften Gesellschaft davon.

Dem Großvater war die Pfeife ausgegangen. Er steckte sie wieder an, richtete den Blick auf seine Zuhörer und sprach: »Ich ging, nachdem ich den Schlitten verlassen hatte, die paar Schritte zu unserem Haus. Ich war mir noch immer nicht im Klaren, was ich von der ganzen Sache halten sollte. Auf dem Kanapee waren Hanselmeier und Jana immer enger zusammengerückt. Auch die Nachbarin kam näher an den Tisch heran. Man konnte die pure Angst von ihrem Gesicht ablesen. Nur die Eltern von Hanselmeier schienen keine Furcht zu kennen oder konnten diese gut verbergen. Großvater ließ sich in seinen Ohrensessel zurückfallen, zog genussvoll an der Pfeife und fuhr fort: »Ob ihr es glaubt oder auch nicht, am nächsten Morgen ging ich zu dieser Hütte, in der Hoffnung, etwas zu finden. Es war jedoch umsonst. Was mich überraschte – im Raum waren keine Möbel mehr und die Wanduhr fehlte auch. Nur der Ofen stand noch da. Als ich in den Ofen schaute, konnte ich erkennen, dass er schon lange nicht mehr geheizt wurde.« Hanselmeier schaute erwartungsvoll auf seinen Großvater. Er wollte nun ganz genau wissen, was geschehen war. Dieser sprach nach einer kurzen Pause weiter: »Einen Tag später ging ich in die Richtung, wohin die vier Männer mit dem Schlitten verschwunden waren. Ich marschierte fast bis zum Nachbarort und wollte schon umkehren, als ich etwas Dunkles im tiefen Schnee stehen sah. Es waren vier Holzkreuze!« - »Sprich schon weiter!«, sagte die Nachbarin, als der Großvater eine Pause einlegte, um die Spannung zu steigern. In ihrem Gesicht herrschte, neben der Angst, jetzt auch unverhohlene Neugier. Endlich sprach Großvater weiter: »Die Kreuze hatten alle Schilder, auf denen Schnee lag. Als ich ihn entfernte, konnte ich lesen, was darauf geschrieben stand.« Jetzt raufte sich die Nachbarin regelrecht die Haare, und alle Zuhörer machten große Augen: »Weiter! Weiter!«, riefen sie.

»Auf jedem Kreuz war ein Name, das Geburtsdatum und der Sterbetag zu lesen. Die Namen waren mir übrigens nicht bekannt. Was mich aber stutzig machte, war das Strebedatum. Auf Tag und Stunde genau war es gestern ein Jahr her, als hier an dieser Stelle vier Menschen ums Leben kamen. Vier Männer waren betrunken von einem Fest gekommen und hier in der eiskalten *Raunacht* erfroren. Ich überlasse es euch, was ihr von dieser Geschichte haltet!«, sprach der Großvater, erhob sich aus seinem Sessel, legte die Pfeife weg und verließ das Zimmer.

Hanselmeier aber hatte noch viele Fragen an seine Eltern. Wie konnte so was möglich sein? Wenn man tot ist, kann man doch nicht mit einem Schlitten herumfahren. Der Vater versuchte Erklärungen zu geben wie etwa: »Das waren bestimmt ganz normale Männer, vielleicht nicht gerade die freundlichsten; aber den Großvater haben sie immerhin bis nach Kollau mitgenommen.« Die Nachbarin jedoch meinte entschieden: »In einer *Raunacht* bleibt man zu Hause und läuft nicht um Mitternacht durch den Wald.«

Großvater kam dann doch noch mal zurück, er hatte seinen Tabak samt Pfeife vergessen. Er knüpfte an die letzten Worte der Nachbarin an, die er beim Hereingehen noch aufgeschnappt hatte: »Da hast du nicht ganz Unrecht«, pflichtete er ihr bei. »Man soll in *Raunächten* nicht im Wald herumlaufen. Aber manchmal lässt es sich eben nicht vermeiden. - Ich will euch noch was zum Nachdenken mitgeben: Warum hatten die Männer, die mich mitfahren ließen, es so eilig? Ich will es euch sagen: Es war kurz vor *ein Uhr*, als ich bei Kollau ausstieg. Na - und wie lange dauert die *Geisterstunde?* – sie dauert bekanntlich von 12 Uhr Mitternacht bis 1 Uhr! Und schließlich: Wie konnten sie, bei der schlechten Bodenbeschaffenheit, überhaupt mit derart halsbrecherischem Tempo fahren? Die Pferde hatten sicher den Teufel persönlich im Leib!«

Da fragte der kleine Hanselmeier: »Weiß man denn wirklich genau, wie die vier Männer damals ums Leben gekommen sind?«

»Ja«, antwortete Großvater, »das weiß man: Sie waren mit einem Pferdefuhrwerk schwer gestürzt, in Ohnmacht gefallen und jämmerlich erfroren. Der Alkohol hatte sie leichtsinnig gemacht. Sie waren viel zu schnell mit dem Schlitten gefahren. – Und eines kann ich euch sagen: Den Moment, als ich bei Kollau aus dem Teufelsschlitten aussteigen konnte, werde ich Zeit meines Lebens nicht mehr vergessen. Gute Nacht! – Ein andermal wieder!« Nachdenklich gingen alle schlafen; doch für die Kinder war es eine unruhige Nacht. Und gewiss auch für manche Erwachsene. Hanselmeiers Eltern mussten die Nachbarin noch bis zu ihrer Haustüre begleiten.

Bei Vollmond am Weiher

An einem heißen Augusttag ging der »Federl Rudi«, wie so oft in den Sommermonaten, zum Baden. Der »Eisendorfer Weiher« war an diesem Nachmittag gut besucht. Der Rudi hatte sich etwas abseits von den übrigen Badegästen hinter einer Hecke ein ruhiges Plätzchen gesucht. Er hatte keine Lust auf das Geschrei der Kinder, die es am heutigen Tag zuhauf am Weiher gab: »*Da Rud'l mit sein komisch'n Hout is dau!*« (Der Rudi mit seinem komischen Hut ist da!), so riefen gewöhnlich die Buben und Mädels, wenn sie ihn zufällig erblickten. Tatsächlich hatte Rudi Sommer wie Winter einen Hut auf, der mit vielerlei Federn geschmückt war – daher auch sein Name »Federl Rudi« (Federl = eine kleine Feder). Nun war der Rudi zwar mit dichtem Haarwuchs auf seinem Kopf gesegnet, trotzdem trug er eben ständig diesen Hut. Warum er das tat, darüber gab er keine Auskunft. Wenn er eine schöne Vogelfeder fand, so war diese mit Sicherheit bald auf seinem Hut zu bewundern.

Er arbeitete als Aushilfskraft im Sägewerk Dianaberg. Nicht immer wurde er dort gebraucht, deshalb hatte er in der Regel mehr freie Zeit als die anderen Mitarbeiter. Heute hatte er bereits mittags zu arbeiten aufgehört. Im Hochsommer, bei schönem Wetter, nutzte er einen solchen freien Nachmittag genüsslich aus, um im »Mühlweiher« (so wurde der große Dorfweiher zuweilen auch genannt) zu schwimmen und in der Sonne zu liegen.

Die ca. sechs Kilometer lange Strecke von Dianaberg nach Eisendorf legte der Rudi im Frühjahr und Sommer übrigens mit dem Fahrrad zurück. Ganz verschwitzt begab er sich, nachdem er sich der Kleider entledigt hatte, auch sogleich ins Wasser. Seinen Hut hatte er sorgfältig unter der

Hecke versteckt. Ihn ins Wasser mitzunehmen wagte er nämlich nicht. Er hatte Angst um die schönen Federn, diese Zierde seiner über alles geliebten Kopfbedeckung. Er schwamm bis zum so genannten zweiten Graben, einer Vertiefung am Grund des Teiches, wo es nicht mehr möglich war zu stehen. Nur gute Schwimmer wagten sich so weit nach draußen. Der Federl Rudi freilich gehörte ohne Zweifel zu diesen. Es machte ihm einen Heidenspaß, die Buben dazu aufzufordern, ihm doch hinterher zu schwimmen, wenn sie Mut hätten. Doch natürlich schreckten die meisten davor zurück. Der Rudi riskierte es manchmal sogar, bis ans andere Ufer des Teiches zu schwimmen. Wenn er dann wieder zurückkam, schritt er stolz wie ein Pfau an all den Badegästen vorbei und schaute besonders verächtlich auf diejenigen, die ihn immer spöttisch nach seinem Hut fragten. Er legte sich dann befriedigt hinter seine Hecke, um sich in der Sonne trocknen zu lassen.

Im Dorf erzählt man sich, dass der »*Rudl*« (Rudi) zuweilen auch nachts im Weiher bade, und zwar mit Vorliebe in einer Vollmondnacht. Darauf angesprochen, warum gerade bei Vollmond, antwortete er geheimnisvoll: »*Des voraude niat!*« (Das verrate ich nicht!) Freilich wurden die Leute dadurch nur noch neugieriger, als sie ohnehin schon waren. Doch das interessierte den Federl Rudi überhaupt nicht. Im Gegenteil, es schien ihm diebische Freude zu bereiten, wenn einige Dorfbewohner vor Neugier fast platzten. Sein einziger Kommentar war, wenn einer mit der Fragerei gar nicht mehr aufhören wollte: »*Probier's halt amal selwa as!*« (Probier es halt mal selber aus!) Doch wer badet schon nachts im Weiher? Wer so etwas tut, hat doch wohl nicht alle Tassen im Schrank. So lautete die einhellige Meinung vieler Dorfbewohner.

In zwei Tagen war es wieder einmal so weit! Wenn das Wetter so blieb, stand einer sternenklaren Vollmondnacht

nichts im Weg. Am Vorabend tauchte der *Rudl* zur Überraschung der anwesenden Gäste im Wirtshaus beim *Ferdlzenz* auf. Er ging nämlich nur selten in eine Gastwirtschaft und wenn, dann meistens zum *Beierl* auf der Tillyschanz. Er setzte sich an einen leeren Tisch. Etwas erstaunt fragte der Wirt: »*Hauste ebba haint vorennt?*« (Hast du dich etwa heute verirrt?) Der Rudi ignorierte die Frage und verlangte bloß nach einem Seidel Bier. Der Wirt zuckte mit den Schultern und kam dem Wunsch seines Gastes nach. Ein Sägewerksarbeiter, der den Federl Rudi kannte, setzte sich zu ihm an den Tisch und fragte: »Was ist los, du kommst doch sonst nicht hierher?« - »*Des is mei Sach und wiat sein Grund hom!*« (Das ist meine Sache und wird seinen Grund haben!), antwortete der Rudi. - »*Nacha ruck halt assa mit dem Grund!*« (Dann rück halt heraus mit dem Grund!) Der Federl Rudi nahm einen tiefen Zug aus seinem Bierglas und schaute sein Gegenüber lange an. Dann fing er überraschenderweise doch zum Reden an: »Ich sage dir etwas, was du wahrscheinlich nicht glauben wirst. Ich versichere, bei allem was mir heilig ist, dass jedes Wort wahr ist!«
Sein Arbeitskamerad bestellte noch schnell zwei Halbe, dann beugte er sich begierig über den Tisch, um alles ganz genau zu verstehen. In Erwartung eines Freibiers trank der Rudi jedoch erst mal sein Glas auf einen Zug leer.
»Ich bin morgen um Mitternacht drüben am Weiher«, sprach er leise. »Es ist Vollmond und das Wetter sieht ganz nach einer klaren Nacht aus. Wenn du in einer Vollmondnacht im Mühlweiher badest, kannst du etwas beobachten, was du in deinem bisherigen Leben bestimmt noch nie gesehen hast!« Der andere rückte jetzt seinen Stuhl noch näher an den Tisch und schaute erwartungsvoll auf den Federl Rudi. Der nahm, zur Verblüffung seines gaffenden Kollegen, jetzt seinen Hut ab und legte ihn neben sein Bierglas auf den Tisch. Wenn der Rudi seinen

Hut abnahm, hatte dies immer einen besonderen Grund. Und nur zu gut kannte der Arbeitskamerad Rudis Macke, was seinen Hut anbetraf. Entblößten Hauptes fingerte dieser an seinem Bierglas herum. Dann sprach er leise weiter: »Komm morgen kurz vor Mitternacht zum Weiher und du bekommst, wie ich dir schon sagte, etwas zu sehen, was du nie mehr vergisst!« So langsam wurde Rudis Arbeitskollege jedoch ungeduldig. Er forderte ihn auf, ein bisschen deutlicher zu werden. Doch der ließ sich nicht bedrängen und setzte seinen Hut wieder auf den Kopf. Dann legte er ein Geldstück auf den Tisch, flüsterte kaum hörbar »Bis morgen!« und verließ die Gaststätte.

Verdutzt schaute der Kollege dem Federl Rudi nach, darauf verlangte er nach dem Wirt, um zu bezahlen. »*Spinda ebba wieder – der haout doch an Schloch weg!*« (Spinnt er etwa wieder, der hat doch einen Schlag weg!), fragte der Wirt seinen Gast. Doch dieser gab keine Antwort, murmelte so etwas wie einen Gruß und brach eilig auf. Er rannte den Weg zur Hauptstraße hin, doch vom Federl Rudi war absolut nichts mehr zu sehen. Auf dem Nachhauseweg beschloss er, morgen noch vor Mitternacht am Weiher zu sein. Denn seine Neugier war bedeutend größer als seine Angst. Auch setzte er niemanden über sein Vorhaben in Kenntnis. Er wollte nicht verlacht werden, sollte sich herausstellen, dass er einem Verrückten auf den Leim gegangen war.

Der Sägewerksarbeiter fand in dieser Nacht wenig Schlaf. Wenn er, völlig übermüdet, doch einmal einnickte, plagten ihn schwere Albträume. Er sah sich am Mühlweiher auf den Federl Rudi warten. Aus der Richtung des Schlossgartens hörte er seltsame Laute. Dabei spiegelte sich der Vollmond im Weiher und eine leblose Gestalt trieb auf der Wasseroberfläche dahin. Sie sah dem Federl Rudi sehr ähnlich. Auch sein Hut fehlte nicht. Ganz ruhig, als hätte ihn ein ordentlicher Mensch abgelegt, bewegte er sich genau auf Kopfhöhe mit dem Toten langsam durchs Gewässer. - Schweißgebadet wachte Rudis Kollege auf und war heilfroh, alles nur geträumt zu haben.

Erst gegen Morgen schlief er etwas ruhiger. Auf dem Weg zur Arbeit kamen schwere Zweifel über ihn und er fasste den Entschluss, heute Nacht nicht zum Weiher zu gehen. Der Rudi aber wurde am heutigen Tag im Sägewerk nicht gebraucht. So konnte er ihm auch nicht mitteilen, dass er keinesfalls und schon gar nicht um Mitternacht am Weiher sein werde.

Doch noch bevor sich die Sonne den sanften Hügeln des Böhmerwalds näherte, kehrte seine Neugier mächtig zurück. Außerdem würde der Rudi ihn bestimmt einen *Hosenscheißer* nennen, das konnte er nicht zulassen. Nach dem Abendbrot ging er erst einmal zur Tillyschanze, um im dortigen Gasthaus ein Bier zu trinken – oder auch mehrere. So felsenfest entschlossen, wie er sich einredete, war er keineswegs. Die Albträume lasteten immer noch schwer auf ihm. Und da er wusste, dass auch der Rudi öfters hier zu Gast war, hoffte er insgeheim darauf, ihn anzutreffen. Immer wieder fiel sein Blick auf die Uhr in der Wirtsstube. Unaufhörlich näherte sich der Stundenzeiger der Zahl Zwölf. Es kam ihm vor, als ob sich dieser heute rasend schnell bewegen würde.

Doch er wartete vergeblich. Der Rudi kam nicht. Es war bereits nach 23 Uhr, als er hastig die Gaststätte verließ und ziellos umherging. 3 Liter Bier hatte er zu sich genommen. Und mit dem Alkoholkonsum war auch der Mut gewachsen. Schließlich blieb er einen Moment stehen, musste laut über sich selbst lachen und sprach: »Ich geh jetzt zum Mühlweiher! Wenn mich der Rudi zum Narren halten will, dann rupf ich ihm sämtliche Federn von seinem Hut. Und zwar einzeln!« In dieser Stimmung marschierte er mit festen Schritten los.

Als er sich bereits dem Schloss beim Weiher näherte, konnte er durch die Bäume des Schlossgartens ein beleuchtetes Fenster erkennen. Seine Schritte wurden immer langsamer. Sollte er nicht doch links abbiegen, um noch ein Bier beim *Ferdlzenz* zu trinken, oder war es nicht das Beste, gleich nach Hause zu gehen? Ach was! Er nahm nun all seinen Mut zusammen, bog rechts ab und ging direkt zum Weiher! Schon gelangte er bis zu den Grasflächen, die zum Teil mit Hecken und Sträuchern umgeben waren. Totenstill und unheimlich war es hier. Groß stand der Vollmond am Himmel und warf ein gespenstisches Licht auf die Wasseroberfläche des Teiches. Der Sägewerksarbeiter fing an zu schwitzen. Die Furcht kroch in ihm hoch, von den Zehen bis zur Brust. Und da schien sie sich wie eine Zentnerlast festzusetzen. Zögerlich ging er die paar Schritte bis zum Wasser. Angestrengt suchten seine Augen das Ufer ab. Doch vom Federl Rudi war weit und breit nichts zu sehen. Schemenhaft konnte er zur linken Seite des Teiches das Schilf erkennen, das hier die Wasseroberfläche bedeckte. Durch das helle Mondlicht konnte man auch ohne Schwierigkeiten einen Teil des Kirchturms sehen. Wo blieb bloß sein Arbeitskollege? Er hatte doch fest versprochen, um Mitternacht am Weiher zu sein. Sollte er etwa doch einen Schabernack mit ihm treiben? Bevor er über weitere Möglichkeiten nachdenken konnte, hallten die Schläge der Turmuhr vom Ort herüber. Es waren genau zwölf, er hatte instinktiv mitgezählt. Dumpf und irgendwie drohend kamen sie ihm vor und aus Verzweiflung schrie er laut: »Rudi! – Rudi! Wo steckst du!« Als er keine Antwort bekam, versuchte er es nochmals – diesmal fast wütend: »Zum Teufel noch mal, so melde dich doch!« Kaum war das letzte Wort über seine Lippen geschlüpft, passierte etwas, was dem Sägewerksarbeiter den Verstand raubte: Zwei Gestalten tauchten urplötzlich aus dem Wasser im Teich auf! Haargenau konnte er sie im Mondlicht erkennen – es war der Teufel und der Tod! Sie schwebten förmlich über dem Wasser. Eindeutig sah er, dass der Tod, ein Gerippe mit einer großen Sense über der Schulter, zu ihm herüberwinkte. Der »Gehörnte«, pechschwarz und mit feuerroten Augen, schwang eine glühende Kette. Dazu stieß er schauerliche Schreie aus.

Jetzt sah er die beiden von der Mitte des Gewässers auf sich zukommen. Der Knochenmann winkte ihn immer noch zu sich, diesmal sogar mit seiner riesigen Sense in den Händen. Das entsetzliche Gebrüll des Teufels nahm an Lautstärke noch zu.

Die Todesangst löste die Erstarrung und der Sägewerksarbeiter fing an, besinnungslos wegzurennen. Völlig außer Atem und schwer nach Luft ringend stürzte er wenig später zu Boden. Wie lange er– fast wahnsinnig vor Angst – so auf der Erde gelegen hatte, wusste er nicht. Als er wieder einigermaßen zu sich kam, fand er sich nur wenige Meter von der Tillyschanze entfernt. Weder im Gasthaus noch sonst wo war Licht zu sehen. Krank vor Angst wollte er nur eines – nach Hause! Da er aber im so genannten »Hundschwanz« wohnte, hatte er noch ein schönes Stück Weg zurückzulegen.

Dieser führte ihn, ob er nun wollte oder nicht, am Weiher vorbei. Abermals überkam ihn panische Angst! In der Nähe des »Heiligen Nepomuk«, der sich unmittelbar am Weiherdamm befand, blieb er zitternd stehen. Er bekreuzigte sich mehrmals vor dem Heiligen. Erst dann wagte er es, einen Blick über den Teich zu werfen.

Nichts war zu sehen!

Natürlich lag die Stelle, wo er diese furchtbare Erscheinung von Tod und Teufel hatte, am anderen Ende des Weihers, also auf der gegenüberliegenden Seite. Aber durch die Helligkeit, die das Mondlicht nach wie vor verbreitete, war die Sicht gut.

Doch so sehr er sich auch anstrengte – nichts war zu erkennen! Ruhig und friedlich lag er da, der Mühlweiher. Nichts erinnerte mehr an die ungeheuerliche Begegnung vor etwa einer Stunde. Noch lange blieb der Sägewerksarbeiter beim Heiligen Nepomuk stehen. Hier, bei dem Brückenheiligen, war seine Angst wohltuend geringer. Langsam konnte er wieder klare Gedanken fassen.

Wo war eigentlich der Federl Rudi? Warum war er nicht zum Weiher gekommen? Was wollten die zwei schrecklichen Sendboten aus dem Jenseits von ihm? Da krochen ihm erneut eiskalte Schauer wie ekliges Getier den Rücken hoch: Wollte ihn heute etwa der Tod holen, um ihn womöglich an den Teufel auszuliefern? Trotz der warmen Sommernacht bekam er heftigen Schüttelfrost. Er versuchte, ein Gebet zu sprechen, auf dass ihm der Brückenheilige doch helfen möge. Vor lauter Angst brachte er den Gebetstext völlig durcheinander und zum wiederholten Male begann er das Bittgebet von vorne. Mit schlotternden Beinen entfernte er sich dann vom Weiher. Als er die andere Straßenseite erreicht hatte, wagte er noch mal einen Blick hinüber zum Teich. Am Geländer, gleich neben dem Heiligen Nepomuk, saß – mit seinem unverkennbaren Hut auf dem Kopf – der Federl Rudi! So natürlich und leibhaftig, als warte er darauf, angesprochen zu werden. Das war nun endgültig zu viel. Der Sägewerksarbeiter brach zusammen und verlor das Bewusstsein.

Als er wieder zu sich kam, war er nicht mehr alleine. Der Arzt von Weißensulz hatte ihn gefunden. Der war auf dem Heimweg von einem Besuch eines schwer erkranken Patienten in Eisendorf. Nachdem er ihm eine Injektion zur Beruhigung verabreicht hatte, brachte er ihn noch mit seinem »Einspänner« nach Hause. Er war am nächsten Tag nicht in der Lage, die Arbeit im Sägewerk anzutreten. Erst gegen Mittag war er fähig aufzustehen. Auch verließ er seine Wohnung den ganzen Tag nicht. Er fühlte sich hundeelend und krank. Als er am zweiten Tag wieder nach Dianaberg zur Arbeit kam, erfuhr er schließlich, dass man gestern den Federl Rudi tot aus dem Mühlweiher geborgen habe. Er sei wohl ertrunken! Sein Hut allerdings wurde, trotz intensiver Suche der Gendarmen, nicht gefunden. Der Arbeitskamerad von Rudi konnte einfach nicht glauben, dass dieser ertrunken sein sollte. Nie und nimmer! Das beteuerte er jedem. Rudi war doch ein exzellenter Schwimmer! Als er sich nach einigen Tagen dazu durchrang, seinen Kollegen das Erlebnis in der Vollmondnacht am Mühlweiher anzuvertrauen, – wurde er gnadenlos zur Zielscheibe des Spottes gemacht. Er sei ein Wichtigtuer, war deren Kommentar; und er wolle die Leute wohl für dumm verkaufen. Daraufhin sprach er zu niemandem mehr auch nur ein Sterbenswörtchen über die fantastische Begebenheit.

Wenige Monate später starb der Sägewerksarbeiter an einem Herzschlag. Die Vermieterin seiner Wohnung fand ihn leblos und starr in seinem Bett. Es war auch nichts Sonderbares am Tod des Sägewerksarbeiters festzustellen – nur dass neben dem Bett, in dem er verstarb, der Hut vom Ferderl Rudi lag. Und zwar fein säuberlich auf einem Stuhl, genau auf Kopfhöhe des Toten. So, als hätte der Rudi einen regelrechten Krankenbesuch abgestattet und sein wertvollstes Stück vergessen.

Einige Bewohner von Eisendorf wollen seitdem in mondhellen Nächten den Rudi am Weiher
neben dem Heiligen Nepomuk auf dem Geländer sitzen gesehen haben – aber immer ohne Hut.

Schmuggler im Kohlwald

Der nach Eisendorf eingemeindete Ort Franzelhütte lag direkt im Wald, hart an der bayerischen Grenze. Das Waldgebiet, etwas oberhalb der Ortschaft gelegen, trug den Namen Kohlwald. Dieser Kohlwald war ein in Verruf geratener Waldwinkel. Pascher (Schmuggler) und Wilderer waren in dieser Gegend zu Hause.
Die folgende Geschichte soll sich vor dem Zweiten Weltkrieg zugetragen haben.
Einer, der das »Pascherhandwerk« bestens beherrschte, war der *Franz Häubel* (Name erfunden) aus Eisendorf. Besser bekannt unter dem abenteuerlichen Namen »Schmuggler Franzl«. Ein schneidiger Bursche, der kein Risiko scheute. Eine Schwäche aber hatte er, – nämlich schöne Frauen! Er war, so hieß es in der Umgebung von Eisendorf, ein *Weiberer* (Frauenheld). Dabei hatte er auch keinerlei Skrupel, wenn es sich um Ehefrauen handelte. Er entstammte einer Kleinbauernfamilie und hatte noch vier weitere Geschwister. Die kleine Landwirtschaft konnte die große Familie natürlich nicht ernähren. So verdiente sich der Franzl mit der Schmuggelei etwas Geld dazu. Abnehmer und Auftraggeber war unter anderem ein aus adeliger Familie stammender Herr aus Bischofteinitz.
Das Revier des Schmuggler Franzl war hauptsächlich – aber freilich nicht nur – der Kohlwald. Ein Waldstück, in dem sich, wie schon erwähnt, viele zweifelhafte Gestalten herumtrieben: Vom kleinen Tagdieb bis hin zum Schmuggler und Wilderer. *Franz Häubel* aber gab sich nicht mit kleinen Fischen ab. Er wollte auch nicht mit solchen Leuten auf eine Stufe gestellt werden. Und obwohl er aus ärmlichen Verhältnissen stammte, wagte fast niemand, seinen Mut und Stolz anzuzweifeln. War einer

trotzdem so vermessen, ihn zu beleidigen, konnte das böse Folgen haben. Dann setzte es mindestens eine gehörige Tracht Prügel. Denn der Schmuggler Franzl war groß und bärenstark.

Regelmäßig war er zu Gast in einer Schankwirtschaft in Eisendorf. Denn längst schon hatte sich der männliche Franzl auch den Ruf einer sagenhaften Trinkfestigkeit erobert. Eines Abends jedoch wunderte sich der Wirt gewaltig, dass der Franzl heute nicht am Stammtisch Platz genommen hatte. Er schien jemanden zu erwarten und schaute oft zur Uhr. Kurze Zeit später betrat ein mit Lodenmantel und Hut bekleideter Mann das Wirtshaus. Er ging ohne Umweg zu dem Tisch, an dem der Franzl saß. Nachdem der Fremde den Wirt aufgefordert hatte, ein Seidel Bier zu bringen, steckten die beiden ihre Köpfe zusammen. Die Unterhaltung schien wichtig und vertraulich zu sein. Obwohl die anderen Gäste leise waren und neugierig ihre Ohren spitzten, konnten sie kein Wort verstehen. Sie sprachen einfach zu leise. Schon nach kurzer Zeit erhob sich der Mann im Lodenmantel. Ohne von seinem Glas auch nur getrunken zu haben, schickte er sich an, das Wirtshaus zu verlassen. Beim Hinausgehen steckte er dem Wirt eine Münze zu und verschwand wortlos.

Plötzlich hatte es auch der Schmuggler Franzl eilig. Nur wenige Minuten später verließ er ebenfalls die Wirtschaft. Er ging den *Hundschwanz* entlang – so hieß der in die Länge gezogene Ortsteil, wo man Eisendorf auf der Bezirksstraße in Richtung Weißensulz verließ. Er blieb nicht lange auf der Hauptstraße. Schon nach wenigen hundert Metern verschwand er im Wald. Er hatte einen Auftrag auszuführen. Nach gut zwei Stunden, er befand sich bereits auf bayerischem Boden, hatte er sein Ziel erreicht. An einer Futtergrippe, wo im Winter das Wild gefüttert wurde, erwartete ihn ein Mann. Dieser hatte einen großen und wohl auch schweren Rucksack direkt am Futtertrog abgestellt. Sein Gesicht war mit Ruß geschwärzt. Diese Methode, sich unkenntlich zu machen, wurde bevorzugt von Schmugglern, aber auch von Wilddieben praktiziert. Ohne ein Wort mit dem anderen zu wechseln, packte der Franzl den Rucksack und wuchtete ihn auf seinen breiten Rücken. Der »Geschwärzte« verschwand zur bayerischen Seite hin in den Wald. Der *Häubel Franz* jedoch machte sich mit seiner Last auf dem Rücken in Richtung Böhmen davon. Er wollte nämlich zum Tauschplatz im Kohlwald, wo das Schmuggelgut seinen Besitzer wechseln sollte.

Er bewegte sich jetzt vorsichtig. Mit den böhmischen *Finanzerern* (Zollbeamten) war nicht gut Kirschen essen. Und längst schon befand er sich wieder auf böhmischem Gebiet. Hier kannte er sich aus wie in seiner Westentasche. Es war eine mondhelle Septembernacht und hier oben, auf bald 600 Meter Höhe, spürte man bereits den Herbst. Es wehte ein schneidend kalter Ostwind, der so genannte »Böhmische«. Jetzt hieß es hellwach sein! Lautlos wie eine Raubkatze schlich sich der Franzl im Schatten des Unterholzes zum Platz, wo das *Paschgut* (Schmuggelgut) übergeben wurde. Hier im Kohlwald gab es einige Bodenvertiefungen. Der Volksmund nannte sie »Groum« (Gruben). Und die Leute erzählten sich allerlei Geschichten darüber. Um 1880 soll dort zum Beispiel Folgendes passiert sein:

Ein Heger aus Wenzelsdorf – so weiß die »Chronik von Eisendorf« zu berichten – wurde bei der Ortschaft Plöß von einem bayerischen Wilddieb aus Schönsee erschossen. Dieser schleppte den Ermordeten in eine dieser Gruben und deckte ihn mit Reisig zu. Erst nach langem Suchen wurde er dort gefunden. Überhaupt sei dieser Fundort eine merkwürdige Stelle. Im Jahre 1774, genau am gleichen Tatort, sollen bei einer Grenzvermessung ein baye-

rischer und österreichischer Vermessungsingenieur heftig
in Streit geraten sein. Der bayerische Ingenieur erschlug
daraufhin seinen Kollegen aus Österreich. Früher sollen
derartige Gruben auch zum Fangen von Wölfen verwen-
det worden sein.

Eine solche Grube nun war auch das Ziel des Schmuggler
Franzl. Hier wollte er sein Paschgut den *Bäijm* (den Böhmen oder Böhmischen) übergeben. Als er die Stelle fast
erreicht hatte, hörte er Stimmen. Sofort blieb er stehen.
Wenn sich jemand um diese Uhrzeit in dieser Gegend so
sorglos unterhielt, so konnten das nur *Grenzerer* (Grenz-
beamte) sein. Nun galt es zu handeln! Blitzschnell ver-
steckte der Franzl seinen Rucksack in einer jener Gruben.
Wer mit Paschgut erwischt wurde, sei es von böhmischen
oder bayerischen Beamten, musste mit einer empfind-
lichen Strafe rechnen.
Der Franzl hatte sich außerdem schnell ins Unterholz ge-
schlagen. Denn es war keine gute Idee, sich in unmittelbarer Nähe des Schmuggelguts zu verstecken. Wurde er
aber ohne nachweisbare Ware entdeckt, so konnte er nicht
als Pascher entlarvt werden. Es waren zwei böhmische
Zollbeamte, die sich dem Unterholz näherten, in dem
Franzl sich versteckt hielt. Sie blieben stehen, um sich Zigaretten zu drehen. Dabei sah einer der beiden genau in
die Richtung, wo sich der Heubel Franz versteckt hielt.
Der wagte kaum zu atmen. War es Zufall, dass er in diese Richtung sah oder hatte er etwas bemerkt? Nachdem
sie ihre Zigaretten in Brand gesteckt hatten, gingen sie
aber weiter. Der Schmuggler Franzl blieb noch geraume
Zeit ganz reglos in seinem Versteck, um sicher zu gehen,
dass sich die Ordnungshüter auch wirklich entfernt hatten. Dann holte er seinen Rucksack. Durch den Zwischen-
fall hatte er Zeit verloren. Sein böhmischer Abnehmer

wartete womöglich schon an vereinbarter Stelle. So war es denn auch. Nervös und verärgert fuhr ihn dieser an: »Wo bleibst du, verdammt noch Mal!« - »Reg dich nicht auf«, sagte der Franzl, »ich bin doch da!«

»Warst noch schnell bei einer Frau, – ich kenn dich doch!«, antwortete der andere.

»Halt dein Lästermaul und verschwinde. Noch so eine Bemerkung und ich schlag dich mit der bloßen Faust aus deiner zerlumpten Hose!«, fauchte ihn der Franzl an.

»Ist ja gut! – Morgen an der gleichen Stelle bekommst du wie immer dein Geld!« Ohne eine Antwort abzuwarten schulterte er den Rucksack und verschwand. Franzl war nun bestrebt, so schnell wie möglich den Kohlwald zu verlassen. Er hatte noch eine Verabredung, und zwar in Walddorf. Es war eine hübsche, sehr leidenschaftliche Frau, deren Mann im bayerischen Vohenstrauß beruflich zu tun hatte. Es war bereits 3 Uhr früh, als er in Walddorf ankam. Das kleine Holzhaus mit Schindeldach, fast am Ende der Ortschaft gelegen, war endlich erreicht. Im linken Fenster der Giebelwand war schwacher Lichtschein erkennbar. Der Schmuggler Franzl hob ein paar kleinere Steine von der Straße auf und warf diese gegen das Fenster.

Es dauerte nicht lange und eine Frauensperson öffnete den Fensterflügel einen schmalen Spalt. »Ich bin es!«, rief der Franzl.

Die Gestalt am Fenster verschwand.

Einen Moment später wurde die Haustür geöffnet. In gebückter Haltung stahl sich der Franzl ins Innere.

Nur spärlich bekleidet empfing ihn die Frau mit einem leidenschaftlichen Kuss. Der Franzl streichelte zärtlich ihr schwarzes, bis über die nackten Schultern herabwallendes Haar. Dann nahm er sie ungestüm in seine kräftigen Arme, hob sie hoch wie eine leichte Feder und warf das kreischende Frauenzimmer über die Schulter. Triumphie-

rend trug er seine schöne Beute die knarrende Holzstiege
hinauf. In der winzigen Kammer im Obergeschoss stand
ein Bett, das für die nächste Stunde zu einer Spielwiese für
hemmungslose sinnliche Lust wurde. Es war nun mal eine
Tatsache, dass den Franzl Tag und Nacht der Hafer stach.
Und treulose Ehefrauen, die sich der gleichen Leidenschaft widmeten, gab es mehr als genug. Der Schmuggler-
könig Franzl war schon von Berufs wegen außerordentlich
diskret. Zudem war er ein Hallodri, der ohnehin an keine
Heirat dachte. Er störte nicht die weiblichen Ehepflichten
gegenüber dem gesetzlich angetrauten Versorger, der das
Geld heimbrachte. Zur Not konnte man diesem sogar ein
Kind unterjubeln. – All diese Vorzüge, von seiner Statt-
lichkeit als Mannsbild abgesehen, verschafften dem Franzl
unglaublich zahlreiche Liebschaften im ganzen Landkreis.
Doch die Liebesfreuden wurden heute jäh unterbrochen.
Und zwar durch ein lautes Pochen an der Haustür. Die bei-
den fuhren erschrocken aus ihren Umarmungen hoch.
»Wo bist du, du elende Schlampe!«, war eine wütende
Stimme von unten zu hören. Der *Häubel Franz* war
Stress-Situationen gewohnt. In Windeseile sprang er aus
dem Bett, klemmte seine Kleidung unter den Arm – er
war splitternackt – und hebelte sich mit der freien Hand
artistisch über das Stiegengeländer hinweg, weil er dachte, der gehörnte Ehemann laufe schon unweigerlich die
Treppe herauf. Er landete sicher auf dem Flurboden. Ein
Mann stand breitbeinig, mit einer Axt bewaffnet, unter
der Haustür. Ein Vorbeikommen war also nicht möglich.
Doch der Franzl hatte schon ganz andere Brocken beseiti-
gt. Bevor der Wüterich mit dem Beil zum Schlag ausholen
konnte, schlug er zu – und wie er zuschlug!
Mit der linken Hand die Kleider fest an seinen Körper gepresst, landete er mit der geballten Faust der rechten Hand einen krachenden Haken punktgenau unter das

Kinn des Gegners. Die Axt entglitt seinen Händen und er selbst sackte leblos zusammen. Er war schon k.o., bevor er auf dem Boden aufschlug. Mit einem Sprung über den Gestürzten hinweg rannte der Schmuggler Franzl aus dem Haus, direkt die Dorfstraße hinunter. Nach zwei oder dreihundert Metern blieb er stehen, um seine Kleider anzuziehen. Bis zu diesem Zeitpunkt war er ja nackt. Nachdem er Hose und Pullover übergestreift hatte, beeilte er sich, aus der Ortschaft hinaus zu kommen. Im Osten war bereits ein heller Streifen am Horizont zu sehen. Und es war eiskalt. Leider hatte der Franzl seine Schuhe im Haus der Geliebten zurückgelassen! Er ärgerte sich. Er hatte den Burschen doch komplett niedergestreckt. Er hätte sich im Haus völlig unbedenklich anziehen können. - Um in den Wald zu gelangen, überquerte er schnell die Straße. Das Gras am Waldrand war nass und kühl. Doch den Gedanken an seine Füße verdrängte er. Denn Jammern war seine Sache nicht. Er musste jetzt schneller gehen, wollte er vor Tagesanbruch zu Hause sein. Ohne Schuhe, und das zu dieser Jahreszeit, mochte er auf keinen Fall gesehen werden. Er hatte Glück. Auf dem kleinen Anwesen schliefen alle noch. Bis auf den Vater. Der arbeitete bereits im Stall. Das verriet dem Franzl der schwache Lichtschein einer Laterne. Er schlich sich hinauf in seine Kammer und legte sich auf sein Bett. Seine Füße waren kalt wie Eiszapfen. Erst als er sie in dicke Socken packte und unter die Wolldecke steckte, wurde es etwas besser. Wieso war plötzlich der Ehemann heimgekommen? Wenn der tatsächlich im bayerischen Vohenstrauß war, wie konnte er so schnell zurück nach Walddorf? Es waren immerhin knapp 30 Kilometer, die er zu Fuß hätte zurücklegen müssen. Ein Fahrzeug besaß er seines Wissens auch nicht. Diese und manch andere Fragen beschäftigten ihn unentwegt. Er, der Schmuggler Franzl, führte ein gefährliches

Leben. Wachsamkeit war zu seiner zweiten Natur geworden. - Hatte man ihm vielleicht eine Falle gestellt? Er beschloss, diese Fragen vorerst zurückzustellen und für zwei oder drei Stunden Schlaf zu finden. Danach wollte er zum üblichen Treffpunkt gehen, um seinen *Pascherlohn* abzuholen. Nach kurzer Zeit schlief er seelenruhig ein.

Um acht Uhr früh verließ er wieder den Hof. Nun bedauerte er ganz besonders den Verlust seiner Schuhe. Die Stiefeletten aus weichem Leder und leiser Gummisohle waren für das Schmugglerhandwerk wie geschaffen. Außerdem hatten sie, für seine Verhältnisse, ein Vermögen gekostet. Die Schuhe, die er jetzt gerade trug, waren um mindestens zwei Klassen schlechter. Er hatte keine andere Wahl, denn er musste erst einmal seinen »Lohn« abholen. Er sollte sich auf halbem Weg nach Dianaberg mit einem Kontaktmann treffen. Der Franzl wurde nie genau darüber informiert, wer ihm das Geld bringen würde. Dazu waren die gut organisierten Großabnehmer viel zu vorsichtig. Der Geldbote, der eine genaue Personenbeschreibung des Empfängers hatte, gab sich erst dann zu erkennen, wenn er ihn hundertprozentig identifiziert hatte. Es dauerte nicht lange, als ihm ein Mann entgegenkam. Obwohl er diesen nicht kannte, grüßte er ihn. Der Fremde gab den Gruß zurück und sagte: »Ich habe das Geld nicht bei mir, es ist etwas dazwischengekommen. Wir treffen uns heute Nacht im Kohlwald an der Stelle, wo du immer Ware für uns hinterlegt hast!« Ohne eine Antwort abzuwarten, machte der Bote kehrt und ging den Weg zurück nach Dianaberg. Nachdenklich stand der Schmuggler Franzl noch eine Weile da, dann trat auch er den Rückweg nach Eisendorf an. Eine Übergabe im Kohlwald war zwar nicht ungewöhnlich, denn schon oft hatte sie dort stattgefunden; trotzdem überkam ihn ein ungutes Gefühl.

Er ging nach Hause und erledigte schon länger liegengebliebene Arbeiten auf dem Hof. Immer wieder kehrten die Geschehnisse der vergangenen Nacht in seine Erinnerung zurück. Er hegte den unbestimmten Verdacht, dass irgendetwas gegen ihn im Gange war. Auch den Eltern und Geschwistern fiel sein schweigsames und bedrücktes Verhalten auf. Auf die Fragen seines Vaters, was denn mit ihm los sei, blieb er jede Antwort schuldig. Nach dem Abendbrot zog er wieder los. Ein leichter Nieselregen beeinträchtigte die Sicht zum »Plöserberg«. Es war ein ungemütlicher Septemberabend. Auf dem Weg zum Kohlwald nahm er sich fest vor, keine Liebschaften mehr mit verheirateten Frauen anzufangen. Die noch bestehenden wollte er möglichst schnell beenden. Er hatte sich mit seinen Weibergeschichten viele Feinde gemacht. Und derlei Komplikationen konnte er sich bei seinem waghalsigen Beruf nicht leisten. Kein Zweifel: In letzter Zeit war er ein wenig unvorsichtig geworden und hatte sich viel zu viele Verhältnisse aufgehalst. In seiner männlichen Eitelkeit hatte er sogar im Wirtshaus damit geprahlt, er könne *jede* Frau bekommen, wenn ihm daran gelegen sei. Viele Ehemänner, die sich der Treue ihrer Frauen nicht ganz so sicher waren, wurden hellhörig und schöpften, nicht zu Unrecht, Verdacht. Dem Franzl dämmerte langsam, dass er ein sehr gefährliches Spiel trieb.

Als er den Kohlwald erreichte, war es schon ziemlich dunkel. Der Nieselregen hatte aufgehört. Jetzt waren es nur noch wenige Meter bis zu der Stelle, wo der Heger aus Wenzelsdorf vor Jahrzehnten von einem Wilddieb erschossen wurde. Keine zwanzig Meter weiter war die Grube, wo der Franzl schon oft Paschergut versteckt hatte. Es war zugleich der Ort, wo er sich mit dem Mann von heute Morgen treffen wollte. Die Geschichte, dass genau hier der bayerische Vermessungsingenieur seinen österreichischen

Kollegen erschlug, machte diesen Winkel des Waldes heute unheimlich. Denn der *Häubel Franz* war mit all diesem Erzählgut natürlich bestens vertraut. Doch nie zuvor war ihm in den Sinn gekommen, sich davor zu fürchten. Im Gegenteil: Dieser Ort bot für heimliche Geschäfte viele Vorteile, weil sich bei Dunkelheit kein Mensch freiwillig dort hinbegab. Selbst manche Grenzerer nicht. Franzl setzte sich auf einen mit Moos bewachsenen Baumstumpf, um zu warten. Er war wohl doch etwas zu früh dran. Immer mehr kam er zu der Überzeugung, dass der Ehemann gestern Nacht sicher wusste, dass er sich mit seiner Frau treffen wollte. Instinktiv verstärkte sich sein ungutes Gefühl, das er nicht mehr loswurde. Ihm war kalt, und so stand er auf, um sich etwas zu bewegen. Von irgendwoher war Glockenläuten zu hören – oder täuschte er sich da? Eigentlich hatte er um diese Uhrzeit hier im Kohlwald noch nie Glocken schlagen hören. Das Warten machte ihn immer nervöser. Sobald er seinen *Pascherlohn* erhalten würde, das schwor er sich, würde er diesen verfluchten Ort schleunigst verlassen. Mittlerweile war es völlig dunkel geworden. Nur ganz selten trat der Mond kurz hinter den Wolken hervor. War er einmal mehr als eine Minute zu sehen, lag der Kohlwald in einem gespenstischen Licht. Der Franzl spürte Angst in seinem Innern. Das eigentlich Schlimme daran aber war, dass er dafür keine Erklärung hatte. Wieder trat der Mond aus den Wolken und verbreitete sein fahles Licht über den Kohlwald.
Plötzlich riss ein Geräusch den Schmuggler Franzl aus seiner Grübelei. Sofort ging ein Ruck durch seinen kräftigen Körper und das Selbstvertrauen kehrte zurück. Es waren Schritte, die sich ihm näherten. Das musste der Geldbote sein. Er war erleichtert – endlich hatte die Warterei ein Ende.
Erst als der Ankommende nur noch wenige Schritte von ihm entfernt war, sah er schwach dessen Umrisse. Er trug

einen schwarzen Umhang. Das Gesicht war nicht zu erkennen. Der Franzl vermutete, dass es *geschwärzt* war.

»Endlich, wo haben Sie so lange gesteckt?«, fragte er den Fremden.

Der aber gab keine Antwort.

»Haben Sie das Geld?«, wollte der Franzl wissen. Er wurde ungeduldig und ballte seine Fäuste.

Der Mann antwortete einfach nicht!

»Mach endlich dein Maul auf oder bist du stumm?«

Abermals keine Antwort.

»Hör zu, ich habe es satt, noch länger hier herumzustehen. Gib mir mein Geld und ich verschwinde!«

Ärgerlich unterstrich er seine Forderung, indem er seine gefürchtete rechte Faust in Boxer-Stellung brachte.

Doch plötzlich konnte sein Gegenüber doch reden:

»Du bekommst deinen gerechten Lohn!«, und noch während er dies sagte, öffnete er seinen Umhang.

Dann ging alles sehr schnell.

Ein Schuss durchdrang die nächtliche Stille des Kohlwalds und der Franzl stürzte ganz langsam, wie ein gefällter Baum, rücklings zu Boden.

Er wusste, dass er tödlich getroffen war. Die Kugel war aus nächster Nähe in seinen Brustkorb eingedrungen. Mit letzter Anstrengung wandte er noch den Kopf: Im Mondlicht erblickte er die Füße seines Mörders. Er trug Lederstiefeletten - *seine* Lederstiefeletten. Das war das Letzte, was der sterbende Schmuggler Franzl in diesem Leben sah. Dann verlor er das Bewusstsein. Wenig später war er tot.

Nach einigen Tagen ließ seine Familie nach ihm suchen. Man fand ihn im Kohlwald. Nur flüchtig verscharrt in einer der dort befindlichen Mördergruben.

So beendeten also sinnliche Lust und männliche Eitelkeit die viel versprechende Karriere des *Schmuggler Franzl*.

Eine verhängnisvolle Wette

An einem garstigen Spätherbsttag, der Nebel zog schon am Nachmittag über den Ort Franzelhütte (nach Eisendorf eingemeindet) herein, waren im dortigen Wirtshaus schon einige Gäste anwesend. Für diese Tageszeit eigentlich recht ungewöhnlich. Unter ihnen befand sich auch ein Gast aus Eisendorf, der so genannte »Ochsensepp«. Er war kein Unbekannter hier in der knapp 140 Einwohner zählenden Ortschaft. Er kam regelmäßig die etwa 3 Kilometer Fußweg von Eisendorf herüber. Von Beruf Viehhändler, galt er ohnehin als populäre Figur. Standesgemäß war er ein gerissener Geschäftsmann. In Gelddingen kannte er keinen Pardon. Und zu jener Zeit erlebte die Viehzucht in und um Eisendorf einen großen Aufschwung. Der Ochsensepp hatte also viel zu tun. Heute schien er guter Dinge zu sein. Wahrscheinlich lag dies einfach daran, dass der Viehhandel im Moment einen erstaunlich guten Gewinn einbrachte.

Wirt, kumm, bring a Rundn!« (Wirt, komm, bring eine Runde!), rief er zur Theke hinüber. Der Gastwirt war übrigens ungewöhnlich beliebt. Er schenkte nicht nur ein gutes Bier aus, sondern beherrschte auch das Zitherspiel hervorragend. So ging es, meist zu später Stunde, in der Wirtsstube nicht selten hoch her. Er brachte die gefüllten Krüge, zog sich einen Stuhl heran und setzte sich mit an den Tisch. Es blieb natürlich nicht bei dieser einen Bestellung. Die Stimmung wurde immer ausgelassener. Schließlich hörte man lautstark Lieder erklingen, wie etwa dieses:

Und wenn a echta Böhmerwäldler
Abschied nimmt und mit seinem
Bünderl nachts zum Herrgott kummt,
Wo man nur Jodeln hört, a Echo schallt,
Der kumnt vom schönen grünen
Böhmerwald.
Du schöner Böhmerwald, du Erdenpracht,
Mit Schönheit, Freundlichkeit,
Mit Liab bedacht, in jedem Waldlerherz,
Schlags gouat halt drin, des is da echte
Böhmerwäldlersinn.

Auch *Lumpaliela* (Lumpenlieder bzw. freche Lieder) wurden gesungen. Als der Ochsensepp später auch noch eine
Brotzeit für alle am Tisch spendierte, dachte keiner der
Anwesenden ans Nachhausegehen. Abends, nachdem die
Stallarbeit getan war, gesellten sich noch einige Gäste aus
Franzelhütte dazu. Unter ihnen war ein schon hochbe-
tagter Mann, der sich seine Pfeife stopfte und behaglich
anzündete. Dann fragte er den Eisendorfer, ob er denn
nicht Angst habe, bei Nacht und Nebel alleine nach Hause zu gehen.
Der Ochsensepp lachte: »*Wos is des für a Word – Ongst?*«
(Was ist das für ein Wort - Angst?); und in bester Bier-
laune fuhr er fort: »*Des Word kene niat – sochma du, wos
des bedäit!*« (Das Wort kenne ich nicht – sage du mir, was
das bedeutet!) Der alte Mann zog kräftig an seiner Pfeife. Ein geheimnisvolles Lächeln überzog sein verwittertes
Gesicht, als er antwortete: »Solche Vögel wie dich habe ich
schon oft zwitschern hören – am nächsten Tag hat sie die
Katz geholt!« - »Wie meinst du das?«, fragte der Viehhändler. »Wie ich es gesagt habe, du hast es schon richtig

verstanden!« Der Eisendorfer beendete mit einer abfälligen Handbewegung das Gespräch, nahm seinen Bierkrug und prostete leutselig den anderen zu.

Erst gegen 23.00 Uhr löste sich die gesellige Runde langsam auf. Der Alte aus Franzelhütte wünschte dem Ochsensepp einen guten Heimweg, fragte aber, und in seiner Stimme war der Spott nicht zu überhören: »*Wölchn Wech gaisten?, iwan Pucherschloch trauste ja suaweisua niat!*« (Welchen Weg gehst du? Über den Pucherschlag traust du dich ja sowieso nicht!) Der Ochsensepp, durch den Alkoholgenuss und seinen Geschäftssinn angestachelt, sagte daraufhin: »Ich wette mit dir um ein 50-Liter-Fass Bier, dass ich über die *Geigerloh*, Umweg hin oder her, gehe!« Dazu sollte man wissen, dass es eine Geschichte gibt, die sich angeblich im Jahre 1800 zugetragen haben soll. Die älteren Leute in Franzelhütte erzählten Folgendes:

Der blinde Geiger Josef Stangl hat sich im »Pucherschlag« an einem Baum erhängt. Er wurde dort an Ort und Stelle begraben, wie es zur damaligen Zeit üblich war. Dieser Teil des Waldes hieß sodann »Geigerloh«. Weil man dem Toten seine Geige mit ins Grab gab, wollten die abergläubischen Leute dort in der Nacht ein Geigenspiel gehört haben. Der an dieser Stelle vorbeiführende Weg wurde deshalb besonders bei Dunkelheit gemieden. (Quelle: »Chronik von Eisendorf«.)

»Die Wette gilt!«, sprach der Alte. »Hänge oder lege deinen Hut in der *Geigerloh* genau unter den Baum, wo sich der Geigenspieler das Leben nahm. Zum Zeichen, dass du wirklich da warst!« - »Einverstanden!«, entgegnete der Ochsensepp, ohne auch nur mit der Wimper zu zucken: »Ihr könnt ja morgen früh meinen Hut abholen und hier beim Wirt hinterlegen!« Er war schon fast an der

Tür, als er sich noch einmal umdrehte, spitzbübisch grinste und dem Alten zurief: »Bestellt aber auch gleich das Fass Bier!« Und nun machte sich der unerschrockene »Eisendorfer« auf den Weg.

Es nieselte und der Nebel war noch viel dichter geworden als am Nachmittag. Der Sepp zog den Mantelkragen hoch und drückte seinen Hut tiefer ins Gesicht. Irgendwie schien in der nasskalten Luft die Wirkung des reichlich konsumierten Alkohols beträchtlich nachzulassen. Eine Weile später musste er sich eingestehen, den Mund wohl doch etwas zu voll genommen zu haben. Zwar war er nicht abergläubisch, – aber über den »Pucherschlag« heimzugehen, fand auch er nicht so ganz geheuer. Zuviel der seltsamen Dinge wollte man da gehört und gesehen haben. Es war ein unausgesprochenes Gesetz, eine alte, tief verwurzelte Tradition, das Waldgebiet »Geigerloh« nachts unter allen Umständen zu meiden. Auch er selbst hatte noch nie nach Einbruch der Dunkelheit einen Fuß dorthin gesetzt. Es hatte ihn einfach mächtig geärgert, dass dieser alte Mann aus Franzelhütte an seinem Mut zweifelte. Und dummerweise hatte er sich in sehr gelöster Stimmung zu dieser vermaledeiten Wette hinreißen lassen. – Da Franzelhütte direkt im Wald liegt, hatte er schon nach wenigen Metern die spärlichen Lichter der kleinen Ortschaft aus den Augen verloren. Es war auch nicht einfach, auf dem richtigen Weg zu bleiben, denn der Nebel machte es auch dem ortskundigen Ochsensepp schwer, die Orientierung nicht zu verlieren.

Er musste den Pucherschlag jetzt wohl erreicht haben, denn die Umgebung kam ihm bekannt vor. Bei Tageslicht war er ja schon unzählige Male hier gewesen. Nur wenig später glaubte er, zu jener Stelle zu gelangen, wo sich angeblich der blinde Geiger erhängt hatte und auch beerdigt war. Furcht stieg auf einmal in ihm hoch. Und er verfluchte erneut seine hitzige Großspurigkeit. Schon längst

könnte er zu Hause im warmen Bett liegen: Doch fünfzig
Liter Bier, so machte er sich Mut, sind fünfzig Liter Bier.
Und von den Toten war seines Wissens noch nie jemand
zurückgekehrt. Er riss sich zusammen und suchte trotzig
den Baum, um seinen Hut dort zu hinterlegen. Plötzlich
schreckten ihn seltsame Laute aus seiner Grübelei. Er blieb
wie angewurzelt stehen und lauschte. Der Nebel schien
jegliches Geräusch vollkommen zu verschlucken – da, jetzt
hörte er es ganz deutlich – es war ein Geigenspiel, was da
an sein Ohr drang!

Wie vom Blitz getroffen vernahm der Ochsensepp ganz
deutlich eine geheimnisvolle Melodie. Waren die Töne bis-
lang leise, ja sogar zärtlich, so wurde das Spiel urplötzlich
lauter und schneller. Die Angst wuchs ins Unerträgliche:
War es denn wirklich und wahrhaftig der Selbstmörder,
der da auf der Geige spielte? Heiß war es dem Viehhändler
geworden. Schweiß lief ihm über sein Gesicht, und trotzdem jagten eiskalte Schauer durch seinen Körper. Er setzte
an zum Weglaufen. Vergeblich, er war einfach nicht in der
Lage, sich zu bewegen. Hatten die Leute in Eisendorf nicht
auch von einer lähmenden Angst, von einer magischen
Musik erzählt, die all die mutigen Menschen befallen würde, die sich nächtens hierher gewagt hätten? Der Ochsensepp konnte diese Gedanken, die ungeordnet durch seinen
Kopf schossen, nicht weiterverfolgen. Denn das Spiel der
Geige kam immer näher, wurde lauter und hatte nichts
Zärtliches mehr an sich. Es klang, als ob der Teufel höchst-
persönlich die Fiedel in aberwitziger Geschwindigkeit
spielte. Die Läufe und Töne saßen überirdisch perfekt, ein
menschlicher Geiger hätte das in dieser Kälte, ja auch unter besten Bedingungen kaum jemals zustande gebracht.
»Ein Paganini mitten aus der Hölle!«, dachte der Viehhändler verzweifelt. Doch plötzlich wurde es still! Kein
Laut war mehr zu hören! Dem Sepp schlug das Herz bis

zum Hals und ein neuer Versuch wegzulaufen scheiterte ebenfalls. Da vernahm er in unmittelbarer Nähe ein Klopfen. Es hörte sich an, als ob jemand mit dem Geigenbogen gegen den Resonanzboden des Instruments schlagen würde. Das war zuviel für den Mann aus Eisendorf! Er hatte das Gefühl, den Boden unter den Füßen zu verlieren. Dann wurde er ohnmächtig und sackte wie vom Schlag gerührt zusammen. Im letzten, noch schwach flackernden Licht seines Bewusstseins glaubte er, eine dunkle Gestalt mit einer weißen Binde um die Augen wahrzunehmen. Dann herrschte tiefe Dunkelheit.

Noch bevor am nächsten Tag sich jemand aus Franzelhütte auf dem Weg zum Pucherschlag machen konnte, hatten Holzhauer den Ochsensepp bereits gefunden. Er lag tot unter dem Baum, woran sich vor Zeiten der blinde Geiger erhängt hatte. Mit ausgebreiteten Armen, flach auf dem Rücken, das vor Schreck entstellte Gesicht zum Himmel gerichtet, bot er ein Bild des Entsetzens. Als später der Arzt den Totenschein ausstellte, vermerkte er unter der Rubrik Todesursache: »Herzstillstand«. Die meisten Leute aber behaupteten, der Ochsensepp sei aus Angst vor der eigenen Courage gestorben. Merkwürdig an der ganzen Geschichte war nur - man hatte seinen Hut nicht finden können. Er blieb trotz intensiver Suche spurlos verschwunden.

Ein Waldarbeiter aus Eisendorf, der in der Geigerloh zu tun hatte, behauptete einige Wochen später, er habe an der Stelle, wo der Ochsensepp tot aufgefunden wurde, einen Mann gesehen, der ohne Gruß an ihm vorbeigegangen war. Das wäre an sich nichts Besonderes gewesen, doch hatte der eine Fiedel unter den Arm geklemmt. Außerdem trug er einen tief ins Gesicht gezogenen Hut, der seine Augen nicht erkennen ließ. Der Holzhauer versicherte, dass dieser Hut eine auffällig starke Ähnlichkeit mit dem hatte, den der »Ochsensepp« zu Lebzeiten zu tragen pflegte.

Der Totengräber von Klapowice

Der westböhmische Ort Klapowice (Name erfunden) mit seinen knapp 1000 Einwohnern wäre wohl kaum nennenswert, hätte da nicht der Totengräber Jakub Malcik (Name erfunden) gelebt. Er war tschechischer Staatsbürger. Seine Familie lebte schon in der zweiten Generation in Klapowice. Das Verhältnis zwischen Deutschen und Tschechen war im Ort seit Jahrzehnten erstaunlich gut. Obwohl die Deutschen ca. 70% der Ortsbewohner stellten, gab es keine ernsthaften Probleme.

Schon Jakubs Vater war Totengräber in Klapowice gewesen. Nie gab es Beanstandungen oder gar Unregelmäßigkeiten. Bis zu seinem verdienten Ruhestand hatte er viele Dorfbewohner mit Anstand und Würde unter die Erde gebracht. Und seit zwei Jahren hatte nun sein Sohn Jakub diese wichtige Tätigkeit inne.

Jakub Malcik war für damalige Verhältnisse – es war die Zeit vor dem ersten Weltkrieg und Böhmen wurde von Wien aus regiert – ein weitgereister Mann. Viele Leute suchten seinen Rat. Er hatte in seiner Jugend als Soldat in einem Österreich-Ungarischen Regiment gedient. Und er fürchtete nur Gott. Sonst nichts. Seine Behausung bestand aus zwei Räumlichkeiten, die man direkt an die Leichenkammer angebaut hatte. Hier wurden die Verstorbenen bis zum Tag der Beerdigung aufgebahrt. Jakub war übrigens eingefleischter Junggeselle. Was aber nicht hieß, dass er dem weiblichen Geschlecht abgeneigt gewesen wäre. Doch von einer festen Bindung wollte er absolut nichts wissen. Eine Frau zu finden, die seine Wohnverhältnisse akzeptiert hätte, war ohnehin aussichtslos. Viele Dorfbewohner bewunderten zwar seinen Mut. Aber wer von ihnen wollte schon in unmittelbarer Nachbarschaft zu

Verstorbenen leben? Um seine Unterkunft zu erreichen, musste Jakub jedes Mal den Weg durch den Friedhof nehmen. Die Eingangstür zur linken Seite führte direkt zur Totenkammer, die rechte Tür zu seiner Wohnung. In Jakubs Schlafraum war an der linken Wandseite ein kleines Fenster angebracht, von wo aus er in den angrenzenden Aufbahrungsraum blicken konnte. Von vielen Leuten auf dieses Fenster in seiner Schlafstube angesprochen, antwortete er im Brustton der Überzeugung: »Ich bin doch für die Verstorbenen bis zu ihrer Beerdigung verantwortlich!« Damit war für ihn das Thema erledigt. Auf die Frage, ob er denn nicht manchmal doch Angst habe, erwiderte er: »Vor wem soll ich Angst haben? Die Toten können mir doch nichts mehr tun! Wenn ich überhaupt Angst habe, dann vor den Lebenden!«

Natürlich gab es damals in Klapowice noch kein elektrisches Licht. Die Totenkammer zum Beispiel wurde von einer Petroleumlampe nur dürftig beleuchtet. Auch Jakub benutzte Petroleumlicht in seiner Unterkunft. Und so alle übrigen Haushalte. Der Gemeindevorsteher war Deutscher. Ernst Vorberg (Name erfunden) war sein Name. Ein umsichtiger Mann, der es verstand, zwischen beiden Nationalitäten mit Geschick und Gefühl auch mal Streitigkeiten zu schlichten. Er war von allen anerkannt. Noch weit über das Dorf hinaus rühmte man seinen Gerechtigkeitssinn. Ihm gehörten das mit Abstand größte Anwesen und die einzige Schankwirtschaft im Ort.

Auf die kleine Kirche in Klapowice war die Gemeinde sehr stolz. Als man im vorigen Jahr auch noch einen Priester bekam, herrschte rundum vollkommene Zufriedenheit. Pfarrer Holek (Name erfunden) war in der Gemeinde ebenfalls unumstritten. Der Vater Tscheche, die Mutter Deutsche, wurden seine Entscheidungen von allen akzeptiert. Gab es wirklich einmal einen Streit in der Gemeinde und keiner der Kontrahenten wollte nachgeben, wusste sich der Pfarrer durchaus zu helfen: Seine Sonntags-Predigt in der meist gut gefüllten Kirche wurde dann zu einer regelrechten Kapuzinerpredigt: Wie der Erzengel Gabriel baute er sich vor der Gemeinde auf und ließ ein wortgewaltiges Donnerwetter auf sie hernieder fahren, das sich gewaschen hatte. Nach einer solchen Rede wagte keiner mehr, sich seinen Wünschen zu widersetzen. In den meisten Fällen einigten sich die zerstrittenen Parteien immer sehr schnell. Denn wer sich ernsthaft den Gotteszorn des Geistlichen zuzog, hatte in der Dorfgemeinschaft jeglichen Kredit verspielt. Selbst der Gemeindevorsteher fürchtete die legendären Wutausbrüche des Pfarrers und war daher stets bestrebt, ihn von vornherein in seine Entscheidungen mit einzubeziehen. Nur einer im Ort wagte es, Hochwürden zu widersprechen – nämlich Jakub Malcik. Dieser ärgerte sich nämlich öfters über das intellektuelle Gehabe des Theologen. Er, so meinte der Totengräber, sei auch nicht gerade auf der »Einbrennsuppe« (Armeleutesuppe) daher geschwommen. So kam es schon vor, dass sich die beiden ernsthaft stritten. Leider unterlag der Jakub meistens den Argumenten des Herrn Pfarrer. Manchmal aber musste Hochwürden doch eingestehen, dass der Totengräber in praktischen Dingen Recht hatte, was ihn wiederum ungemein ärgerte. In einem solchen Augenblick konnte der Jakub Malcik seine Genugtuung nicht verbergen. Sein Triumph jedoch dauerte niemals allzu lange. Der »Studierte« brachte den armen Jakub mit scharfen Fragen über Gott und die Welt gleich wieder in die allergrößten Schwierigkeiten. Wusste er doch so manches Mal einfach keine Antwort. Holek klopfte ihm dann immer gönnerhaft auf die Schulter. Denn natürlich beantwortete der Geistliche seine Fragen im Nachhinein selber und würzte diese mit lateinischen Wörtern und langen Bibelzitaten.

Mit diesen konnte der arme Jakub noch weniger anfangen. Der Totengräber musste am Ende klein beigeben und hatte wieder einmal verloren.

Die nur 100 Einwohner zählende Ortschaft Hora, zu Deutsch *Berg* (Name erfunden), gehörte zur Gemeinde Klapowice. Die wichtigste Persönlichkeit im Dorf war in der vergangenen Nacht im fünfzigsten Lebensjahr an einem Herzschlag gestorben. Julius Wanda (Name erfunden) war mit Abstand der größte und reichste Bauer. Er war der unumstrittene *Herrscher* in der kleinen Ansiedlung. Keiner hatte jemals gewagt, ihm offen die Stirn zu bieten.

Jakub Malcik war an einem schönen Maientag mit seinem zweirädrigen Karren unterwegs, um Julius Wanda abzuholen. Er sollte zu ihm nach Klapowice ins Leichenhaus überführt werden. Der Totengräber ahnte, was auf ihn zukam. Denn Julius Wanda wog gut und gerne 130 Kilogramm und es waren immerhin 4 Kilometer von Hora nach Klapowice zurückzulegen. Der Gedanke an den Rückweg mit dem schweren Mann auf dem Holzkarren ließ Jakubs Stimmung auf den Nullpunkt sinken.

War der Mai dieses Jahr bisher ziemlich kalt, so war der heutige Tag sommerlich heiß. Schwitzend erreichte Malcik endlich das stattliche Anwesen der Familie Wanda. Er stellte seinen Karren ab und begab sich ins Haus. Der Tote lag noch unberührt in seinem Bett. Die ganze Familie war schwarz gekleidet und stand weinend im Zimmer herum. Auf einem Tischchen war ein Kruzifix aufgestellt, umgeben von zwei brennenden Kerzen. Als Jakub den Anwesenden sein Beileid ausgesprochen hatte, machte er sich an die Arbeit. Nur die Frau des Verstorbenen blieb im Raum. Die anderen mussten das Zimmer verlassen.

Der Totengräber waltete kaltblütig seines Amtes. Er wusch den Leichnam, was ein bedenkenloses Anfassen und Zugreifen verlangte. Dann kleidete er ihn an: Ein schwarzer Anzug nebst einem Hemd mit Selbstbinder lagen schon bereit. Es war ein hartes Stück Arbeit, den massigen Körper des Toten für die morgige Beerdigung herzurichten. Mit Hilfe der klagenden und zitternden Ehefrau jedoch war er bald mit allem fertig. Jakub kämmte dem Toten noch die Haare. Dann trat er zwei Schritte zurück, begutachtete kritisch seine Arbeit und meinte: »Gut! Jetzt kann Ihr Gatte ehrenvoll bestattet werden!« Frau Wanda schluchzte nur und nickte schwach mit dem Kopf. Tatsächlich schaute Julius Wanda selbst noch als Leiche streng und Respekt einflößend aus. Frau Wanda nahm jetzt den Totengräber mit in die Wohnstube und bot ihm Brandwein an. Sie war bleich wie eine Leinwand und trank gleich selbst zwei Gläser mit. Jakub hatte sich schon das vierte Mal ohne Aufforderung nachgeschenkt. Frau Wanda stellte deshalb die Schnapsflasche vorsorglich in den Schrank zurück. Der Totengräber verabschiedete sich und verließ das Haus.

Der Nachbar mit seinen beiden Söhnen musste helfen, die Leiche auf den zweirädrigen Karren zu schaffen. Als diese befestigt und abgedeckt war, machte sich Jakub auf den Weg nach Klapowice. Dort wurde vom Tischler bereits ein Sarg angefertigt.

Schon nach wenigen hundert Metern legte Malcik eine Pause ein. Er hatte, außer einem Stück Brot am Morgen, noch keinerlei Mahlzeit zu sich genommen. Er rastete nur kurz. Ausgerechnet heute war es für die Jahreszeit viel zu warm. Er musste sich beeilen, die Hitze war Gift für die Fracht auf seinem Karren. Er hatte gut die Hälfte des Wegs bereits hinter sich, als ihm ein *Einspänner* entgegenfuhr. »Dobrý den!« (Guten Tag), grüßte der Mann auf Tschechisch vom Wagen herunter. »Guten Tag!«, antwortete Jakub. - »Sie sind Deutscher?«, fragte der Fremde. - »Nein; und Sie?«, fragte der Totengräber zurück.

»Ich bin Tscheche, aber bleiben wir bei der deutschen Sprache. – Was transportieren Sie denn da so Schweres auf Ihrem Karren?« Bei dieser Erkundigung stieg der Unbekannte vom Wagen ab und trat neugierig näher.

»Einen Toten!«, erwiderte Jakub, in der Hoffnung, den neugierigen Mann abzuschrecken und seinen Weg endlich fortsetzen zu können.

»Einen Toten?«, fragte er verwundert.

»Wäre er kein Toter, dann müsste er mir die verdammte Karre ziehen helfen!«, antwortete Jakub sarkastisch.

»Promi te« (Entschuldigung), verfiel der Fremde wieder ins Tschechische.

»Prosím« (Bitte), antwortete auch Jakub auf Tschechisch.

»Wer ist der Tote, wenn man fragen darf?«

»Julius Wanda aus Hora!«, antwortete der Totengräber. »Aber ich muss jetzt wirklich weiter, sonst bekomme ich Schwierigkeiten.«

Erst jetzt sah er sich den Fremden etwas genauer an. Hatte er den nicht schon irgendwo gesehen? Bevor er seine Beobachtung vertiefen konnte, stieg der wieder auf seinen Wagen.

»Na shledanou!« (Auf Wiedersehen!), rief er, hieb mit seiner Peitsche dem Pferd aufs Hinterteil und weg war er.

Jakub schüttelte den Kopf. Mit wem hatte dieser Kerl nur so große Ähnlichkeit? Doch nun legte er sich wieder kräftig in den Zugriemen seines Zweiräders. Nach geraumer Zeit war er endlich zu Hause angelangt. Er brachte die Leiche in den Aufbewahrungsraum und machte sich sofort daran, das Grab auszuheben.

Erst gegen Abend war er damit fertig. Müde und abgearbeitet legte er sich schlafen. Natürlich nicht, ohne nochmals durch das kleine Fenster im Schlafraum nach dem toten Julius Wanda zu sehen. Der lag friedlich auf dem Schragen. Die Stearinkerze spendete nur spärliches Licht.

Auf Wunsch der Frau des Toten hatte er sie zusätzlich angezündet. Der Docht der Petroleumlampe aber flackerte lebhaft und ließ eigenartige Schatten in der Totenkammer umhertanzen. Es dauerte nicht lange und Jakub war eingeschlafen.

Normal konnte Malcik, ohne auch nur einmal wach zu werden, bis zum späten Vormittag durchschlafen. Heute aber erwachte er schon nach etwa zwei Stunden. Ein seltsames Geräusch hatte ihn geweckt. Er richtete seinen Oberkörper etwas auf und entzündete die Petroleumlaterne, um festzustellen, wo das Geraschel herkam. Doch nichts war mehr zu hören, es herrschte im wahrsten Sinne des Wortes Totenstille. Der Totengräber hatte ganz gewiss kein furchtsames Gemüt. Er glaubte, sich getäuscht oder geträumt zu haben. Daher legte er sich schnell wieder ins Bett zurück, um weiterzuschlafen. Im selben Augenblick hörte er abermals Laute, diesesmal deutlich an der Tür zu seiner Wohnung. Ohne jegliche Hast stand Jakub auf, drehte den Docht der Laterne höher und schlüpfte in seine Arbeitshose, die neben seinem Bett lag.

Da war es wieder, – jetzt noch deutlicher und lauter, es gab keinen Zweifel mehr, da war jemand an seiner Haustür.

»Nur langsam!«, rief er ärgerlich. »Ich komm ja schon!«

Er ging zur Tür, schob den Riegel zurück und öffnete: Kein Mensch war weit und breit zu sehen! Er ging einige Schritte hinaus in den Friedhof, wo er ebenfalls nichts Verdächtiges wahrnehmen konnte. Die Sicht war sehr gut. Die meist eisernen Grabkreuze schimmerten in der sternenklaren Nacht in einem gedämpften Licht. Doch als er sich umdrehte, um in seine Behausung zurückzugehen, traute er seinen Augen nicht: Vorne, direkt am Eingang zum Friedhof, sah er eine Droschke stehen. Und sogar ein Pferd war eingespannt. Sofort machte er sich auf den Weg, um nachzusehen, was da mitten in der Nacht eine Kutsche am Friedhofseingang zu suchen hatte. Schon nach wenigen Metern erkannte er sie wieder: Das war mit Sicherheit der *Einspänner*, der ihm heute Mittag zwischen Hora und Klapowice begegnete. Er ging um die Chaise herum, doch ein Kutscher war nicht zu sehen. Das Pferd schnaubte leise und kratzte mit den Hufen am Boden. Nachdem er sich nochmals vergeblich umgesehen hatte, ging er wieder zurück in seine Schlafkammer. Während er sich die Hose auszog, schaute er noch einmal gewissenhaft durchs Fenster nach dem Toten. Was er sah — oder vielmehr, was er *nicht* sah - ließ selbst ihm das Blut in den Adern gefrieren: Die Bahre, wo der Tote noch vor wenigen Minuten gelegen hatte, war leer! Fassungslos vor Schreck starrte er auf den leeren Schragen. Ein Toter konnte doch nicht einfach verschwinden! Noch nie hatte es so etwas in Klapowice gegeben! Er nahm nun all seinen noch verbliebenen Mut zusammen und begab sich festen Schrittes in die Totenkammer.

Sie war noch verschlossen! Und nur er allein hatte die Schlüssel! Zur Hölle! Was ging da vor sich? Jakub entriegelte mit fieberhafter Eile die Tür: Die Stearinkerze war bis auf einen kleinen Rest niedergebrannt. Auch die Laterne spendete kaum noch Licht. Eine Leiche aber konnte er nicht finden! Er musste jetzt die Nerven behalten - und so schnell wie möglich den Pfarrer wecken, um dessen Rat einzuholen. Für wundersame Auferstehungen fühlte er, der Totengräber, sich keineswegs zuständig. Sollte sich doch der Schlaukopf damit befassen! Er knüpfte seine halb herunterhängende Hose zu, verschloss sorgfältig die Kammer und lief, die Angst im Nacken, zum Pfarrhaus. Laut und ungestüm pochte er an die Tür. Der Priester öffnete und staunte den Ruhestörer mit verschlafenen Augen an. Als er den Totengräber erkannte, wurde er fuchsteufelswild:

»Ja bist du denn verrückt geworden!«, brüllte er Jakub an. Als er aber wahrnahm, in welchem Zustand der Totengräber war, wurde er umgänglich und bat ihn ins Haus. Malcik erzählte aufgeregt, was passiert war. »Du bist bestimmt betrunken! Oder dein bisschen Verstand hat dich ein für allemal verlassen!«, wetterte der Pfarrer los.

Doch als Jakub trotz dieser Beschimpfung nicht den geringsten Versuch machte, sich zu wehren, wurde Pfarrer Holek mit einem Mal sehr nachdenklich. Wenn dieser hartgesottene und furchtlose Kerl so verstört war, dass er keine Widerrede wagte, dann musste irgendetwas vorgefallen sein. Er versprach ihm, mitzukommen und nach dem Rechten zu sehen.

Nachdem sich Holek angekleidet hatte, gingen beide hinüber zur Totenkammer. Malcik öffnete. Kaum eingetreten, deutete der Totengräber mit ausgestrecktem Arm in Richtung zur Bahre, – als er abrupt innehielt und einen fürchterlichen Schrei ausstieß:

Auf dem Schragen lag jetzt wieder der tote Julius Wanda! »Was hast du, bist du nun völlig übergeschnappt?«, fragte der Pfarrer und schob den Totengräber zur Seite. »Offenbar ist der Traum eines ruhelosen Geistes über dich gekommen! Bete ein Vaterunser und leg dich endlich schlafen! Wie du siehst, hat alles seine Ordnung!« Zornig verließ er die Totenkammer.

Jakub stand mit weitaufgerissenen Augen immer noch im Raum und starrte auf den Toten. Hatte er wirklich seinen Verstand verloren? Er wusste hundertprozentig, dass noch vor wenigen Minuten die Leiche nicht auf dieser Bahre lag. Er taumelte ins Freie und stammelte wirres Zeug. Pfarrer Holek machte sich langsam Sorgen um den Totengräber. Er glaubte ihm durchaus, dass sein Gemüt tief erschüttert war. Durch welche Ursache auch immer. Es musste aus seinem Inneren kommen. Und der arme

Sünder übertrug das innerlich Geschaute auf Halluzinationen, die nur scheinbar eine objektive Existenz hatten. Das musste die Erklärung sein. – Oder, Herr im Himmel, es war tatsächlich irgendetwas Ungewöhnliches geschehen. Der Pfarrer holte Hilfe herbei. Und er sorgte dafür, dass die Aufbewahrungshalle wieder verschlossen wurde. Dann nahm er den Jakub mit ins Pfarrhaus.

Kaum ansprechbar hockte der auf einem Stuhl und stierte geistesabwesend auf den Boden. Mit ruhiger Stimme forderte ihn Hochwürden auf, nochmals in allen Einzelheiten zu erzählen, was passiert war. Daraufhin berichtete Malcik, erst stockend, aber letztendlich doch einigermaßen flüssig, was er in dieser schrecklichen Nacht erlebt hatte. Auch die Begegnung mit dem Fremden im *Einspänner* beschrieb er ausführlich.

Geduldig hörte ihm der Priester zu. Hätte er den Totengräber nicht so gut gekannt, hätte er ihn wohl in ein Spital einweisen lassen. Was ihm dieser Jakub Malcik da erzählte, war einfach nicht glaubhaft. Man musste annehmen, dass er wirklich den Verstand verloren hatte. Pfarrer Holek bot Jakub schließlich an, den Rest der Nacht im Pfarrhaus zu verbringen. Doch der schien sich wieder etwas gefangen zu haben: »Ich soll bei dir übernachten? Damit du dann überall herumerzählen kannst, dass der Jakub sich vor Angst in die Hosen gemacht hat?« Holek nahm diesen Widerstand für ein Zeichen der Genesung. Er hatte keinen Einwand, als der Totengräber darauf bestand, in seine Behausung zurückzukehren. Auch er habe Pflichten, meinte Jakub, die er nicht vernachlässigen dürfe. Morgen sei schon die Beisetzung und da müsse alles wie am Schnürchen laufen. »Dann tu, was du nicht lassen kannst!«, sagte der Pfarrer. Etwas ärgerlich setzte er hinzu: »Ich möchte aber heute nicht mehr von dir gestört werden!« Mit einem verächtlichen Blick verließ der

Totengräber das Pfarrhaus. Am Horizont kündigte sich durch einen schmalen hellen Streifen bereits der neue Morgen an. Mutig begab er sich in seine Behausung. Mit festem Schritt ging er zum kleinen Fenster in der Wand. Die Laterne war bis auf eine winzige Flamme abgebrannt. Doch war es hell genug, um die Umrisse der Leiche auf dem Schragen zu erkennen. Schlafen wollte Jakub nun nicht mehr. Er heizte den Herd an, um sich Milch warm zu machen. Er hatte seit vielen Stunden keine Mahlzeit mehr zu sich genommen. Ein großes Stück Brot, das er in Abständen in die warme Milch tunkte, war auch gleich sein Frühstück.

Bereits um 7 Uhr kam der Tischler mit dem Sarg. Jakub erzählte ihm nichts von seinem nächtlichen Erlebnis. Er schloss den Leichenraum auf und war dem Tischler behilflich, den Sarg zu tragen. Durch das Tageslicht, das in den Raum fiel, konnte Jakub deutlich erkennen, dass der tote Wanda zum Glück immer noch unverändert dalag. Es kostete den beiden einiges an Kraft, um den schweren Leichnam ordentlich in den Sarg zu bekommen. Anschließend war Jakub schon sehr früh an der Grabstätte. Bereits eine Stunde vor der Trauerfeier war die Hälfte der Einwohner von Hora auf dem Friedhof. Alle wollten dabei sein, wenn der Sarg noch einmal für die Familienangehörigen geöffnet wurde. Denn obwohl der gute Julius Wanda wahrlich kein schöner Anblick mehr war, wollte so mancher mit einem letzten Blick auf den Toten seine Neugier befriedigen. Pfarrer Holek pries den Verstorbenen als einen ehrbaren Menschen und Wohltäter, der viel für seinen Heimatort geleistet hatte. Auch der Ortsvorsteher Ernst Vorberg sparte nicht mit Lob für ihn. - Obwohl jeder in Klapowice und Umgebung wusste, dass sich die beiden spinnefeind waren. Gerne wäre nämlich Julius Wanda Ortsvorsteher geworden, was aber Ernst Vorberg erfolgreich zu verhindern wusste. Doch all diese Dinge waren jetzt vergeben und vergessen. Über die Toten sagt man nur Gutes und will auch nur das Gute hören.

In der Schankwirtschaft ließ Frau Wanda keinen Zweifel daran, dass sie eine wohlhabende Frau war. Der üppige Leichenschmaus und einige Fässer Bier waren der sichtbare Beweis dafür.

Endlich war im Friedhof zu Klapowice Ruhe eingekehrt. Der Totengräber machte sich an die Arbeit. Bald darauf war ein sauberer Hügel über dem Grab von Julius Wanda aufgetürmt. Jakub brachte sein Werkzeug in den kleinen Holzverschlag neben dem Leichenhaus und beschloss, sich noch einen Liter Bier in der Schankwirtschaft zu genehmigen. Frau Wanda ließ sich nämlich nicht lumpen und hatte ihm für seine Schufterei ein stattliches Trinkgeld bezahlt. Im Wirtshaus waren keine Gäste mehr da, außer dem Pfarrer und dem Wirt. Jakub setzte sich zu den beiden. Hochwürden hatte Ernst Vorberg bereits über das sonderbare Verhalten des Totengräbers ausführlich berichtet. Der Gemeindevorsteher versuchte, Jakub zu trösten. Er selber habe schon erlebt, dass etwas verschwunden war, aber dann doch an besagter Stelle wieder gefunden wurde. Pfarrer Holek versuchte ihm zu erklären, was eine Halluzination sei. Einer solchen sei nämlich er, der Jakub, in der vergangenen Nacht zum Opfer gefallen. Kommentarlos nahm Jakub die Erklärungen und Tröstungen zur Kenntnis. Er trank seinen Krug leer und verließ mit einem lauten, vor Ärger auf Tschechisch gesprochenen »Dobrou noc!« (Gute Nacht!) die Schankwirtschaft.

Die Nachtluft tat ihm gut. Langsam schlenderte er über den Friedhof seiner kleinen Wohnung zu. Am frisch aufgeworfenen Grab des Julius Wanda blieb er kurz stehen. Alles war bestens, nicht einmal ein Lebender hätte eine Chance gehabt, aus diesem Loch nochmals herauszukommen. In seinem Schlafraum angekommen, zündete Jakub die Petroleumlampe an. Und aus mechanischer Gewohnheit ging er zum kleinen Fenster und blickte hindurch. Die Totenkammer war jetzt leer, die Laterne komplett erloschen. Er legte sich auf sein Schlaflager und ließ die vergangenen Tage noch mal an sich vorbeiziehen. Noch tief in Gedanken, fiel sein Blick abermals auf das Fester – und mit einem Satz sprang er aus seinem Bett: In der Totenkammer war Licht zu sehen! Er stürzte zum Fensterchen: Auf der Bahre lag ein Mann! Jakubs Beine versagten ihm den Dienst. Schweiß lief über sein Gesicht. Unfähig sich zu bewegen, starrte er unentwegt auf die Bahre: Es gab keinen Zweifel – der Mann auf der Bahre war der heute beerdigte Julius Wanda! Und die Petroleumlampe leuchtete mit voller Kraft! Endlich löste sich die Erstarrung. Der Totengräber rannte besinnungslos nach draußen. Schon steckte er den Schlüssel ins Türschloss, das die Leichenkammer sicherte. Zu! Verschlossen! Das war doch nicht möglich! Jakub überfiel plötzlich so panische Angst, dass er schnell den Schlüssel wieder abzog und wie ein Betäubter direkt zu Wandas Grab lief: Das war jedoch völlig unverändert, genau so, wie er es vor etwa zwanzig Minuten angetroffen hatte. Was um Himmelswillen sollte er tun? Wie hatte der Pfarrer gesagt - er sei einer Halluzination aufgesessen? Jetzt erst bemerkte er übrigens, dass er in der Unterhose auf dem Friedhof stand. Halb wahnsinnig vor Angst, rannte er zurück in seinen Schlafraum und kleidete sich an. Er war wild entschlossen, diese düstere Behausung schnellstens zu verlassen. Keine zehn Pferde könnten ihn davon abhalten. Als er durch das Friedhofstor hastete, wäre er beinahe in ein Fuhrwerk gerannt. Es war ein *Einspänner*, der so aberwitzig schnell an ihm vorbeiraste, dass die Funken stoben. Wieder hämmerte er mit den Fäusten gegen die Tür des Pfarrhauses. Ein Fenster öffnete sich und

Jakub hörte die polternde Stimme des Pfarrers: »Was ist denn jetzt schon wieder?« - Als der Geistliche wenig später die Haustür öffnete, fand er den Totengräber leblos am Boden liegend.

»Malcik – Mann! Was ist denn passiert?« Holek sprang ins Haus und holte eine große Flasche Schnaps, die er Jakub, seinen Kopf sanft anhebend, an den Mund setzte. Und tatsächlich trank dieser mit verzweifelter Gier fast ein Drittel des Inhalts ohne auch nur Luft zu holen. Dann stammelte er die Worte:

»Der Julius Wanda – aus dem Grab gestiegen – in der Totenkammer!« Drauf verlor er sofort wieder das Bewusstsein. Pfarrer Holek alarmierte die Gemeinde. Man brachte den Totengräber ins Pfarrhaus und legte ihn auf ein Gästebett. Holek griff nach seinem Schlüsselbund und forderte die Dorfgenossen auf, einen Blick auf die Leichenhalle zu werfen. Mutig voranschreitend, folgten ihm alle nach. Und sie näherten sich dem Friedhof wie in einer gespenstischen Prozession. Der Pfarrer schloss die Tür zur Totenkammer auf. Es war stockdunkel. Da griff er nach einer der Petroleumlampen, die manche der Umstehenden in der Hand schwenkten – und trat in den Raum: Nichts! Die Bahre war leer. »Armer Jakub«, sagte er, »du bist wirklich ernsthaft gemütskrank!« Der Pfarrer eilte schließlich noch zur Grabstätte von Julius Wanda, begleitet von dem besinnungslos hinterher rennenden Menschenauflauf. Doch auch hier war nichts Verdächtiges zu erkennen. Wortlos brach Holek alle Aktivitäten ab. Und noch in der gleichen Nacht ließ er Jakub in ein Spital überstellen.

Der Gemeindevorsteher Ernst Vorberg war wenige Tage später der erste Besucher am Krankenbett des Jakub Malcik. Was er zu sehen bekam, war schlimm: Jakub lag im Bett, stierte unentwegt zur Decke des Krankenzimmers und sein verzerrtes Gesicht war kaum wieder zu erkennen. Der Arzt versicherte dem geschockten Besucher, dass der Patient wohl nicht mehr genesen würde. Er sollte Recht behalten: Nach einem Vierteljahr wurde Jakub Malcik in eine geschlossene Irrenanstalt eingewiesen. Als ihn dort Pfarrer Holek besuchte, fand er ein menschliches Wrack vor, dass mit dem einstigen Totengräber von Klapowice keine Ähnlichkeit mehr hatte.

Noch Jahre später erzählte man sich in Klapowice, dass in manchen Nächten ein *Einspänner* wie ein feuriger Blitz die Straße am Friedhof vorbeiraste. Einige wollten gesehen haben, dass der Lenker des *Einspänners* eine unverkennbare Ähnlichkeit mit dem schon längst verstorbenen Julius Wanda habe.

Das schreckliche Gemach des Totengräbers Jakub aber wurde seither von keiner Menschenseele mehr bewohnt. Wenige Jahre später machte man die Totenkammer nebst Anbau dem Erdboden gleich. Klapowice bekam eine neue Leichenhalle. Und der Totengräber schlug sein Quartier in einem kleinen Häuschen auf, das außerhalb des Friedhofs errichtet wurde.

Seltsame Begegnungen im Grenzwald

Es war einige Wochen vor dem Beginn des Ersten Weltkriegs. Im Grenzort Eisendorf hielt sich hartnäckig das Gerücht, es sei nicht mehr weit bis zur Mobilisierung. Aufgeregt wurde in den Gasthäusern über einen eventuellen Kriegsausbruch diskutiert. In dieser unruhigen Zeit hat sich folgende Geschichte zugetragen.

Die allein stehende Frau Sofie Malek (Name erfunden), geboren im westböhmischen Taus, wohnte noch nicht lange in Eisendorf. Erst vor drei Jahren war ihr Mann an einer rätselhaften Krankheit gestorben. Seither war sie hier zugezogen. Sie lebte recht einsam bei einer Handwerkerfamilie in Miete, die nebenbei noch eine kleine Landwirtschaft betrieb. Sie bewohnte nur eine größere Kammer, wo sie alle Hausarbeiten verrichtete und auch schlief. Manchmal half sie ihrer Hausfrau auch in der Landwirtschaft mit aus. Im Ort selber hatte sie kaum Bekanntschaften. Selten besuchte sie ihren Geburtsort. Nur an Weihnachten fuhr sie mit dem Zug von Weißensulz nach Taus zu ihrer Schwägerin, der Schwester ihres verstorbenen Mannes, wo sie die Feiertage verbrachte.

Einst, an einem heißen Julitag, wollte sie sich etwas *Rausch* holen. Dieser Rausch hatte nichts mit Alkohol zu tun: Denn so hieß bei den Einheimischen eine spezielle Sorte von langem Gras, das nur an ganz bestimmten Stellen im Hochwald wuchs. Der *Rausch* eignete sich besonders gut zum Füllen der Strohsäcke. Er musste zuvor nur getrocknet werden. Matratzen, soweit es überhaupt welche gab, waren damals eine Seltenheit. Mit dem Buckelkorb auf dem Rücken machte sich die Sofie also auf den Weg in den so genannten »Sägwald«. Dieser hatte seinen Namen von dem früher dort errichteten Dampfsägewerk an der Tillyschanze.

Sofie Malek wusste genau, wo der beste *Rausch* zu finden war. An einem der Plätze angekommen, stellte sie ihren Korb ab und entnahm eine Sichel. Geschickt fing sie an, das lange Gras zu schneiden. Sie hatte noch keine fünf Minuten mit der Arbeit begonnen, als sich ihr jemand näherte. Da sie sich bereits auf bayerischem Boden befand, glaubte sie an einen Grenzbeamten, der wohl einen Kontrollgang machte. Doch als er nur noch wenige Schritte von ihr entfernt war, blieb der Mann plötzlich stehen. Sofie ließ von ihrer Arbeit ab und richtete sich aus ihrer gebückten Haltung auf. Etwas sonderbar war er schon gekleidet, der junge Kerl, der wie von Zauberhand aufgetaucht war. Alles, was er an sich trug, war grün: Hose, Jacke, Strümpfe und auch der Hut, der wiederum viel Ähnlichkeit mit einem typischen »Jägerhut« hatte.

»Grüß Gott, darf ich dir ein bisschen bei der Arbeit zusehen?«, fragte er.

»Meinetwegen!«, meinte Sofie etwas erstaunt.

»Sind Sie hier aus der Gegend?«, wollte sie wissen, was der andere mit einem »Nicht direkt« beantwortete.

Während sie nun weiter ihr Gras *absichelte*, schaute der Fremde interessiert zu. Und als Sofie ihren Buckelkorb randvoll gemacht hatte, half ihr der junge Mann, die Last zu schultern. Sie rückte den schweren Korb in die günstigste Position, wo er ohne zu drücken gut saß. Da sie ihren Helfer noch hinter sich wähnte, drehte sie sich um, um ein kurzes Dankeschön zu sagen. Doch dieser war nicht mehr zu sehen!

Auf der Lichtung konnte sich unmöglich jemand verstecken. Bis zum Waldsaum waren es mehr als 50 Meter - so schnell konnte in den wenigen Sekunden des Umdrehens diese Distanz niemand zurücklegen. Wohin nur war der junge, in Grün gekleidete Mann so plötzlich verschwunden? Erst jetzt wurde ihr so richtig bewusst, dass diese

Begegnung höchst rätselhaft war. Der Sofie Malek wurde es etwas bange hier so alleine in dem einsamen »Sägwald«. Schneller als es eigentlich der schwere Korb auf ihrem Rücken zuließ, ging sie heim. Als sie endlich ganz außer Atem die Straße erreichte und einige Kinder im so genannten »Sandloch« (einer Art Kiesgrube) spielen sah, beruhigte sie sich wieder. Zu Hause breitete sie dann im Stadel des Hausherrn den *Rausch* aus, um ihn trocknen zu lassen. Die Bäuerin kam gerade aus dem Stall. Doch Sofie erzählte nichts von ihrer Begegnung im Sägwald.

Einige Tage später war sie unterwegs zu der Ortschaft Plöß. Dort half sie öfters auf einem Bauernhof aus. Denn die kleine Rente, die sie seit dem Tod ihres Mannes bezog, reichte kaum zum Leben. Der Ort Plöß lag in 765 Meter Höhe ca. 5 Kilometer südsüdostwärts von Eisendorf. Sofie Malek ging diesen Weg oft. Und immer nahm sie die Strecke über den 859 Meter hohen Plattenberg. Vor Beginn des Ersten Weltkriegs hatte der Ort etwas über 600 Einwohner. Sie machte fast immer an der gleichen Stelle eine Rast.

Auch heute hatte sie ihren Buckelkorb dabei. Es gab nämlich immer etwas, was man mit nach Hause nehmen konnte, und wenn es nur etwas Brennholz war. Sie stellte ihren Korb ab und setzte sich unter einen Baum. Sie hatte einen »Dalken« (gebackene Mehlspeise) dabei, den sie nun heißhungrig verzehrte. Sie saß aber noch keine zwei Minuten da, als wie aus heiterem Himmel der »Grüngekleidete« wieder vor ihr stand. Sie war so erschrocken, dass ihr der Dalken aus der Hand fiel. Noch bevor sie ihn aufheben konnte, hatte das der Fremde schon gemacht.

»Hab keine Angst«, sprach er und überreichte ihr höflich das Gebäck.

»Was wollen Sie eigentlich von mir?«, rief die Sofie. »Ich bin nur eine arme alte Frau!«

»Ich weiß. Aber du bist von einer höheren Macht für etwas bestimmt!«

Verständnislos schaute Sofie den jungen Mann an. Dieser wurde plötzlich sehr ernst. »Du wirst etwas für mich tun müssen!«

Mühsam versuchte sie aufzustehen, dabei stützte sie sich mit den Händen vom Boden ab. Nur einen kurzen Moment drehte sie dem Fremden den Rücken zu. Als sie endlich auf den Beinen stand, wollte sie fragen, was denn ausgerechnet sie für ihn tun könne.

Doch der Bursche war schon wieder verschwunden, wie vor einigen Tagen im Sägwald auch! Sofie Malek bekam es nun ordentlich mit der Angst zu tun. Wie sollte sie, die weder Geld noch sonst etwas Wertvolles besaß, diesem Menschen helfen können? Ein Stein fiel ihr vom Herzen, als endlich die ersten Anwesen von Plöß zu sehen waren. Als sie am Gasthaus »Zum Kleinseffn« vorbeikam, traf sie zwei Männer, die sie kannten. Sie grüßten Sofie und wechselten ein paar Worte mit ihr. Bei der ihr später übertragenen Arbeit auf dem Hof ging diese nicht so leicht von der Hand, wie es sonst der Fall war. Immer wieder musste sie an den »Grüngekleideten« denken.

Als sie abends den Heimweg antrat, hatte sie es eilig. Obwohl es jetzt im Hochsommer lange Tag blieb, hatte sie kein gutes Gefühl. Sonst füllte sie immer noch ihren Korb mit Brennholz, heute tat sie es nicht. Sie wollte möglichst schnell Eisendorf erreichen. Das ging mit leerem Buckelkorb besser. Sie hatte nun fast den Plattenberg hinter sich gelassen, als der »Grüngekleidete« erneut wie aus dem Nichts vor ihr stand. Sofie zuckte erschrocken zusammen. Der Fremde schien sichtlich nervös zu sein, das konnte sie trotz ihrer großen Angst erkennen. »Setz dich!«, befahl er ihr. Sein Ton war unfreundlich. »Ich kann nicht länger warten«, sprach er, »darum höre mir gut zu!« Sofie zitterte am ganzen Körper, als sie der Aufforderung nachkam und sich hinsetzte. Der Fremde blieb am Stamm einer Fichte lehnend stehen und sprach: »Du wirst am kommenden Sonntag zum Heiligen Amt in der Kirche sein!« In seinem Gesicht konnte Sofie Malek zum erstenmal so etwas wie eine große Sorge erkennen. »Ich gehe immer sonntags in die Kirche«, antwortete sie leise. Doch der »Grüngekleidete« fiel ihr ins Wort: »Setz dich in die letzte Bank und mach genau das, was ich dir jetzt sage! Wenn der Priester während der Wandlung den Kelch zum Segnen hebt, werden an deinem Körper Schlangen hochzüngeln. Du darfst dich aber auf keinen Fall bewegen oder gar versuchen, die Tiere zu verscheuchen. Bete das *Vaterunser* und drehe dich nicht um! Solltest du meinen Anweisungen nicht Folge leisten, lädst du eine schwere Schuld auf dich. Dein weiteres Leben wird dann unausweichlich die Hölle sein. Nun stehe auf und gehe nach Hause! Solltest du bis Sonntag vor dem Gottesdienst jemandem von dem Auftrag erzählen, dann bist du ebenfalls des Todes!« Noch bevor Sofie auf die Beine kam, war der »Grüngekleidete« spurlos verschwunden.

Voller Angst machte sie sich auf den Heimweg. Sie konnte kaum einen klaren Gedanken fassen. Zu Hause in ihrer Kammer versuchte sie, sich die Worte einzuprägen, die der Fremde an sie gerichtet hatte. Bis zum Sonntag plagten sie jede Nacht Albträume und immer wieder stellte sie sich die Frage, warum der Fremde gerade sie für das seltsame Experiment ausgesucht hatte. Sie war doch schließlich eine gläubige Frau und hatte panische Angst, etwas Unrechtes oder gar Gottloses zu tun. Sie betete zur Heiligen Jungfrau Maria, sie möge ihr helfen, das Richtige zu tun.

Endlich war es dann so weit! Sofie Malek machte sich auf den Weg zur Kirche. Als sie, wie es der Fremde angeordnet hatte, in der letzten Kirchenbank Platz nahm, glaubte sie, die Augen aller Kirchenbesucher seien auf sie gerichtet. Sie kniete sich auf die harte Holzdiele und fing an, das *Vaterunser* zu beten. Als die Kirchenglocke die *Wandlung* mit ihrem Läuten eröffnete, geschah es: Plötzlich züngelten an den Hüften bis hin zum Rücken Schlangen an Sofie Malek hoch! Als der Pfarrer sich umdrehte und den Kelch hob, hörte sie deutlich den Schrei eines Kindes! Im selben Augenblick waren die Schlangen an ihrem Körper auch schon verschwunden. Starr vor Angst saß sie immer noch in der Kirchenbank, als längst schon die anderen Kirchenbesucher das Gotteshaus verlassen hatten. Erst als der Messner anfing, die Kerzen am Altar zu löschen, stand sie auf und ging. Schwindelig und benommen, wollte sie sofort nach Hause. Was war da in der Kirche geschehen? Alles, was der »Grüngekleidete« ihr prophezeit hatte, war eingetreten – nur den Kinderschrei hatte er nicht erwähnt.

Erst viel später erfuhr sie, dass es vor vielen Jahren in der Umgebung von Eisendorf einen Jäger gegeben habe, der vor Gericht einen Eid leistete, nicht der Vater eines Neugeborenen zu sein. Obwohl er mit der Mutter des Kindes über viele Jahre eine außereheliche Beziehung hatte. Dieser Jäger sollte sich kurz darauf im jetzigen Sägwald erhängt haben.

Bis ins hohe Alter holte Sofie Malek ihren *Rausch* für den Strohsack im Sägwald. Den »Grüngekleideten« aber hat sie nie wieder gesehen.

Die »Feurigen Männer«

Horawic (Name geändert), ein kleines böhmisches Dorf unweit der Kreisstadt Bischofteinitz (Hošovský Týn), war nicht auf jeder Landkarte zu finden. Doch im Jahre 1930 kam die kleine Ortschaft, wenn auch nur für kurze Zeit, in die Schlagzeilen der regionalen Presse.

Josef Bernauer (Name erfunden), Wagner und Schmiedemeister in Horawic, hatte Besuch aus Wien bekommen. Es war der Bruder seiner Frau, den er um alles in der Welt nicht ausstehen konnte. In seinen Augen war er ein Gernegroß und Wichtigtuer. Und diese Sorte Mensch war dem Josef Bernauer ein Gräuel. Heribert Piwonka (Name erfunden) hieß er. Dieser gab sich weltmännisch und betrachtete die Bürger von Horawic mehr oder weniger als Hinterwäldler. Bei jeder sich ihm bietenden Gelegenheit ließ er sie das deutlich spüren. Somit war er nicht nur bei seinem Schwager unbeliebt. Auch so mancher rechtschaffene »Horawicer« mochte ihn nicht leiden. Da war zum Beispiel der tschechische Staatsbürger František Jara (Name erfunden). Seine Mutter war Österreicherin, der Vater Tscheche und in Horawic geboren. Den František hatte der Piwonka bei einem seiner früheren Besuche bereits mehr als einmal beleidigt. Jara war Musiker und weit über Horawic hinaus bekannt. Er beherrschte mehrere Instrumente und verdiente seinen Lebensunterhalt als Musiklehrer. Auch aus den Nachbardörfern kamen Schüler zu ihm. Heute aber hatte er seinen freien Tag. An diesem ging er regelmäßig auf ein Bier ins Gasthaus »Zum Löwen«. Der Löwenwirt, wie der Eigentümer im Allgemeinen genannt wurde, war ein beliebter Gastwirt. Er spielte gerne Gitarre und war auch mit einer guten Stimme ausgestattet.

Im Gasthaus war heute Hochbetrieb. František setzte sich an den Stammtisch, der bereits gut belegt war. Natürlich führte dieser Piwonka – obwohl kein Stammgast – das große Wort. »Ihr lebt doch alle noch im tiefsten Mittelalter!«, sagte er und seine wegwerfende Handbewegung ließ keinen Zweifel daran, dass er die gesamte Tischrunde meinte. »In Wien – aber da kommt ihr in diesem Leben ja nicht mehr hin – da pulsiert das wahre Leben, ihr würdet staunen!« Er blickte in die Runde, um genüsslich festzustellen, dass alle Augen – ausgenommen die von František – auf ihn gerichtet waren.

»Ich war auch schon einige Male in Prag – zugegeben, eine schöne Stadt – nur an Wien kann sie nicht einmal riechen!« Dabei schaute er demonstrativ František Jara an, um die Wirkung seiner Worte in dessen Gesicht lesen zu können. Dieser ließ sich aber nicht aus der Reserve locken. Er tat so, als habe er gar nicht mitbekommen, was dieser Kerl da aus Wien sagte. Im Gegenteil, nun ging er selber in die Offensive: »Lassen Sie doch Ihre Prahlerei! Es gibt Wichtigeres zu bereden, als Ihre großspurigen Ansichten!« Und ohne auf eine Reaktion Piwonkas zu warten, fuhr er fort:

»Habe erfahren, dass es nicht ratsam sei, sich nachts im Peřina-Wald aufzuhalten!« Hellhörig geworden, wollten einige Stammtischbrüder wissen, wieso und warum. František, voller Freude, dass dem Piwonka keiner mehr zuhörte, antwortete: »Ein Förster, den ich gut kenne, hat mir glaubhaft berichtet, dort seltsame Gestalten gesehen zu haben.« Der Löwenwirt mischte sich ein und rief: »Gestalten? Was für Gestalten?« Jara ging auch auf diese Frage bereitwillig ein, zumal er sah, dass der Heribert Piwonka vor Rededrang fast platzte: »Es soll sich um *Feurige Männer* handeln, die sich nachts im Forst herumtreiben. So manch gestandenem Mannsbild haben sie schon das

Fürchten gelehrt. Piwonka sprang jetzt von seinem Stuhl auf. Er hatte es satt, sich von diesem windigen Bettelmusikanten, wie er Jara zu nennen pflegte, die Schau stehlen zu lassen: »Das sind doch Ammenmärchen, was Sie uns da auftischen!« Er hob seine Hand, deutete in Richtung František und sprach aufgebracht: »Dieser Hinterwäldler da will sich bloß wichtig machen, da ihn ja ansonsten niemand für voll nimmt!« Doch Jara blieb, ob solcher Anschuldigung, gelassen: »Ich weiß, wovon ich rede«, sagte er ruhig, »die *Feurigen Männer* gibt es sehr wohl, mein lieber Herr Piwonka, aber von solchen Dingen versteht ihr Stadtleute ja nichts!« Aufgeregt fuchtelte Piwonka nun mit den Armen umher und versuchte, die Aufmerksamkeit der Stammtischrunde wieder auf sich zu lenken. Zum wiederholten Male beteuerte er, dass solcherlei Dinge ins Land der Märchen und Fabeln gehörten. Er, der Heribert Piwonka, glaube nicht an Gespenster oder ähnliche Dinge. Er habe auch keine Angst vor derlei Mummenschanz! Dies, so seine feste Überzeugung, sei nur etwas für Leute mit wenig oder gar keiner Bildung. Von diesem Menschenschlag gäbe es hier in Horawic offensichtlich mehr Beispiele als genug.

Mittlerweile hatte sich der Dorfschullehrer in die Runde eingebracht und widersprach dem Herrn aus Wien vehement. Nicht jeder, so meinte er, sei intelligent, bloß weil er aus der Großstadt komme. Das gebe er gerne zu, versicherte Piwonka, nur in Horawic suche man vergeblich nach einer Person, die schon eine Großstadt gesehen habe. Aufgebracht erwiderte der Herr Lehrer, er selber habe in Prag studiert und ob Prag vielleicht keine Großstadt sei? Der Löwenwirt ergriff nun das Wort: »Aber meine Herren! Warum so viel streiten? Wir können doch Herrn Piwonka selber feststellen lassen, ob es diese *Feurigen Männer* gibt oder nicht!« František Jara fand den Vorschlag des Löwenwirts gut. Er erklärte sich auch sofort bereit, Piwonka zum Peřina-Wald zu begleiten. Zugleich aber betonte er, er selber würde keinesfalls diesen Wald zu nächtlicher Stunde betreten.

Alle Augen waren nun auf den Gast aus Wien gerichtet! Wie würde sich der Sprücheklopfer jetzt verhalten? Dieser war sichtlich überrascht über den Vorschlag der Stammtischrunde. Konnte er sich eine Ablehnung überhaupt leisten?

Nein!

Er musste diesen Horawicer Schwachköpfen endgültig beweisen, dass er ein Mann von Welt war und nicht so kleinkariert wie sie.

»Keine Frage, meine Herren! Ich werde zu jeder Zeit - wenn Sie es wünschen auch nachts – durch diesen Wald gehen!« Schon war er wieder ganz der Alte, als er die Zusage machte.

Der Dorfschullehrer meldete jedoch vorsorglich seine Bedenken an: Es sei wirklich nicht ungefährlich, durch den Peřina-Wald zu gehen, insbesondere nachts, selbst wenn es diese *Feurigen Männer* gar nicht gebe.

František, obwohl er den Piwonka nicht ausstehen konnte, pflichtete dem Lehrer bei. Dort treibe sich auch ansonsten ein durchaus lichtscheues Gesindel herum.

»Haben Sie schon die Hose voll?«, fragte Piwonka in überlegener Manier und schaute dabei verächtlich auf Jara.

»Nein, mein Herr. Ich mag Sie zwar nicht, doch sind Sie immerhin ein Mensch. Und meine Lebensauffassung gebietet mir, Mitmenschen nicht in Lebensgefahr zu bringen.« - »Ich weiß genau, dass es solchen Humbug nicht gibt und somit brauchen Sie nicht um mein Leben besorgt zu sein!«, antwortete Heribert Piwonka. Dann forderte er die Runde auf, ihm zu sagen, wo er diese *Feurigen Männer* denn zu Gesicht bekommen könne.

War es noch vor kurzem recht laut am Stammtisch zugegangen, wurde es jetzt schlagartig still! Nur der Löwenwirt hantierte geräuschvoll hinter der Theke und kam prompt mit einem Tablett hervor, das vollgestellt mit Schnapsgläsern war. Er zog sich einen Stuhl an den Stammtisch und verteilte unter allerlei Scherzen eine Runde Becherovka. Dann hob er sein Glas, prostete seinen Gästen zu und rief: »Schluss mit dieser Diskussion!« Mit einem kurzen Ruck leerte er das Glas und stellte es energisch auf den Tisch zurück: »Jetzt reicht es!«, wiederholte er. »Seid brav und trinkt euch einen rechtschaffenen Rausch an!« Dann stand er auf und begab sich wieder hinter den Tresen. Im selben Moment betrat Josef Bernauer die Wirtsstube. Er nahm auf dem Stuhl Platz, wo noch vor wenigen Augenblicken der Löwenwirt gesessen hatte.

»Du kommst zu spät, Schwager, sonst hättest du auch einen Schnaps bekommen!«, lachte Piwonka. Doch Bernauer überhörte, wie fast immer, derlei Anspielungen seines Schwagers. »Josef«, spottete František lachend, »dein Besuch aus Wien«, dabei deutete er mit seiner Pfeife, die er sich gerade angesteckt hatte, in Richtung Piwonka, »will unbedingt die *Feurigen Männer* kennen lernen!« - »Ist mir doch egal«, antwortete dieser, »einmal wird ihm wohl sein großes Mundwerk zum Verhängnis werden.« – »Mach dir nicht ins Hemd, Schwager. Wenn es diese Burschen wirklich gibt, dann wird sich auch herausstellen, wer sie sind. Nur eines sind sie ganz bestimmt nicht: Geister. Denn Geister gibt es nicht.« Er wischte mit einer seiner abfälligen Gesten alle Bedenken beiseite und kam wieder auf sein Lieblingsthema: Die provinzielle Verstocktheit und Einfalt der Horawicer Bürger, über die er sich nun wieder ausgiebig lustig machte. Josef Bernauer würdigte seinen Schwager mit keinem Blick. Er fragte František Jara, ob er wohl morgen mit nach Osvračin fahren würde, er könnte seine Hilfe gut gebrauchen. Ohne lange zu überlegen sagte dieser zu.

***

Bernauer hatte sein Pferd bereits eingespannt. Der »Einspänner«, auf den er übrigens sehr stolz war, stand abfahrbereit vor seiner Schmiede. Frantiček Jara nahm in dem Zweisitzer Platz. Er freute sich auf die Fahrt, konnte er doch in Osvračin einen Freund besuchen, mit dem er lange Zeit musiziert hatte. Als sie losfahren wollten, kam gerade Heribert Piwonka aus dem Haus. Ohne einen guten Morgen zu wünschen, erklärte er den beiden auf der Kutsche, dass er mit dem Autobus nach Horšovský Týn (Bischofteinitz) fahre. Er würde sich aber am Abend mit ihnen in Osvračin treffen. Er forderte František noch einmal auf, sein Versprechen einzulösen und ihn in den Peřina-Wald zu begleiten. Er werde den Horawicern beweisen, dass es dort keine *Feurigen Männer* gebe. - »Wir werden wie immer, wenn wir in Osvračin sind, beim *Anton* (Name geändert) im Gasthaus sein!«, antwortete ihm sein Schwager mürrisch. Dann fuhr er los.

»Glaubst du wirklich, der kommt?«, fragte Jara.

»Ist mir zwar egal, aber der ist so verrückt, weil er sich unbedingt als furchtloser Held aufspielen möchte.«

»Der wird doch nicht alleine nachts durch diesen Wald gehen?«, meinte František nochmals und schüttelte den Kopf. »Der ist doch gar nicht so mutig, wie er sich gibt.«

»Du hast Recht! Vergiss aber nicht, wie eingebildet der Bursche ist. Der glaubt nämlich wirklich, dass er ein Wunder von einem Kerl ist. Und die Eitelkeit hat große Gewalt über die Herzen der Menschen! Erst neulich hat das der Herr Pfarrer gesagt in der Predigt. - Nun, wir werden ja sehen, ob Piwonka sein Wort hält.«

Josef Bernauers Pferd war gut im Futter und zeigte überhaupt keine Ermüdungserscheinungen. Es hatte die gut zwanzig Kilometer bis Osvračin in einer relativ kurzen Zeit zurückgelegt. Bernauer hatte einige Geschäfte zu erledigen und František ging ihm zur Hand. Als viel herumkommender Musiker hatte er den ganzen Landkreis bestens kennen gelernt. Er wusste genau, welche Kontakte man brauchte und wen man wo am besten finden konnte. Er sparte dem Josef Bernauer also viele unnötige Wege und verließ ihn dann kurzfristig, um seinen Freund aufzusuchen. Später trafen sie wieder im *Anton* zusammen. Die beiden hatten nämlich beschlossen, heute nicht mehr nach Horawic zurückzufahren. Sie wollten lieber beim *Anton* übernachten. Natürlich nahmen sie sich kein kostspieliges Fremdenzimmer. Wie schon öfter, waren sie in der Scheune einquartiert. Dort durfte Josef auch sein Pferd einstellen. Bis zum Schlafengehen blieben sie in der Gaststube, um ein gutes »Pilsener« zu trinken. Natürlich waren sie auch gespannt, ob Heribert Piwonka tatsächlich kommen würde. Und ob der kam! Noch vor Einbruch der Dunkelheit war er zur Stelle. Er schien gut gelaunt zu sein, denn er fragte noch, bevor er am Tisch Platz nahm, was er für die beiden bestellen könne. Offensichtlich hatte er die Spendierhosen an. Josef und František begnügten sich mit einem weiteren Pilsner.

»Ich habe mir besagte Waldung angeschaut, ein ziemlich großer Forst«, berichtete Piwonka eifrig.

»Ich kenne dieses Waldstück sehr gut!«, sagte Jara. »Nicht gerade eine einladende Gegend!«

»Konnte nichts Besonderes entdecken«, entgegnete Heribert, griff nach seinem Glas und trank es in einem Zug leer.

»Musst dir wohl Mut antrinken!«, meinte der Schwager spöttisch.

Doch Piwonka verzichtete darauf, sich zu rechtfertigen. Er machte sich erneut über die Menschen in dieser Gegend des Böhmerwalds lustig. Weltfremd und unkultiviert seien sie, dies sagte er so laut, dass es auch die Gäste am Nebentisch hören konnten. Doch Piwonka sah sich getäuscht, wenn er glaubte, dass die sich ärgern würden. Die hatten nämlich durch die laute Unterhaltung längst mitbekommen, was dieser Fremde vorhatte. Einer stand auf und setzte sich zu den dreien mit an den Tisch. »Ich möchte Ihnen einen guten Rat geben und der ist ehrlich gemeint – gehen Sie heute Nacht nicht in den Peřina-Wald!« Dabei klopfte er Piwonka freundschaftlich auf die Schulter. Dieser lachte und versicherte dem Mann, dass er sich um ihn keine Sorgen zu machen brauche. »Ich habe in Wien tagtäglich mehr an Gefahren zu fürchten, als hier in dieser gottverlassenen Gegend, das können Sie mir glauben.«

»Mag sein, mein Herr, ich habe es gut gemeint!«, sagte bedauernd der Mann aus Osvračin. »Wann gedenken die *Feurigen Männer* zu erscheinen?«, fragte Heribert spöttisch in die Tischrunde. Doch der Mann aus Osvračin antwortete ihm nicht. Und die beiden anderen folgten dessen Beispiel. Etwas nachdenklich geworden, bestellte Piwonka noch eine Runde. »Es wäre gut, wenn Sie jetzt nichts mehr trinken«, meinte František und schob sein Glas zur Seite. Er ermahnte den Mann aus Wien, dass man in Kürze wohl aufbrechen müsse. Obwohl erst 22 Uhr, waren kaum noch Gäste anwesend.

Heribert Piwonka und František Jara machten sich auf den Weg. Letzterer hatte ja versprochen, ihn zu begleiten. Er wollte mit bis zum Wald gehen, um dann in nördlicher Richtung immer am Saum des Waldes entlang alleine weiterzumarschieren. Piwonka aber war entschlossen, mitten durch den Wald zu gehen. Wenn er ihn durchquert hatte, sollte er wieder auf Jara treffen. Das war auch zugleich der

Beweis, dass er den Gang tatsächlich gewagt hatte. Nach einem halbstündigen Fußmarsch näherten sie sich dem Waldrand. Heribert war gegen seine sonstige Gewohnheit merkwürdig ruhig geworden. František hätte immer noch gerne die Sache rückgängig gemacht. Es ärgerte ihn, dass er sich auf diese Geschichte eingelassen hatte. Nun gab es für beide kein Zurück mehr.

»Also Herr Piwonka, ich erwarte Sie an besagter Stelle! Wie abgesprochen!« Mit diesen Worten ging Jara weiter. Als er sich nach wenigen Metern noch mal umschaute, war Heribert Piwonka nicht mehr zu sehen.

Der hatte sich zügig auf den Weg gemacht, um die Sache so schnell wie möglich hinter sich zu bringen. Zum Glück schob sich jetzt der Mond durch die Wolken und erhellte den schmalen Waldweg. Für den Fall, dass die Sicht schlechter würde, hatte er eine Taschenlampe bei sich. Er mochte etwa zwanzig Minuten unterwegs sein, in denen er mehrmals sein vorlautes Mundwerk verfluchte. Er hatte ohne Zweifel das traurige Talent, sich überall Feinde zu machen. Hier war es zwar so schaurig, dass man wirklich auch Geister hätte fürchten können. – Aber wer weiß, vielleicht lag ja ein Einheimischer auf der Lauer, der ihm schon längst Eines auswischen wollte. Warum musste er nur überall so offenherzig seinen Plan bekannt machen? Jetzt wurde ihm erst so richtig bewusst, was er da riskierte. Doch bevor er sich noch weitere Vorwürfe machen konnte, drangen plötzlich merkwürdige Geräusche an sein Ohr. Das Herz rutschte ihm in die Hose. Es war ein wunderliches Rauschen und Pfeifen zugleich, das laut anschwoll, um dann wieder leiser zu werden. Nur war es ihm nicht möglich, genau festzustellen, aus welcher Richtung das kam. Piwonka kam ins Schwitzen! Er blieb stehen und starrte entsetzt umher: Die Geräusche waren jetzt zu einem Höllenlärm angewachsen.

Doch urplötzlich war es still. Piwonka glaubte, einer Sinnestäuschung erlegen zu sein. Vorsichtig wagte er, weiter zu gehen. Er fröstelte und spürte kalten Schweiß, der ihm von der Stirn ins Gesicht lief. Er hatte nur wenige Schritte gemacht, als ihm unerwartet jemand den Weg versperrte. Eine grauenvolle Gestalt stand nur wenige Schritte von ihm entfernt auf dem schmalen Waldweg. Das war kein Mensch! Piwonka konnte genau sehen, dass die Erscheinung durch und durch glühte! Das Gebilde schien aus glühenden Kohlen zu bestehen! Nicht fähig, sich zu bewegen, starrte er auf dieses Flammen werfende Monster. Jetzt wurde es dem Piwonka siedend heiß: Er glaubte, sein Blut würde wie Lava durch seine Adern fließen. In seinem Kopf aber gab es nur einen Gedanken – das ist einer dieser *Feurigen Männer!* Wie im Zeitraffer zogen die großspurigen Reden, die er bei jeder Gelegenheit gehalten hatte, vor seinem inneren Auge vorüber. - Sollte er von diesem *Feurigen*, der da unzweifelhaft vor ihm stand, für seine Großmannssucht bestraft werden? Musste er sein abstoßendes Verhalten gegenüber seinen Mitmenschen nun mit seinem Leben bezahlen? Warum nur hatte er den Ratschlag von František Jara nicht angenommen, ja nicht in diesen gottverdammten Wald zu gehen? Durch das jetzt wieder lauter werdende Geheul wurde er jäh aus seinen Gedanken in die Gegenwart zurückgeholt. Rechts von ihm näherte sich zu seinem Entsetzten ein zweiter *Feuriger*, das war endgültig zu viel! Die Gestalt vor ihm und die neben ihm loderten mit wild züngelnden Flammen. Das war das Letzte, was er wahrnahm. Dann verlor er das Bewusstsein.

* * *

Als er wieder zu sich kam, sah er in das Gesicht von František Jara! Dieser stand über ihn gebeugt und versuchte, ihn ins Leben zurückzuholen. »Wo bin ich?«, fragte Piwonka. »Im Peřina-Wald!«, antwortete Jara. Nur mühsam konnte er sich mit Hilfe von František auf den Beinen halten.

Was ist denn passiert?«, fragte Jara, denn vor ihm stand ein Mann, der um Jahre gealtert schien. »Ja haben Sie denn diese *feurigen* Monster nicht gesehen?«, meinte Heribert verstört. »Die wollten mich umbringen!« - »Ich habe Sie seit einer geschlagenen Stunde gesucht, da Sie nicht zur verabredeten Zeit bei mir waren.« Dann erzählte Piwonka von seiner Begegnung mit den *Feurigen Männern*. Ungläubig, aber aufmerksam hörte ihm Jara zu. »Ich habe die doppelte Zeit, die Sie eigentlich brauchen durften, auf Sie gewartet; aber Sie kamen nicht. Also ging ich Sie suchen.« Piwonka hatte gar nicht zugehört. Er war noch zu verwirrt, um alles zu begreifen. Er wollte so schnell wie möglich nach Osvračin zurück. Nur raus aus diesem Wald und weg von diesem verfluchten Ort.

Als die drei etwas später in Osvračin in der Gasthausscheune zusammensaßen, musste Jara das Erlebnis ausführlich schildern. Der Mann aus Wien hatte seit einer Stunde kein Wort mehr gesprochen, was besonders dessen Schwager zutiefst verwunderte. Mit eingefallenen Wangen und tiefliegenden Augen starrte er teilnahmslos vor sich hin. Josef Bernauer fuhr Piwonka mit seinem Einspänner noch in derselben Nacht nach Horawic zurück. František nahm am frühen Morgen den ersten Autobus. Auch Piwonkas Schwester sah sich nicht in der Lage, ihren Bruder zum Sprechen zu bewegen. Er blieb völlig stumm! So erfuhr keiner, was sich wirklich im Wald abgespielt hatte. Auch als man Piwonka nach Horšovský Týn (Bischofteinitz) ins Spital brachte, besserte sich sein

Zustand nicht. Der behandelnde Arzt wollte von Jara unbedingt wissen, ob er denn wirklich nichts gesehen habe, als er seinen Patienten bewusstlos im Wald fand. »Nein, Herr Doktor! Und wenn sie mich noch hundertmal danach fragen, ich habe nichts Auffälliges gesehen.« Einige Tage später wurde Heribert Piwonka in ein Krankenhaus nach Pilsen verlegt. Immer wieder musste Josef Bernauer den Ärzten die Geschichte schildern und von diesen *Feurigen Männern* erzählen, die ihr Patient im Peřina-Wald gesucht hatte. Auch in Pilsen konnte dem Mann aus Wien nicht geholfen werden. Die Ärzte schlugen vor, ihn nach Prag zu überweisen, was dann auch geschah.

Doch auch die besten Psychiater des Landes konnten Piwonka nicht zum Sprechen bringen. Sein Gesundheitszustand verschlechterte sich zusehends. Er sprach einfach nicht und wollte nun auch nichts mehr essen. Nur manchmal bäumte er sich im Bett auf, den Mund und die Augen weit geöffnet, schnitt eine fürchterliche Grimasse und fiel anschließend erschöpft in das Kissen zurück. Als sich trotz größter Mühe der Ärzte keine Besserung einstellen wollte, kam er in eine geschlossene Anstalt, wo er nach einem Jahr Aufenthalt verstarb. Wie eingangs gesagt: Auch die regionalen Zeitungen berichteten über den seltsamen Fall. Noch lange danach wurde in Horawic über den Mann aus Wien gesprochen. Seine Begegnung mit den *Feurigen Männern* wird bis zum heutigen Tag noch nacherzählt.

Die Totenanlegerin

Die Ortschaft Ruhdolfstein (Name erfunden) liegt zwischen Vohenstrauß und Weiden. Eines jener Dörfer, wie es sie im Oberpfälzer Wald zuhauf gibt. Eigentlich gäbe es auch nichts Sensationelles zu berichten, – hätte sich da nicht folgende Geschichte zugetragen.

Seit einigen Wochen erzählte man sich in der Gemeinde sehr wundersame Dinge. Viele Jahre schon war Anna Heckler (Name erfunden) in Ruhdolfstein als Totenanlegerin tätig. Die Fünfzigjährige war verständlicherweise kein gern gesehener Gast. Denn wenn man sie rief, dann gab es zuverlässig einen Toten.

Frau Heckler war trotz ihres traurigen Geschäfts eine resolute Frau und wusste die Abneigung gegen ihre Person richtig einzuschätzen. Wer wird schon gern an sein letztes Stündlein erinnert? Ihre Arbeit, das wurde von allen bestätigt, machte sie gut. Sie wusch und bekleidete die Verstorbenen mit größter Sorgfalt und war vom Sterbebett bis zur letzten Ruhe stets zur Stelle. Ihr Bruder Josef Heckler (Name erfunden), seines Zeichens Totengräber in Ruhdolfstein, sorgte dagegen für ihre letzte Ruhestätte. War seine Schwester unterwegs, um ihre Arbeit zu verrichten, schuftete Josef auf dem Friedhof, um das Grab auszuheben. Da beide nicht verheiratet waren, lebten sie zusammen in einem kleinen Häuschen unmittelbar neben dem Gräberfeld. Anna war sehr streng mit ihrem Bruder. Dieser neigte nämlich dazu, hin und wieder ein Seidl Bier oder einen Schnaps zu viel zu trinken. Eine Untugend, die Anna überhaupt nicht leiden mochte. So kam es schon mal vor, dass sie sich in die Haare gerieten.

An einem grauen Herbsttag wurde Frau Heckler ins Haus des Gemeindevorstehers Alois Schwarz (Name geändert) gerufen. Dessen Vater war 91-jährig gestorben. Noch bevor sie das Trauerhaus erreichte, begegnete sie dem Pfarrer. »Gelobt sei Jesus Christus!«, grüßte sie ihn. »In Ewigkeit, amen!«, antwortete Hochwürden. Anna war zwar nicht sonderlich gut auf den Geistlichen zu sprechen, zu einem Gruß reichte es aber dennoch. Seit man sich im Ort erzählte, dass sie öfter Vorahnungen habe, war das sonst so gute Verhältnis gestört. Der Herr Pfarrer war verärgert. Er konnte so ein abergläubisches Geschwätz, wie er es nannte, nicht dulden. Doch Annas Bruder erzählte im Gasthaus jedem, der es hören wollte, dass seine Schwester das so genannte zweite Gesicht habe. Er, Josef Heckler, habe dies schon selbst erlebt.

Anna wurde nun vom Gemeindevorsteher ins Sterbezimmer gebracht. Der Tote lag mit erstarrtem Blick im Bett, als stiere er die Zimmerdecke an. Die Totenanlegerin drückte ihm die Augen zu. Dann zog sie ihm die Kleider aus, um den Leichnam zu waschen. Jeder Handgriff saß. Die Verwandten hielten respektvoll Abstand und beobachteten Anna Heckler bei ihrer Arbeit. Die Bürgermeisterin hatte schon ein weißes Hemd und den schwarzen Anzug zurechtgelegt. Nach etwa einer Stunde war alles erledigt. Der Verstorbene lag, den Rosenkranz in den gefalteten Händen, perfekt angezogen im Bett. Die wenigen weißen Haare hatte die Totenanlegerin ordentlich nach hinten gekämmt. Gleich darauf wurde der Totenschrein gebracht und Anna schritt zu ihrer letzten Amtshandlung: dem Einsargen. Wie im Ort üblich, wurde der Leichnam in die Leichenkammer gebracht. Diese befand sich in der kleinen Kapelle im Friedhof. Auch Josef Heckler hatte mittlerweile schon ganze Arbeit geleistet. Das Grab war ausgehoben. Pickel und Schaufel lehnten noch am frischen Erdreich neben der Grube. Josef hatte durch die schwere Arbeit natürlich Durst bekommen und den wollte er nun im Wirtshaus löschen.

Als Anna Heckler nach Hause kam und ihr Bruder nicht da war, wusste sie sofort, dass der Kerl wieder den halben Lohn vertrinken würde. Deshalb beschloss sie, nach ihm zu sehen. Als sie wenig später das Gasthaus betrat, sah sie ihn inmitten einiger Zechkumpane sitzen. Er schien schon einiges über den Durst getrunken zu haben.

»Anna, komm setz dich zu uns!«, rief er der Schwester zu. »Einen Teufel werde ich tun, du kommst sofort nach Hause!«, antwortete sie.

»Gemach«, meinte einer aus der Runde, »er wird doch noch seinen Krug austrinken dürfen!« Wobei er selber zum Bierseidl griff und es auf einen Zug leerte.

»Noch ne Runde, Wirt!«, rief er und forderte die Totenanlegerin auf, Platz zu nehmen. Diese erfasste die Situation sehr schnell: Mit Schimpfen würde sie im Moment nichts erreichen. Daher setzte sie sich, wenn auch widerwillig, zu den lustigen Zechern. Gönnerhaft bestellte ihr der Bruder einen Becher Wein.

Wenig später betrat ein Fremder den Schankraum. Er setzte sich an den Nebentisch und murmelte so etwas wie einen Gruß zu der Runde hinüber.

»So spät noch unterwegs, mein Herr? – Was wollen Sie trinken?«, fragte der Wirt. »Ein Seidl Bier. Und wenn es geht, hätte ich auch gern etwas zu essen!«, antwortete dieser. »Geht in Ordnung, mein Herr!«, sagte der Wirt, konnte aber seine Neugier doch nicht bezwingen und knüpfte ein Gespräch an: »Ich habe Sie hier bei uns noch nie gesehen.«

»Ich komme aus Rohrstadt, muss aber heute noch nach Steinrieth.« (Ortsnamen erfunden.) - »Da haben Sie aber noch ein gutes Stück Weg vor sich!«, meinte der Wirt. Dann eilte er zur Theke, um das Bier zu holen. Seiner Frau gab er Bescheid, doch etwas Essbares für den Fremden zuzubereiten.

Am Tisch von Josef Heckler war inzwischen eine wortkarge Bierruhe eingekehrt. Seine Schwester nutzte die Gelegenheit und drängte zum Aufbruch. Doch heute schien der Totengräber besonders hartnäckig zu sein. Er versprach seiner Schwester mit Engelszungen, dass dies nun ganz bestimmt das letzte Seidl sei, das er bestelle. Um die Unterhaltung wieder in Gang zu bringen, fing er, sehr zum Verdruss seiner Schwester, mit seinem Lieblingsthema an: »Ich sage euch, so wahr ich hier an diesem Tisch sitze, wenn meine Schwester will, kann die euch sagen, wer von uns der Nächste ist!« - »Was soll das heißen - der Nächste?«, fragte einer aus dem Kreis dazwischen. »Ganz einfach: Sie weiß oft schon Tage vorher, wenn einer in Rudolfstein stirbt. - Und wer!«

Einige am Tisch ließen den Totengräber wissen, dass sie an seinem gesunden Menschenverstand Zweifel hätten. Andere dagegen meinten, er habe einfach zu viel getrunken. Er sei ein Opfer seines Berufs, so etwas schlage aufs Gemüt. Doch Heckler blieb bei seiner Behauptung. Als alle erwartungsvoll auf die Totenanlegerin schauten, mussten sie jedoch feststellen, dass Anna gar nicht zugehört hatte.

Sie saß geistesabwesend auf ihrem Stuhl und schaute unentwegt auf den Fremden am Nebentisch. Erst als ihr Bruder mit der Hand an ihre Schulter fasste und sie heftig rüttelte, erwachte sie wie aus einem abgrundtiefen Schlaf. Sie sah verwirrt in die Runde. Drauf erhob sie sich, um die Gaststätte grußlos zu verlassen. Als sie am Tisch des Fremden vorbeikam, hielt sie kurz inne, sah ihm ins Gesicht und ging weiter. Noch bevor der verblüffte Bruder sie zurückhalten konnte, hatte sie das Lokal verlassen. Der Totengräber verstand die Welt nicht mehr: Erst wollte sie, dass er unbedingt mit nach Hause gehen sollte. Nun ging sie weg. Kampflos. Einfach so.

»Die hat doch kaum etwas getrunken! Warum ist sie so plötzlich gegangen?«, fragte jemand den Josef. Doch der konnte sich selber keinen Reim darauf machen. Mehr zu sich selber als zu den anderen sagte er leise: »Sie hat wohl wieder das zweite Gesicht bekommen.« – »Ach geh! Sei lustig!«, sagte ein Trinkgenosse und lachte: »Wenn ich nach dem zehnten Seidel heimgehe, seh' ich bei meiner Alten auch immer zwei Gesichter, die sie mir keifend entgegenstreckt!« Die Runde brach in schallendes Gelächter aus. Doch Josef verzog keine Miene. Auch er schien es plötzlich eilig zu haben. Nachdem er seine Zeche bezahlt hatte, verließ er die Bierwirtschaft. Als er zu Hause ankam, war seine Schwester schon zu Bett gegangen. Müde von der schweren Arbeit am Nachmittag und bleischwer vom Alkohol, legte er sich schlafen.

Am nächsten Morgen war Anna Heckler schon früh zur Gastwirtschaft unterwegs. Sie war unruhig und nervös, als sie eintrat. Verwundert fragte der Wirt, was sie denn schon so früh am Morgen von ihm wolle. «Wann ist der Fremde gestern Abend gegangen?«, fragte sie. »So gegen 23 Uhr, er wollte noch nach Steinrieth!«, antwortete der Wirt. Dann erzählte er, dass der Fremde seinen Hut vergessen habe.

»Wo ist dieser Hut?«, wollte die Totenanlegerin wissen.

»Er liegt noch auf der Ablage im Gastzimmer – warum fragst du?«

Statt zu antworten sagte sie hastig: »Kann ich den mal sehen?« – Dann gingen beide in den Schankraum.

Die Totenanlegerin sah sich den Hut sehr genau an. Sie schaute sogar hinter dem Schweißband nach und fand schließlich, was sie suchte. Auf einem weißen Textilstreifen stand in Großbuchstaben geschrieben: *FRANZ BUCHMÜLLER ROHRSTADT.*

»Darf ich den Hut mitnehmen?«, fragte aufgeregt die Totenanlegerin.

Als der Wirt nach dem Grund fragte, antwortete sie ihm,
dass sie demnächst nach Rohrstadt käme, somit könnte sie
den Besitzer ausfindig machen. Obwohl der Wirt keineswegs verstehen konnte, weshalb man »wegen einem alten Hut« Nachforschungen anstellen wolle, war er einverstanden. Eilig verlies daraufhin Anna Heckler das
Gasthaus. Schon zwei Tage später fuhr sie mit dem Post-
autobus nach Rohrstadt.

Auf direktem Weg besuchte sie den dortigen Leichenwärter. Sie wollte ein vertrauliches Gespräch »unter Kollegen« führen, um sich nach diesem Franz Buchmüller
zu erkundigen. Ein älterer Herr empfing sie freundlich.
Nachdem sie sich vorgestellt hatte, kam sie sofort zur Sache: »Ich suche einen Herrn namens Franz Buchmüller!«
- »Nun, Rohrstadt ist zwar nicht gerade eine große Stadt,
aber alle Bewohner kenne ich dennoch nicht!«, antwortete der Mann. Lächelnd fügte er hinzu: »Mit Namen von
Verstorbenen kann ich Ihnen da schon besser dienen.«
- »Und, gibt es einen unter ihnen mit diesem Namen?«,
fragte sie ungeduldig. Nach längerem Überlegen antwortete er mit »Nein«. Enttäuscht verließ Anna Heckler das
Haus. Sie hatte sich etwas ganz anderes erhofft. Sie hatte wieder einmal eine dieser Visionen gehabt. Sie sprach
nicht gerne darüber, nur ihrem Bruder hatte sie einmal
davon erzählt. Seit dieser Zeit, vor allem aber, wenn er getrunken hatte, plauderte Josef im Wirtshaus ihr Geheimnis aus. Die ganze Sache war ihr peinlich. Sie wollte von
nun an niemandem mehr – auch ihrem Bruder nicht –
ihre Erlebnisse mitteilen. Der vergessene Hut war nur ein
Vorwand gewesen, nach Rohrstadt zu fahren. Sie glaubte
nämlich, dass mit diesem Franz Buchmüller etwas nicht
stimmte. Schon bei der ersten Begegnung in der Gaststät-

te in Ruhdolfstein hatte sie eine dunkle Vorahnung. In der Nähe der Bushaltestelle in Rohrstadt befand sich ein Gasthaus. Da sie noch nichts gegessen und getrunken hatte, wollte sie jetzt einkehren. Es waren nur wenige Gäste in der Wirtsstube. Sie bestellte sich eine Tellersulz und ein kleines Bier. Der Wirt, schon ein älterer Herr, brachte ihr das Gewünschte. »Sie sind aber nicht von hier«, sprach dieser sie an. »Nein – sind Sie denn ein gebürtiger Rohrstädter?«, fragte sie zurück. »Ja, ich bin ein echter Rohrstädter!« - »Ich suche nämlich jemanden«, setzte sie die Unterhaltung fort. »Kennen Sie einen Mann namens Franz Buchmüller?«, fragte die Totenanlegerin. Der Wirt überlegte nicht lange, dann nickte er mit dem Kopf: »Ja, den kenne ich!« - »Können Sie mir sagen, wo er wohnt?« Erstaunt bemerkte der alte Wirt, wie aufgeregt die Frau war. Dann erzählte er ihr, dass dieser Buchmüller viele Jahre Gast bei ihm gewesen war. Seine Eltern stammten übrigens aus Steinrieth und als sie noch lebten, hatte sie Buchmüller dort regelmäßig besucht.

Anna Heckler hatte aufmerksam zugehört. Doch nun wollte sie endlich die Adresse von jenem Herrn Buchmüller. - »Nichts leichter als das«, bemerkte der Wirt, »er liegt in Steinrieth auf dem Friedhof. Dort ist er vor einigen Jahren beerdigt worden.«

Die Totenanlegerin war keineswegs überrascht. Wie hatte doch der Fremde in der Gasstätte in Ruhdolfstein gesagt? »Ich muss heute noch nach Steinrieth!«

»Ist Ihnen nicht gut?«, fragte der Wirt besorgt, als er sah, wie bleich die Frau plötzlich wurde.

»Nein, es geht schon wieder«, antwortete Anna und hatte es plötzlich eilig. Sie beglich ihre Zeche und ging zur Autobushaltestelle.

Es war gegen 20 Uhr, als sie in Ruhdolfstein ankam. Im Gasthaus brannte noch Licht. Sie ging hinein, um zu sehen, ob ihr Bruder sich unter den Gästen befand. Doch der war nicht da. Der Gemeindevorsteher Alois Schwarz und der Pfarrer saßen am Stammtisch. Die beiden waren über Anna Hecklers Erscheinen etwas verwundert. Diese ging ansonsten nicht alleine in ein Wirtshaus. Es sei denn, sie suchte ihren Bruder. Im gleichen Moment kam der Wirt aus der Küche.

»Hättest dir den Weg nach Rohrstadt sparen können«, meinte er. »Der Herr war bis vor einer halben Stunde noch hier. Er wollte seinen Hut abholen!«

Die Totenanlegerin fragte mit tonloser Stimme: »Derselbe, der vor drei oder vier Tagen hier war?« - »Wer denn sonst?«, entgegnete der Wirt verdutzt. Erst jetzt bemerkte er, wie krank und blass Anna aussah.

Kraftlos setzte sie sich auf einen Stuhl an den Tisch, wo der Bürgermeister und Hochwürden saßen. Was ist bloß mit der Heckler los, sinnierte der Wirt, wusste er doch, dass sich der Pfarrer und Anna nicht grün waren. »Bist du ganz sicher«, wandte sie sich erneut an den Wirt, »dass es der Mann aus Rohrstadt war?«

»Natürlich bin ich mir da sicher, ich tröstete ihn noch wegen seinem Hut und er versprach, gelegentlich vorbeizukommen, um ihn abzuholen!«

Jetzt wurde es dem Gemeindevorsteher zu dumm. Er wollte wissen, was es mit diesem Mann, der seinen Hut suchte, eigentlich auf sich hatte. Der Wirt, der gerade einen Gast bediente, meinte: »Lasst es euch von der Anna erklären.«

Die aber hütete sich, etwas Bestimmtes zu sagen. Könnte doch der Herr Pfarrer wieder fuchsteufelswild werden und sie als eine gottlose Person bezeichnen. Sie hatte andere Sorgen. Ohne einen Gruß verließ sie das Wirtshaus. Wenn der Wirt Recht hatte, so würde dies bedeuten, dass Franz Buchmüller, der angeblich in Steinrieth begraben war, noch lebte.

Ihr Bruder schien wieder getrunken zu haben. Sie hörte ihn laut durch die Zimmertür schnarchen, als sie heimkam. Sie aber konnte nicht einschlafen in dieser Nacht. Immer und immer wieder musste sie an diesen Mann aus Rohrstadt denken. Dass er nicht mehr am Leben sein konnte, davon hatte sie sich selbst überzeugt. Warum fand Franz Buchmüller keine Ruhe? Erst gegen Morgen fielen ihr die Augen zu. Spät am Vormittag wurde sie wieder wach. Sie wollte sich gerade einen Kräutertee machen, als ihr Bruder in die Küche kam. »Wir bekommen bestimmt noch Arbeit heute! Wie ich soeben erfahren habe, fand man einen Toten direkt am Ortsausgang.« Ohne von ihrer Tätigkeit aufzuschauen fragte Anna: »Einer aus Ruhdolfstein?« - »Nein, es ist wohl ein Fremder!«, sagte Josef unwirsch und verließ die Küche. »Dann geht er uns nichts an!«, rief sie ihm hinterher. Trotzdem ließ ihr der Tote keine Ruhe und so ging sie zum Bürgermeister. Auf dem Weg dahin begegnete sie dem Sargschreiner, der den Fremden bereits auf seinem Wagen zur Leichenkammer in die Friedhofskapelle brachte.

»Sollst zum Bürgermeister kommen, Anna!«, rief er ihr zu. »Bin gerade auf dem Weg zu ihm!«, sagte sie und ging zum Wagen, auf dem der Tote lag. »Kennst du ihn?«, fragte sie den Schreiner, dabei hob sie etwas die Decke an – und erschrak. Da, unter dieser Decke, lag Franz Buchmüller! »Kennst du etwa den Toten?«, fragte der Sargschreiner. Die Totenanlegerin stand wie angewurzelt vor dem Wagen.

»Und ob – das ist der Mann aus Rohrstadt, der - und das weiß ich genau - in Steinrieth begraben ist!« Der Schreiner verstand kein Wort. Wenn der Mann auf seinem Wagen dieser Buchmüller war, konnte der doch nicht gleichzeitig in Steinrieth beerdigt sein. Sein erster Gedanke war, dass die alte Heckler jetzt wohl einen Schaden im Oberstübchen habe.

Die aber hatte es eilig, den Gemeindevorsteher zu sprechen. Der hörte sich in aller Ruhe die Geschichte an, die die Totenanlegerin ihm erzählte.

»Das ist der größte Quatsch, den ich je gehört habe!« Wütend stand er auf und rief: »So, dass erzählst du nun auch unserem Pfarrer, Anna, hast du mich verstanden?«

»Den Teufel werde ich tun!«, schrie nun ihrerseits die Heckler.

»Du kommst jetzt mit, wir gehen beide hinüber ins Pfarrhaus, kapiert?«

Wütend drängte der Bürgermeister die Totenanlegerin aus der Amtsstube. Er schubste sie förmlich zum Haus hinaus. Immer noch widerwillig, begab sich Anna in das Pfarrhaus. Hochwürden war zwar erstaunt über den plötzlichen Besuch, bat die beiden aber ins Amtszimmer. Er setzte sich an seinen Schreibtisch und legte das Brevier zur Seite, in dem er gerade gelesen hatte. Mürrisch grüßte Anna den Pfarrer mit einem »Gelobt sei Jesus Christus!« Dann forderte dieser sie auf, ihr Anliegen vorzubringen.

Anna Heckler erzählte alles, was sie wusste, vermied jedoch, dem Pfarrer von ihren Vorahnungen zu berichten. Das übernahm zum Leidwesen von Anna das Gemeindeoberhaupt. Ohne etwas zu beschönigen oder gar wegzulassen, erfuhr Hochwürden vom Bürgermeister die ganze Geschichte. Doch merkwürdigerweise folgte kein Donnerwetter vom Pfarrer. Nachdem er einige Male im Zimmer auf und ab gegangen war, sagte er nur: »Ich bin davon überzeugt, dass sich alles aufklären wird.« Und nach einer kurzen Pause fuhr er fort: »Kümmern Sie sich jetzt erst einmal um den Toten, Frau Heckler. Da er in unserer Gemeinde aufgefunden wurde, sind wir auch zuständig.« – »So ist es«, bestätigte der Gemeindevorsteher. »Es sei denn, der Tote hat Familie oder Verwandte. Dann können diese entscheiden, wo er beerdigt werden soll.«

Als die Totenanlegerin die Leichenkammer betrat, hatte der Sargschreiner den Leichnam schon aufgebahrt. Der Tote lag angekleidet, so wie er gefunden wurde, auf der Bahre. Während Anna ihre Arbeit aufnahm, sah sie sich ihn ganz genau an. Für sie bestand nicht der geringste Zweifel – es war der Mann, der vor einigen Tagen seinen Hut im Wirtshaus vergessen hatte. Die örtliche Polizei von Rohrstadt stellte anhand eines Fotos fest, dass es sich bei dem Toten zweifelsfrei um Franz Buchmüller handeln musste. Da er weder Familie noch Verwandte hatte, musste die Gemeinde Ruhdolfstein, in der er gefunden wurde, die Beerdigung und deren Kosten übernehmen.

Nur - wer war der Mann, der unter dem Namen »Franz Buchmüller« in Steinrieth auf dem Friedhof lag? Josef Heckler, der Totengräber, bekam vom Gemeindevorsteher den Auftrag, ein Grab auszuheben. Da ein Amtsarzt aus Rohrstadt den Totenschein auszustellen hatte, musste die Beerdigung um einen weiteren Tag verschoben werden. Der Arzt machte schließlich den amtlichen Vermerk: *Tod durch Herzstillstand!* Inzwischen war die Totenanlegerin dermaßen mit ihren Nerven herunter, dass man sich ernstlich um sie Sorgen machen musste. Sie ging zur Kirche, um zu beten. Nachts wachte sie ständig auf und bekam Schreikrämpfe. Ihr Bruder nahm immer mehr Alkohol zu sich, um diese unheimlichen Anfälle seiner Schwester zu überhören. Am Abend vor der Beerdigung ging Anna Heckler nochmals zur Friedhofskapelle. Am frisch aufgeworfenen Grab blieb sie kurz stehen. Hier, so schoss es ihr durch den Kopf, sollte der Franz Buchmüller also zum zweiten Mal beerdigt werden? Sie konnte einfach nicht glauben, dass er schon vor Jahren in Steinrieth beigesetzt wurde. Andächtig sprach sie am noch leeren Grab ein Gebet für diesen armen Franz Buchmüller, der nach ihrer Ansicht, aus welchen Gründen auch immer, nicht zur Ruhe kommen konnte. Inbrünstig bat sie den lieben Gott darum, die arme Seele möge ihren ewigen Frieden finden. Noch nie in ihrem Leben hatte sie so ernsthaft ein Gebet gesprochen.

Langsam ging sie anschließend den schmalen Weg zur Kapelle hinauf. Die Tür zur Leichenkammer war nur angelehnt. Bestimmt hatte ihr Bruder vergessen, sie zu schließen. In der Leichenkammer war kein Fenster. Die Petroleumlampe, die immer brannte, wenn ein Toter aufgebahrt war, spendete nur schummriges Licht. Doch so viel war zu erkennen – die Totenbahre war leer! Der Sarg samt Inhalt war verschwunden!

Anna Heckler war sonst alles andere als ängstlich. Sie starrte auf die leere Bahre. Ein furchtbarer Gedanke nahm von ihr Besitz: Der tote Franz Buchmüller ist verschwunden! Für einen kurzen Moment verlor sie völlig die Nerven. Sie schrie um Hilfe. Doch die Totenanlegerin hatte sich schnell wieder gefasst. Hatten ihr Bruder und der Sargschreiner den Toten womöglich in die Kapelle gebracht, nachdem sie ihn hergerichtet hatte? Sie betrat das kleine Kirchlein – von einem Sarg aber war nichts zu sehen. Schlimmes ahnend und völlig verstört, ging sie zum Gemeindevorsteher. Der benachrichtigte den Herrn Pfarrer und dann marschierten alle drei zum Friedhof. Obwohl sie eine sorgfältige Suche nach dem verschwundenen Leichnam durchführten, war dieser nicht auffindbar. Auch Josef Heckler, der Totengräber, beteiligte sich etwas später an der Suche; aber auch er fand den Sarg mit der Leiche nicht.

Der Bürgermeister schaltete die Dorfpolizei ein. Ganz Ruhdolfstein wurde abgesucht – ohne Erfolg! Der Vorfall wurde der Polizei in der Kreisstadt gemeldet, die der Sache ebenfalls nachging. Doch der Sarg samt Leiche blieb unauffindbar. Die Totenanlegerin erkrankte nach diesem

Vorfall schwer. Sie redete im Fieberwahn wirres Zeug und ihr Bruder Josef erzählte im Dorfwirtshaus, dass seine Schwester ständig den Namen Buchmüller erwähne. Doch die Heckler erholte sich nach einigen Tagen wider Erwarten schnell. Sie ging auch ohne zu zögern erneut ihrem Beruf nach. Allerdings fiel auf, dass sie sehr schweigsam geworden war. Sie redete nur das Allernotwendigste. In ganz Ruhdolfstein und Umgebung war das Verschwinden des verstorbenen Franz Buchmüller Tagesgespräch. Nur allmählich beruhigten sich die Leute wieder ein wenig.

An einem Novembertag des gleichen Jahres, in dem diese mysteriöse Geschichte passiert war, machte sich Anna Heckler auf den Weg nach Steinrieth. Sie fühlte sich wie eine Umhergetriebene und wollte der Sache auf den Grund gehen. Nach einem langen Fußmarsch erreichte sie gegen Mittag die Ortschaft. Sie sprach im dortigen Pfarrhaus vor. Der Geistliche wusste natürlich von dem spurlosen Verschwinden einer Leiche mitsamt Sarg in Ruhdolfstein. Wie sein dortiger Amtsbruder war aber auch er ein standhafter Gegner abergläubischer Geschichten. Nur gab es in diesem Fall einfach eine unangenehme Tatsache: Viele Menschen hatten den Herrn Buchmüller in Ruhdolfstein gesehen. Erst lebendig und dann tot. Und deshalb lehnte der Pfarrer ganz besonders energisch jeden Glauben an solche Dinge ab.

Genau wie in Ruhdolfstein stieß Anna also auch hier auf taube Ohren bei der Geistlichkeit. Sie gab aber noch immer nicht auf. Sie bat um Einsicht ins Kirchenbuch, wo alle Verstorbenen der Gemeinde eingetragen sind. In der Hoffnung, die zudringliche Besucherin loszuwerden, stimmte der Herr Pfarrer zu. Doch fand er tatsächlich einen Vermerk im Kirchengemeindebuch. Da stand schwarz auf weiß: *Franz Buchmüller,* darauf folgte dessen Geburtsdatum mit Geburtsort. Weiterhin war zu lesen – *gestorben am*, mit dem Sterbedatum und dem Tag der Beisetzung. Nach diesen Unterlagen war Franz Buchmüller bereits vor fünf Jahren gestorben. Die Totenanlegerin verließ das Pfarrhaus, um auf dem nahe gelegenen Friedhof die Grabstätte des Franz Buchmüller aufzusuchen. Dort traf sie eine alte Frau, die ihr half, das Grab zu finden. Von derselben erfuhr sie, dass der Franz, den sie selbst gut gekannt hatte, an einer rätselhaften Krankheit gestorben war. Böse Zungen hatten nach seinem Tod behauptet, er habe seine Seele dem Teufel verschrieben. Was, so die alte Dame, natürlich Unsinn sei. Franz starb an seiner kranken Seele. Er hatte irgendwann in seiner Jugend schwere Schuld auf sich geladen. Leider wusste niemand etwas Genaueres. Da der alten Frau die Geschichte mit dem verschwundenen Leichnam aus Ruhdolfstein bestens bekannt war, meinte sie: »Der Franz kommt halt nicht zur Ruhe wegen seiner großen Schuld!« Lange standen die beiden Frauen noch am Grab von Franz Buchmüller. Dann machte sich die Totenanlegerin auf den Nachhauseweg. Die Zweifel aber blieben. Zu gerne hätte sie gewusst, ob Franz Buchmüller wirklich in seinem Grab in Steinrieth lag. Eine Exhumierung aber kam für die Behörden nicht in Frage, da der in Ruhdolfstein abhanden gekommene Sarg samt Leiche nie gefunden wurde. Damit fehlte ein konkretes Beweisstück. Vielleicht war Buchmüllers nochmaliges Erscheinen in Ruhdolfstein die Erlösung seiner geplagten Seele?

In der »Hutschastube«

»Hutschastube« oder »Rockastube«, so nannte man im westlichen Teil des Böhmerwaldes regelmäßig stattfindende Plauderabende mit den Nachbarn. Diese Abende wurden abwechselnd in allen Wohnstuben der Beteiligten organisiert. Und so kam es, dass mit dem Wort »Hutschastube« sowohl die Veranstaltung selbst wie auch der Ort, wo man zusammenkam, bezeichnet wurde. Die Hutschastuben hatten es in sich. Denn in der Zeit, als es noch kein Fernsehen gab und selbst ein Radio schon etwas Besonderes war, hatten sich die Menschen viel mehr zu erzählen als heute.

Vorwiegend in den ländlichen Gegenden des Böhmerwalds waren diese Abende eine feste Institution. Im Herbst und Winter, während der dunklen und stillen Jahreszeit, waren die Hutschastubn außerordentlich gut besucht. So auch in Eisendorf. Dort, direkt an der Grenze zur bayerischen Oberpfalz, waren die Zusammenkünfte regelrechte *Nachrichtenzentralen*. Bekannte saßen am Abend zusammen, oft bis in die späten Nachtstunden hinein, um Neuigkeiten auszutauschen. War das Allerneueste unter die Leute gebracht, wurden zu vorgerückter Stunde noch Geschichten zum Besten gegeben. Der Inhalt dieser Erzählungen handelte meistens von Geistern, Gespenstern und anderen Erscheinungen. Das führte manchmal so weit, dass sich einige der Besucher aus Angst kaum noch nach Hause getrauten. Ich (der Autor) durfte als Bub sogar gelegentlich an einem dieser Hutschaabende teilnehmen. Auf dem Heimweg war ich dann auf ständiger Tuchfühlung zu meiner Mutter. – Es waren aber auch enorm gruselige Geschichten, die man in den Hutschastuben zu hören bekam!

Die nachfolgenden Erzählungen wurde bei einem »Hutschaabend« bei der »Muhl Kathl« (Mühl Katharina, Name geändert) vorgetragen.

So ein oder zweimal in der Woche trafen sich die »Weber Rosl« (Name geändert) und weitere Frauen bei der Muhl Kathl in der *guten Stube* zum Hutschaabend. Der »Simmerl Seff« (Simmerl Josef, Name geändert) war die einzige männliche Person unter den *Hutschaleuten*. Er und die Weber Rosl gehörten wohl zu den Besten, was das Erzählen von Gruselgeschichten anbetraf. Der *Seff*, wie er üblicherweise genannt wurde, behauptete sogar, dass seine Geschichten überwiegend wahr seien, was von einigen der Anwesenden aber stark bezweifelt wurde. Als endlich die wenigen Dorfneuigkeiten erzählt waren, meinte die Gastgeberin: »Ich war doch vor zwei Wochen in Hostau bei meiner *Basl* (Base, Kusine) zu Besuch. Die wohnt in der Nähe vom *Schlattiner Wald*. An diesem Abend war bei der Basl ein vornehmer Herr zu Gast, der folgende Geschichte zu erzählen wusste:

***

An einem regnerischen Herbsttag hatte er in der Nähe der Bezirksstadt Hostau zu tun. Auf dem Heimweg musste er durch den »Schlattiner Wald« gehen. Nachdem er seine Angelegenheiten erledigt hatte, traf er sich noch mit einem Geschäftsfreund in einer Gaststätte. Sie tranken einige Gläser Wein und somit trat er den Rückweg später als geplant an. Das hatte er unbedingt vermeiden wollen. Das Wetter war schlecht und der Regen schien noch stärker geworden zu sein. Ärgerlich über sich selbst, stapfte der feine Herr über den jetzt durchnässten und schmutzigen Weg am nahe gelegenen Wald. Er hatte schätzungsweise noch etwa 5 Kilometer zu gehen, als sich hinter ihm ein Fuhrwerk näherte.

Er trat zur Seite, um es vorbeizulassen. Auf gleicher Höhe mit ihm blieb es stehen. »Wohin des Wegs, Kamerad?«, frage der Mann auf dem Wagen.

»Nach Schlattin«, antwortete der Herr.

»Das ist auch mein Ziel. Wenn Sie möchten, können Sie mitfahren!«

Ansonsten war er Fremden gegenüber eher misstrauisch; doch das schlechte Wetter und die einsame Waldgegend veranlassten ihn, das Angebot anzunehmen. Er kletterte auf den Wagen und setzte sich neben den Fuhrmann. Erst jetzt konnte er ihn richtig sehen. Er roch streng nach Schnupftabak und verströmte einen starken Mundgeruch. Auch die Ladung, die er hinter dem Kutschbock auf dem Leiterwagen transportierte, konnte er nun erkennen: Der übel riechende Kerl fuhr doch tatsächlich einen Sarg durch die Gegend! Argwöhnisch sah er den Wagenlenker an. Der hatte natürlich gemerkt, dass sein Beifahrer zutiefst erschrocken war. »Keine Sorge, mein Herr, es ist mein Beruf, Leichen zu transportieren!«, sagte er lachend. »Ich bin nämlich Leichenbestatter.« Durch diese Auskunft fühlte sich der Herr nicht wesentlich besser. Er bereute es, jemals auf diesen Wagen aufgestiegen zu sein. Und wenn es der Anstand nicht verboten hätte, wäre er am liebsten abgesprungen und weggerannt.

Endlich erreichten sie Schlattin. Der Herr war froh, dieses Gefährt verlassen zu können. »Wer ist denn der Verstorbene in dem Sarg?«, wollte er dennoch wissen. »Es ist ein eleganter Herr wie Sie, aus Hostau, sein Name ist oder besser war Hermann Wollinek.« (Name geändert.) »Warum wird dieser Wollinek nicht in Hostau beerdigt?«, fragte er, neugierig geworden, weiter. »Der Tote war Verwalter auf dem Gestüt in Hostau, hatte aber in seinem Testament festgelegt, dass er in Schlattin beerdigt sein will.« Eilig und ohne Gruß fuhr er weiter.

Am nächsten Tag traf sich der feine Herr mit einem Geschäftspartner in der Ortschaft Zwirschen. Dem erzählte er von seiner Begegnung im Schlattiner Wald. Aufgeregt wollte dieser plötzlich Einzelheiten wissen. Bereitwillig erzählte er ihm von der nächtlichen Fahrt auf dem Wagen des Leichenbestatters.

»Du bist ihm also auch begegnet!«, stellte sein Zuhörer beunruhigt fest. »Wem begegnet?«, fragte der Herr verwundert. Was er nun erfuhr, ließ ihn bis ins Mark erschaudern: Seit Jahren schon gab es Hinweise, dass durch den Schlattiner Wald ein Wagen mit einem Sarg fahre. Vielen, so wurde behauptet, sei er schon persönlich begegnet. Und jedes Mal habe es sich um den Transport des toten Verwalters Hermann Wollinek gehandelt. - Dieser Hermann Wollinek war aber schon vor mehr als zehn Jahren gestorben und in Hostau beerdigt worden. Weiterhin erzählte man sich, dass er testamentarisch verfügt hatte, in Schlattin begraben zu werden. Insofern hatte der gespenstische Leichenkutscher wohl die Wahrheit gesagt. Doch dieser letzte Wille blieb unerfüllt: Wollineks Schwester, eine Frau mit Haaren auf den Zähnen, habe die Bestattung ihres Bruders in Schlattin verhindert. Sie beerdigte ihn kurzerhand im Familiengrab auf dem Friedhof in Hostau.

In manchen Nächten – vor allem in der dunklen Spätherbstzeit – fährt in der Nähe des Schlattiner Waldes ein Wagen mit seltsamem Kutscher von Hostau nach Schlattin. Seine Fracht: Ein Sarg, in dem der Verwalter *Hermann Wollinek* liegen soll!«

* * *

Die Hutscharunde hatte der Erzählung mit großem Interesse zugehört. Die Muhl Kathl stellte befriedigt fest, dass ihre Geschichte so manchem Hutschagast einen gehörigen

Schrecken eingejagt hatte. Nach einer kurzen Diskussion über das Gehörte meldete sich der Simmerl Seff zu Wort: »Ich kann euch nur eines sagen, es passieren Dinge auf dieser Welt, die wir Normalsterblichen nicht begreifen können.« Nach diesen Worten legte er eine gewollte Pause ein. Dann erzählte er eine von seinen unglaublichen Geschichten:

***

An einem garstigen Novembertag musste der aus Eisendorf stammende Anton Eigner (Name geändert) zum Arzt nach Weißensulz. Eine tiefe Wunde am Bein, die er sich beim Holzhacken zugefügt hatte, wollte nicht heilen. Der Doktor aus Weißensulz kam zwar zum Krankenbesuch auch nach Eisendorf, aber nur zu schwer erkrankten Patienten. Wer gehfähig war, musste ihn in der Praxis aufsuchen. Anton hätte auch den Autobus benutzen können, was jedoch Geld kostete, und das wollte er sich sparen. Obwohl dem »Eigner Toni«, wie er üblicherweise von allen genannt wurde, das Bein schmerzte, ging er die Strecke also zu Fuß. Die etwa 12 Kilometer waren für den vierzigjährigen Waldarbeiter trotz der Verletzung kein Problem. Ein lästiger Nieselregen hatte eingesetzt. Anfangs wollte er den alten Fuhrweg über den *Heinzenberg* nehmen, der in der Nähe vom *Bärntanz* wieder auf die Bezirksstraße führte. Doch das schlechte Wetter hielt ihn davon ab. So ging er die Straße über den Langerberg. Er befand sich bereits kurz vor der Waldkapelle, wo er stets eine kleine Pause einlegte. Denn der Toni war fromm und sprach gewöhnlich ein Gebet, wenn er hier vorbeikam. Noch bevor er die Kapelle aber erreicht hatte, begegnete ihm eine ältere Frau. Diese kam aus Richtung Weißensulz geradewegs über den Kapellenberg. »Grüß Gott!«, begrüßte der Toni die Frau.

Die Frau war durch die Steigung noch ziemlich außer Atem. »Grüß dich Gott, mein Bub!«, antwortete sie mühsam. Dabei blieb sie stehen und erst jetzt sah der Eigner Toni ihr kreidebleiches Gesicht.

»Ist Ihnen etwa der Teufel begegnet?«, fragte der Toni besorgt. - »Schlimmer noch, Bub, viel schlimmer!« Ängstlich sah sie sich um, als ob sie jemand hören könnte.

Der Toni war nun neugierig geworden: Wer war wohl der alten Frau am helllichten Tag über den Weg gelaufen?

»Wollte Sie jemand berauben?«, fragte er. »*Ach Gottala!*« (Ach Gott!), rief sie. »*Vul schlimma, ich bin an Daud begegnt!*« (Viel schlimmer, ich bin dem Tod begegnet!) Der Eigner Toni versuchte die Frau zu beruhigen, indem er lachend erklärte, dass dieser angebliche Tod bestimmt aus Fleisch und Blut war. »*Fleisch und Bloud? Des hauda niad!*« (Fleisch und Blut? Das hat er nicht!) Vehement wehrte sich die Frau dagegen, einer Täuschung erlegen zu sein: »*Ich rauta, ma Löiwa, niat weita zgai!*« (Ich rate dir, mein Lieber, nicht weiter zu gehen.) Sprach's und hatte es plötzlich sehr eilig, die Straße zu erreichen. Für einen Moment war der Toni schon etwas verwirrt. Letztendlich schüttelte er den Kopf ob solchen Blödsinns und ging weiter. An der Waldkapelle sprach er wie immer sein Gebet. Die alte Frau ging ihm dennoch nicht ganz aus dem Sinn. Sonst verweilte er in der Regel länger an der Kapelle, doch dichter Nebel zog über den Kapellenberg herauf und auch der Regen wurde stärker. Schnell machte sich der Toni auf den Weg. Und endlich hatte er, ohne weitere Zwischenfälle, Weißensulz erreicht.

In der Arztpraxis musste er fast eine geschlagene Stunde warten. Der Doktor gab dann Salbe auf die Wunde und legte einen frischen Verband an. »Wird wohl noch längere Zeit brauchen, bis das Bein wieder in Ordnung ist«, meinte der Arzt.

Der Eigner Toni machte dann noch eine Besorgung, die ihm seine Frau aufgetragen hatte. Wenn er im Sommer hier war, ging er gern bis zur Brücke, die über den Weißbach führte, der auch Radbusa genannt wurde. Heute aber machte er sich gleich auf den Heimweg. Als er beinah schon wieder an der Waldkapelle war, entschied er sich spontan, trotz der widrigen Umstände noch einmal kurz Halt zu machen. Kaum erkennbar tauchte im jetzt schon ziemlich dichten Nebel das kleine Kirchlein auf. Der Nordwind peitschte ihm den Regen ins Gesicht, der nun immer heftiger wurde. Obwohl es noch nicht so spät war, herrschte bereits schlechte Sicht. Von der Kapelle aus war die Straße kaum zu sehen. Schweigend stand er vor dem eisernen Gitter, hinter dem einige Münzen am Boden lagen. Auch er holte ein Geldstück aus der Tasche und spendete es zu Ehren der Mutter Gottes. An diesem stillen und geweihten Ort, mitten im Wald gelegen, hatte der Eigner Toni immer das Gefühl, dem lieben Gott näher zu sein als an irgendeiner anderen Stelle. Er warf noch einen frommscheuen Blick auf das Altarbild, dann ging er in Richtung zur Straße weiter. Trotz der Schmerzen, die durch die Anstrengung jetzt heftiger wurden, forcierte er das Tempo. Er wollte noch vor Einbruch der Dunkelheit in Eisendorf sein.

Er hatte bereits den Langerberg erreicht, als er durch den immer dichter werdenden Nebel eine Gestalt zu erkennen glaubte. Durch seine rasche Gangart kam er dieser schnell näher. Insgeheim hoffte er, es möge jemand aus Eisendorf sein, dann hätte er zumindest einen Gesprächspartner. Jetzt konnte er dem vor ihm Gehenden schon deutlicher sehen: Eine eigenartige Figur. Den riesigen spitzkegelförmigen Hut mit weiter Krempe hatte er tief ins Gesicht gezogen. Ein langer schwarzer Umhang, der bis über die Knöchel herabfiel, hüllte ihn vollkommen ein. Auch sonst

war der Mann höchst absonderlich: Er ging langsam, ge-
messen und irgendwie holprig. Als der Toni nur noch wenige Schritte hinter ihm war, rief er dem Fremden ein lautes »Grüß Gott!« zu. Doch der reagierte nicht. Der Toni
ging nun an ihm vorbei, um sich den schweigenden Burschen näher zu betrachten: Was er sah, jagte ihm einen
so großen Schrecken ein, dass er wie versteinert stehen
blieb: Es war ein grausiges Skelett – es war der Tod, der
da neben ihm stand! Ohne einen klaren Gedanken fassen
zu können, starrte er unentwegt auf den Knochenmann.
Der übergroße spitzige Hut saß auf dem Totenschädel, das
Gewand umflatterte die weiß gebleichten Knochen, die
leise bei jedem Windstoß mitklapperten. Besonders die
Arme pendelten wie Holzklöppel hin und her. Der Eigner
Toni war längst zu einem Eisblock erstarrt. Unwillkürlich
musste er an die alte Frau denken, die ihm auf dem Hinweg begegnet war. Obwohl er alles unternahm, um wegzulaufen – sein Körper gehorchte ihm nicht mehr. Dau-
ernd starrten ihm die zwei schwarzen Löcher aus dem
Totenkopf entgegen. Unaufhörlich waren die dünnen Fin-
gerknochen in Bewegung, als wollten sie nach dem Toni
greifen. In seiner Todesangst versuchte Toni zu schreien.
Doch auch dies war vergeblich! Er war von Kopf bis Fuß
gelähmt und seinem Gegenüber vollkommen ausgelie-
fert. Plötzlich kam ein noch viel stärkerer Wind auf. Der
Toni traute seinen Augen nicht – wie ein Kreisel fing sich
der Knochenmann an zu drehen, sein Gewand lag im eiskalten Wind fast waagrecht in der Luft, immer schneller
drehte er die absurdesten Pirouetten - bis er sich plötzlich vollkommen in Luft auflöste und nur einen herabfal-
lenden Wirbel von Laub und Geäst zurückließ. Urplötzlich herrschte Windstille. Nur die monotonen Geräusche
des Regens waren zu vernehmen. Langsam kehrte auch in
Tonis Körper wieder das Leben zurück.

»Was zum Teufel war das?«, fragte sich der Eigner Toni mit lauter Stimme. Völlig perplex sah er sich noch einmal um. Der Schreck saß noch tief in seinen Knochen, als er anfing, die Beine zu heben, um einen Gehversuch zu machen. Tatsächlich, das Gehen funktionierte! Hatte er zuvor nur eisige Kälte verspürt, wurde ihm jetzt ganz heiß. Er war sich sicher: Geträumt hatte er das alles nicht! *Er war dem Tod begegnet!* Erneut musste er an die alte Frau von heute Morgen denken. Wie hatte sie im Eisendörfer Dialekt zu ihm gesagt? *»Ich rauta niat weita zgai!«* (Ich rate dir, nicht weiter zu gehen!) Hatte sich dieser verdammte *Boinlkromma* (der Tod) tatsächlich den ganzen Tag hier am Langerberg aufgehalten? Dem Toni war dies egal, er hatte nur eines im Kopf: nämlich möglichst schnell ins Dorf zu kommen.

Endlich erreichte er die ersten Häuser von Eisendorf. Trotz seiner Verletzung war er immer noch erstaunlich schnell unterwegs, als er durch den Hundschwanz (Ortsteil von Eisendorf) ging. Erschrocken blieb er stehen, als er eine Gestalt über die Straße kommen sah. Und erleichtert atmete er auf: Der durch den Nebel Herankommende war niemand anders als der ihm bekannte Klarinettenspieler *Hulzferdl.* Bevor er zu Hause ankam, läutete plötzlich vom nahen Kirchturm her das *Zinnglöckl* (Sterbeglocke). Noch am späten Abend erfuhr er, dass ein Arbeitskamerad von ihm in einem Holzschlag am Langerberg von einem Baum erschlagen wurde.

***

Nach dieser Geschichte war es totenstill geworden in der *Hutschastube.* Selbst der Simmerl Seff war von seiner eigenen Erzählung derart ergriffen, dass er lange Zeit schwieg. Als Erste fand die Muhl Kathl ihre Sprache wieder: »*Ma löiwa Seff, des glawada niat!*« (Mein lieber Josef, das glaube ich dir nicht!) - »Das kannst du halten, wie du willst – ich sage dir: Jedes Wort an der Geschichte ist wahr!« - »*Daba woast a niat!*« (Dabei warst du auch nicht!), meldete sich die Weber Rosl zu Wort, räumte jedoch ein, dass der Seff vielleicht etwas übertrieben habe, ansonsten aber könnten solche Erscheinungen durchaus vorkommen.

Einige der Frauen forderten die Weber Rosl nun auf, doch endlich das Erlebnis zu erzählen, als ihr ein Geist *afghuglt* (aufgehugelt = auf den Rücken gesprungen) war. Plötzlich wurde die Rosl ernst. Sie mochte an diese Geschichte nicht mehr erinnert werden, wehrte sie das Ansinnen heftig ab. Im Übrigen sei dies schon lange her. Doch die Hutschaleute gaben keine Ruhe. Endlich erklärte sie sich bereit, ihr Erlebnis zu erzählen. Einige legten nun sogar das Näh- oder Strickzeug zur Seite. Alle wussten, die gruseligsten Geschichten konnte immer noch die Weber Rosl erzählen.

***

Es war die Zeit der Heuernte, begann sie, als ich mich seit einigen Tagen jeden Morgen auf den Weg machte, um *af's Kaut* (auf die Kotwiesen) zu gehen. Wie ihr wisst, verdiene ich mir dort beim *Haign* (Heuwenden) jedes Jahr ein paar Mark. Das bedeutet allerdings, dass man um halb fünf Uhr früh aus den Federn raus muss!

Schon die ganze Woche gab es ununterbrochen schönes Wetter. Als ich am *Kaut* ankam, waren die Männer, die die Wiesen zu mähen hatten, schon fleißig. Sie fingen bereits im Morgengrauen an, weil das Gras durch den Morgentau noch nass war und das Mähen leichter fiel. Der Tag schien heute ganz besonders heiß zu werden. Schon gegen 10 Uhr hatte es über 20°C. Wir, das heißt einige Frauen und ich, wendeten das gestrige Heu. Mit dem Holzrechen wurde immer in einer genauen Reihe von rechts nach links oder umgekehrt gewendet. Erbarmungslos brannte die Sonne auf uns *Haicher* (Heuwender) herab. Endlich war Mittag! Ich hatte etwas Lindes-Kaffee in meiner *Stitzn* (Blechkanne) und Brot dabei. Um der sengenden Hitze für eine halbe Stunde zu entgehen, gingen wir zur *Kautschupfn* (Kotscheune bzw. Stadel). In der Scheune war es etwas angenehmer. Zuvor aber wurde am nahen Bach noch der Durst gestillt. Mit der hohlen Hand entnahmen wir Wasser und tranken. Nach der Pause ging es wieder an die Arbeit. Der Vorarbeiter hatte schon am Morgen gemeint, dass es noch ein Gewitter geben werde. So war es denn auch. Hastig wurde das zum Teil schon trockene Heu zu so genannten Heuschobern zusammengetragen. Die Gewitter in der Gegend um die Kotwiesen waren übrigens gefürchtet. Auch heute blitzte und krachte es, als gehe die Welt unter. Alle waren vor dem Unwetter zur *Kautschupfn* (Kotscheune) geflüchtet. Nachdem das Gewitter abgezogen war, regnete es in Strömen weiter. An eine eventuelle Arbeitsaufnahme war daher nicht mehr zu denken. Der Vorarbeiter erklärte die heutige Arbeit für beendet. Gerade als ich mich entschloss, den Heimweg anzutreten, zogen erneut dunkle Wolken aus östlicher Richtung heran. Es sah ganz so aus, als käme nochmals ein Gewitter. Vroni, eine Arbeitskollegin, mit der ich mich gut verstand, bot mir an, mit ihr zu kommen. Sie wohnte nur etwa 2 Kilometer von hier. Wir machten uns sogleich auf den Weg. Kaum waren wir angekommen, brach auch schon das Unwetter los. »Das Gewitter ist wieder zurückgekommen!«, meinte der Vater meiner Arbeitskollegin. Das gäbe es oft, erklärte er den Frauen, denn jedes Gewitter habe seinen eigenen Wind. Später, nachdem sich das

Wetter wieder beruhigt hatte, kam auch noch die Mutter hinzu. Diese hatte in Dianaberg etwas zu erledigen gehabt. Sie bestand darauf, dass ich zum Abendessen blieb. Es gab Milchsuppe und frisches Bauernbrot. Zu diesem Angebot konnte ich nicht nein sagen – denn Milchsuppe esse ich für mein Leben gern. Nach dem Abendbrot kam eine angeregte Unterhaltung zustande. So plauderten wir, ohne zu bemerken, dass es draußen duster wurde. Erschrocken schaute ich zu der großen Pendeluhr in der Wohnstube. Eilig brach ich auf, um endlich nach Hause zu gehen.

Mir war nicht ganz wohl, als ich von der Straße abbog, um die Abkürzung nach Eisendorf zu nehmen. Doch ich wollte einfach so schnell wie möglich daheim sein. Oft war der schmale Weg kaum noch zu erkennen, der über Wiesen und auch teilweise durch den Wald führte. Ich ärgerte mich, dass ich nicht früher den Heimweg angetreten hatte. Musste ich doch an einigen Stellen vorbei, über die ich schon die wildesten und unheimlichsten Erzählungen gehört hatte. Die Weber Rosl unterbrach für einen Moment ihre Geschichte und holte dabei ihr Taschentuch aus der Schürze. Etwas umständlich wischte sie damit über ihr Gesicht. Ganz nebenbei beobachtete sie, ob ihre Worte bereits Wirkung zeigten. Sie war eine gute Erzählerin und wusste ganz genau, wie man die Zuhörer auf die Folter spannte.

Endlich fuhr sie fort: Ich war nur noch fünf Meter von der großen Fichte entfernt, an der sich vor langer Zeit ein Knecht aufgehängt hatte. Dieser arbeitete beim Grafen auf dem Jagdschloss am Dianaberg. Man erzählte sich, dass er dort Wertsachen gestohlen habe und dabei ertappt wurde. Er entkam aber und erhängte sich kurz darauf an besagter Fichte. Ich ging an dem Baum sogar tagsüber immer schnell vorbei; jetzt, im Dunkeln, fing ich fast zu rennen an. Ich atmete auf, als ich an der Fichte vorbei war. Doch nur wenige Meter weiter hörte ich hinter mir Schritte! Da es zur Straße nicht mehr allzu weit war, fing ich wieder an, panisch weiterzurennen. Ich wagte nicht, mich umzudrehen. Doch auch die Schritte hinter mir wurden schneller. Als ich es doch einmal riskierte, mich umzudrehen, war es schon zu spät! Plötzlich sprang mir von hinten jemand auf meinen Rücken! Jetzt, zuckte es mir durch den Kopf, erlebst du selber, was des Öfteren in den Hutschastuben erzählt wurde: Ein Geist war mir *afghuglt*. Meine Angst war unbeschreiblich! Ich lief mit dem Unheimlichen auf meinem Rücken, bis meine Kräfte am Ende waren. Ich stolperte und fiel zu Boden. Vor Furcht blieb ich reglos liegen. Wie lange ich so dalag, kann ich nicht sagen. Mit dem Mut der Verzweiflung erhob ich mich langsam. Ich bemerkte sofort, dass, dem lieben Gott sei es gedankt, niemand mehr auf meinem Rücken war. Doch meine Furcht war dermaßen groß, dass ich besinnungslos auf und davon lief. Erst jetzt wurde mir klar, dass ich schon lange die Straße erreicht hatte. Wie ich genau heimgekommen bin, kann ich euch bis heute nicht sagen. Ich stand noch Stunden danach unter Schock!

***

»So, das war das letzte Mal, dass ich die Geschichte erzählt habe!« - Für die Weber Rosl war nun der Hutscherabend beendet. Sie sah sichtlich mitgenommen aus, als sie sich von den anderen verabschiedete.

Pascher und Hoimänner

Geschichten über »Pascher« (Schmuggler) gäbe es viele zu erzählen. Im Grenzort Eisendorf (heute Železná) im westlichen Böhmerwald war das Paschen vor dem Zweiten Weltkrieg fast schon alltäglich. Die Erzählungen über die Pascher entsprachen zu einem großen Teil auch der Wahrheit. Ihre Existenz ist historisch verbürgt. »Hoimana« (Hoimänner) dagegen, wie sie in Eisendorf genannt wurden, betrachteten die meisten Menschen als Ausgeburt der Fantasie. Es handelte sich dabei um Waldgeister, die um Mitternacht durch lautes Hoi-Rufen Angst und Schrecken verbreiteten. Personen, die ihnen angeblich begegnet waren, zweifelten allerdings nicht im Geringsten an ihrer Existenz. Man erzählte sich auch, dass manche dieser Zweifler früher oder später selbst mit einem »Hoimann« unliebsame Bekanntschaft machten. Auf ihre frühere Ungläubigkeit angesprochen, schworen sie nun Stein und Bein, dass es sie wirklich gab. Auch mancher Pascher bestätigte, ihnen im Grenzwald schon begegnet zu sein. Das Paschen oder Schmuggeln in den Grenzregionen Eisendorf und Rosshaupt (Rozvadov) sowie, auf der bayerischen Seite, Eslarn und Waidhaus galt als regelrechter Volkssport. Es wurde vom Gesetz zwar verfolgt und bestraft, kostete aber nicht sofort die gesamte bürgerliche Existenz. Denn angesichts der Not in der Bevölkerung wurden Schmuggler (und auch Wilderer) keineswegs als Schwerverbrecher betrachtet. Nicht immer gingen aber Auseinandersetzungen zwischen Zöllnern und Paschern glimpflich ab. Es gab mitunter Verletzte, ja sogar Tote. - Nach dem Zweiten Weltkrieg allerdings, als die Grenzen durch den »Eisernen Vorhang« völlig abgeschottet wurden, war dem Schmugglerhandwerk jegliche

Grundlage entzogen. Wirklich reich ist durch Schmug-
geln übrigens ohnehin keiner geworden. Doch nun zu der
eigentlichen Geschichte.

Der aus Pilsen stammende Jaroslav Malnič (Name erfunden) war vor wenigen Minuten mit dem Zug in Weißensulz angekommen. Sein vorläufiges Ziel war Eisendorf.
Vor dem Bahnhof wartete bereits ein zweisitziger Einspänner. Malnič steuerte schnell auf ihn zu. »*Dobrý den!*« (Guten Tag), grüßte er den Mann auf dem Kutschbock. Dieser
schnitt ein verdrießliches Gesicht. »Nun steig schon auf!«,
erwiderte er nur kurz und verärgert. Dann fuhr er los. »Du
bist verflucht spät dran. Ich warte schon drei Stunden.
Warum kommst du einen Zug später?«, fragte er Jaroslav.
»Reg dich nicht auf, Johann«, meinte dieser, »es ging einfach nicht früher!« Johann Schneider (Name erfunden),
der Lenker des Gefährts, fuhr jetzt ein noch schnelleres
Tempo. »*Pomalý, pomalý!*« (Langsam, langsam!), rief
der Mann aus Pilsen »Warum hast du es so eilig?« Johann
Schneider erklärte ihm, dass ein gemeinsamer Geschäftspartner in Eisendorf auf sie warte. Der konnte recht unangenehm werden, wenn man unpünktlich war.
Nachdem man die Ortschaft erreicht hatte, hielt Johann
Schneider direkt vor einem Wirtshaus an. Dieses befand
sich in unmittelbarer Nähe zur Grenze. Über die Tillyschanze führte die Straße weiter ins oberpfälzische Eslarn. Das war der erste größere Ort, nachdem man die
Grenze passiert hatte.
In der Gaststube wartete der besagte Geschäftsmann bereits sehr ungeduldig auf die beiden. Nachdem die An-
gekommenen an dessen Tisch Platz genommen hatten,
schluckte er seinen Zorn mit Mühe hinunter und sagte
leise: »Ich muss mich auf euch verlassen können! Solch
eine Unpünktlichkeit ist bei unserem Vorhaben höchst

gefährlich!« - »Promiňte (Entschuldigung), aber es ging nicht früher«, entschuldigte sich Jaroslav Malnič. »Unser Lieferant war ohne sein Verschulden zu spät gekommen.« Dann steckten die drei die Köpfe zusammen und baldowerten ein krummes Ding aus.

Georg Kammbacher (Name geändert), so der Name des dritten Mannes am Tisch, war beileibe kein Unbekannter entlang der böhmisch-bayrischen Grenze. Dass er zu den Großen im Schmugglergeschäft gehörte, wusste im Prinzip jeder. Nur beweisen konnte man ihm nichts. Niemals. Und genau dafür genoss er großes Ansehen und Bewunderung. Er stammte aus dem ca. 20 Kilometer entfernten Vohenstrauß. Er galt als ganz besonders ausgeschlafener Viehhändler und kannte keinen Pardon, wenn es ums Geld ging. Sogar die Zöllner und Grenzbeamten hatten insgeheim Respekt vor ihm. Hatte er sie doch schon so oft an der Nase herumgeführt! Daher war der Ehrgeiz der »Grenzerer«, ihn zu überführen, allerdings riesengroß.

Ihre Köpfe berührten sich beinahe über die Tischmitte, als sie miteinander wisperten. Es schien so, als planten die drei ein großes Geschäft. So war es denn auch: Der »Kammbacher Schorsch«, wie er im Allgemeinen genannt wurde, hatte nämlich vor, gleich eine ganze Viehherde aus Böhmen nach Bayern zu schmuggeln. Jaroslav Malnič sollte die Tiere an die Grenze schaffen. Johann Schneider, der eine Schwester in Eisendorf hatte, selbst aber im Grenzort Waidhaus wohnte, sollte zusammen mit dem Kammbacher Schorsch das wertvolle Schmuggelgut in Empfang nehmen. Deren Aufgabe war es dann, die Herde sicher nach Bayern zu bringen. Dann konnte eigentlich kaum noch etwas misslingen. Denn längst schon hatte Georg Kammbacher einen Abnehmer organisiert, mit dem er nicht das erste Mal ein heikles Geschäft abwickelte. Von großer Bedeutung war vor allem die Frage, wo genau man über die

Grenze gehen sollte. Sie konnten natürlich nicht den gewohnten Weg von Neudorf über Weißensulz nach Eslarn nehmen. Auch der über Rosshaupt und Waidhaus war nicht möglich. Es galt, einen Nebenweg durch die Wälder zu benutzen und größere Ortschaften tunlichst zu meiden. Den richtigen Pfad zu finden, war ebenfalls Sache des Kammbacher Schorsch. Der kannte auch die geheimsten Schleichwege entlang der Grenze. Unschätzbar wichtig waren auch seine Kenntnisse über die Gepflogenheiten der Zöllner auf beiden Seiten. Er wusste genau, wann und wo sie auf Streife gingen. Dieses Wissen trug erheblich dazu bei, dass er bis zum heutigen Tag noch nicht erwischt wurde. Ein Risiko war solch ein Unterfangen aber trotzdem! Auch die Grenzerer gingen taktisch vor. Manchmal wurde der Postenwechsel nicht an der üblichen Stelle vorgenommen. Auch die Ablöse-Zeiten verschoben sie manchmal ganz willkürlich. Trotz aller Finessen der Zöllner – der Schorsch war immer einen Tick schneller. Er witterte die Beamten förmlich, hatte scharfe Augen und überaus feine Ohren. Hinzu kamen große Erfahrung und ständige Aufmerksamkeit. Er unterschätzte den Gegner niemals. Und keiner war misstrauischer, wenn scheinbar alles glatt ging. Zudem war er schweigsam wie ein Grab. Es machte ihm zwar diebische Freude, die Grenzerer auszutricksen. Doch nie hatte er auch nur ein einziges überhebliches Wort gesprochen. Auch nicht am Wirtshaustisch.

Für das morgige Unternehmen plante er eine Route, die er bisher nur selten gewählt hatte. Er wollte die Tiere zwischen Eisendorf und Waidhaus über die Grenze bringen. Johann Schneider kannte diesen Weg durch die Wälder. Somit hatte er dafür zu sorgen, dass Jaroslav Malnič genau dort das Vieh auch ablieferte. Johann fuhr den Jaroslav wieder nach Weißensulz. Morgen gegen Mitternacht sollte die Sache über die Bühne gehen.

Es war eine laue Spätsommernacht, als Johann Schneider sich der Stelle näherte, wo Malnič die Tiere hinbringen sollte. Er war schon lange vorher da. Die Wartezeit nutzte er dazu, um das nähere Gelände zu kontrollieren. Es war wichtig, die Umgebung ständig mit im Auge zu behalten. Nur so konnte ausgeschlossen werden, dass keine Zöllner in unmittelbarer Nähe auftauchten. Und auch andere Leute hätten sich hier leicht aufhalten können, zum Beispiel solche wie sie, die ähnliche Aktivitäten planten. Mitwisser waren nie gut. Doch in diese gottverlassene Gegend verirrte sich selten jemand. Der Waldweg, den sie benutzen wollten, war trocken und gut begehbar. Gerne hätte sich Johann eine Pfeife angezündet – doch das war zu riskant. Feuer und Glut hätte man schon von weitem erkennen können. Er wollte es sich gerade auf einem Baumstumpf etwas gemütlich machen, als er merkwürdige Laute wahrnahm. Diese waren, weil noch weit entfernt, nur sehr schwach hörbar. Sofort war Johann Schneider hellwach! Das heulende Geräusch, dass jetzt immer näher kam, erinnerte ihn sofort an viele Erzählungen, in denen von ähnlichen Vorkommnissen berichtet wurde: Das mussten doch die *Hoimana* (Hoimänner) sein! Schon öfters glaubte er, sie bei derartigen nächtlichen Unternehmungen im Wald gehört zu haben. Gesehen hatte er bisher aber noch keinen Hoimann.

Johann war ansonsten gewiss kein Hasenfuß. Doch so nah wie jetzt war er diesen sagenumwobenen Gestalten noch nie gekommen. Ein lang gezogenes *Hoiiii-Hoiiii-Rufen* ging ihm durch Mark und Bein.

Plötzlich sah er trotz der Dunkelheit zwischen den Bäumen einige Schatten. Johann versuchte angestrengt, Genaueres zu erkennen.

Da – jetzt direkt neben ihm auf dem Waldweg - stand einer der riesigen Burschen. Er starrte ihm mitten ins Gesicht. Seine Augen loderten wie Feuer. Das Gesicht war von zottelig abstehenden Haaren umwuchert. Sonst war nur ein knöcheltiefer grauer Umhang sichtbar, aus dem aber überall blaue Flämmchen hervorzüngelten. Unfähig etwas zu unternehmen, stierte Johann auf die bestimmt weit über zwei Meter große Gestalt unmittelbar vor ihm. Dann setzte sich der Bursche in Bewegung und verschwand mit einem schauerlichen *Hoiii-Hoiii-Rufen* in die Tiefe des finsteren Waldes. Johann Schneider wusste später nicht mehr zu sagen, wie lange er völlig reglos dastand. Eines war sicher: Er hatte einen dieser »Hoimänner« aus nächster Nähe gesehen. Nachdem der Spuk vorbei war und er wieder vernünftig denken konnte, wurde ihm bewusst, dass jeden Augenblick Jaroslav Malnič mit den Tieren ankommen musste. Schon bald hörte er auch die typischen Geräusche, die das Vieh verursachte, und die sich auch nicht gänzlich vermeiden ließen. Jaroslav war pünktlich: »Dobrý večer!« (Guten Abend), grüßte er leise. Johann Schneider aber zählte bereits die Tiere, es waren acht Stück und, soweit das im Dunkeln überhaupt erkennbar war, von bester Qualität. Beide machten sich nun an die nicht gerade leichte Arbeit, die Herde zusammenzuhalten. Es war wichtig, so wenig Lärm wie eben möglich zu machen und gleichzeitig zu verhindern, dass einzelne Tiere ausbrachen und sich entfernten. Sie wieder einzufangen wäre bei den schlechten Sichtverhältnissen ein aussichtsloses Unterfangen gewesen. Johann ging an der Spitze, er kannte ja bestens den Weg. Jaroslav bildete den Schluss und hatte ein wachsames Auge auf eventuelle Ausreißer. »*Pozor!*« (Achtung), rief Jaroslav plötzlich von hinten. »Was ist?«, fragte Johann und fluchte, weil der Tscheche so laut sprach. Doch dann sah auch er, dass sich seitlich aus dem Unterholz jemand näherte. Johann verließ die kleine Herde und ging auf den Herannahenden zu. Sollte etwa schon wieder einer dieser *Hoimänner* auftauchen? Unwillkürlich kam in ihm die Angst hoch. Jaroslav wusste ja noch nichts von seiner Begegnung mit diesem Burschen. Ein Stein fiel ihm vom Herzen, als er in dem Unbekannten Georg Kammbacher erkannte. Dieser war wütend, weil seine Helfershelfer so unvorsichtig waren: »Wenn ich ein *Grenzerer* gewesen wäre, würdet ihr schon Handschellen tragen!«, flüsterte er ärgerlich. Doch Johann Schneider war durch sein Erlebnis völlig durcheinander und Jaroslav schämte sich, dass er so laut gesprochen hatte. Kammbacher gab ihnen auch keine Zeit zum Nachdenken. Er übernahm sofort das Kommando und erklärte den beiden kurz, dass sein Abnehmer in Bayern bereits auf die Tiere wartete. Er erklärte weiter, dass er vor einer viertel Stunde die Zöllner beobachtet hatte: »Wenn wir schnell genug sind, haben wir von denen im Moment nichts zu befürchten!«, meinte er und drängte zur Eile. Es war schon nach Mitternacht, als sie die Straße erreichten. Dort wartete, wie von Kammbacher angekündigt, der Abnehmer auf sie. Die Stelle zur Übergabe war genauestens geplant. In unmittelbarer Nähe befand sich ein abgelegener Bauernhof, in dem das Vieh vorerst untergebracht wurde. In den nächsten Tagen konnte es dann unauffällig weggeschafft werden. Jaroslav machte sich dann sofort wieder in Richtung böhmische Grenze auf den Weg. Natürlich nicht, ohne vorher vom Kammbacher Schorsch seinen Pascher-Lohn in Empfang genommen zu haben. Mit einem »*Na shledanou!*« (Auf Wiedersehen!) war er schleunigst im düsteren Wald verschwunden. Johann und Georg trieben die Tiere noch schnell auf den Bauernhof. Sie beschlossen, in einer nahe gelegenen Scheune zu übernachten.

Erst jetzt erzählte Johann Schneider von seiner Begegnung mit den *Hoimännern*, doch Georg Kammbacher glaubte ihm kein Wort: »Ich streife schon seit vielen Jahren zu jeder Tages- und Nachtzeit durch die Wälder. Doch was du da gesehen haben willst, das ist mir noch nicht einmal im Vollrausch begegnet! Die einzigen Geister, die du fürchten musst, tragen Uniform und führen Waffen und Handschellen mit sich – merk dir das! So ein amateurhaftes Verhalten wie heute möchte ich bei dir nicht wieder sehen!« - Am nächsten Tag verließen sie den Hof: Kammbacher in Richtung Eslarn nach Moosbach, um schließlich Vohenstrauß zu erreichen. Johann in die entgegengesetzte Richtung nach Eisendorf. Dieser wollte vorerst bei seiner Schwester bleiben und erst später nach Waidhaus zurückkehren. Das Unternehmen hatte sich für ihn gelohnt. - Trotz der großen Angst, die ihm die *Hoimana* (Hoimänner) eingejagt hatten. Denn der »Pascherlohn« reichte wieder einmal für einige Tage zum Überleben.

Hilfe aus dem Jenseits

Der nun folgenden Geschichte sollte ich (der Autor) unbedingt die Erklärung vorausschicken, wie ich zu ihr gekommen bin.

Im Sommer 1985 fuhr ich mit der Bahn von Stuttgart nach Weiden in der Oberpfalz. Mit dem Omnibus wollte ich dann weiter nach Vohenstrauß, um dort meine Mutter und Geschwister zu besuchen. Da ich an diesem Tag keine Lust auf Unterhaltung hatte, suchte ich im Zug ein leeres Abteil. Nachdem ich schon durch mehrere Wagen gegangen war, wurde ich endlich fündig. Ich öffnete das Fenster und holte ein Buch aus meiner Reisetasche. Noch bevor der Zug abfuhr, kam ein älterer Mann zu mir ins Abteil. Er grüßte höflich und nahm mir gegenüber Platz. Ich vertiefte mich in mein Buch, in der Hoffnung, nicht gestört zu werden.

Doch schon nach wenigen Minuten fragte mich mein Gegenüber, ob ich denn wüsste, wann der Zug in Nürnberg ankomme. Ich gab ihm die gewünschte Auskunft und vertiefte mich wieder in meine Lektüre. »Sie sind aber nicht aus Stuttgart?«, fragte mich der Mitreisende – was ich bejahte. Ich erklärte ihm kurz, dass ich in der Oberpfalz zu Hause sei, fügte aber noch hinzu, dass ich eigentlich im Böhmerwald geboren bin. »Was für ein Zufall!«, freute sich der Mann. »Ich auch!« Dann teilte er mir mit, dass er in Bischofteinitz geboren war, aber lange Zeit in Weißensulz gearbeitet habe. Er kenne auch meinen Heimatort Eisendorf sehr gut. Nun war es natürlich mit dem Lesen vorbei. »Gestatten: Albert Mahler« (Name geändert), stellte er sich vor. Wir sprachen über die Vertreibung und über so manch andere Dinge aus der alten Heimat. Der alte Herr war in politischen wie auch in anderen Din-

171

gen ein kompetenter Gesprächspartner. Er konnte, was für sein Alter erstaunlich war, mit Jahreszahlen und geschichtlichen Ereignissen aufwarten, was mir imponierte. Als wir dann auf die so genannte »Gute alte Zeit« zu sprechen kamen, unter anderem auf das Schmuggeln oder Paschen, wie es an der Grenze um Eisendorf genannt wurde, war er so richtig in seinem Element. »Ich könnte dir da eine Geschichte erzählen!«, fuhr er fort – plötzlich benutzte er das landsmannschaftliche »Du« und wurde sehr nachdenklich. Geschichten jeglicher Art hatten mich schon als kleiner Bub interessiert. Ich ermunterte ihn, sie mir doch zu erzählen. Ich konnte beobachten, wie er für kurze Zeit aus dem Zugfenster sah, geistesabwesend und irgendwie abgelenkt. Ich schwieg. Auf keinen Fall wollte ich ihn jetzt stören. Plötzlich aber wandte er sich mir wieder zu: »Nun gut, Landsmann«, sprach er, »ich werde sie dir erzählen, bis Nürnberg ist ja noch viel Zeit!« Dann berichtete mir dieser Albert Mahler ein Erlebnis, das ich bis heute nicht vergessen habe. Ich versuche, so gut es nach so langer Zeit überhaupt möglich ist, sie so zu erzählen, wie ich sie noch in meiner Erinnerung habe.

Es war in einer turbulenten Zeit, begann Albert Mahler zu erzählen. Seine noch vor wenigen Minuten lustigen Augen waren nun ernst und konzentriert. Es war der 29 September 1938, Adolf Hitler hatte mit dem englischen Premierminister Neville Chamberlain sowie Frankreichs Ministerpräsidenten Edovard Daladier im Beisein von »Duce« Benito Mussolini das Münchner Abkommen unterzeichnet. Man glaubte, den Krieg, mit dem Hitler massiv drohte, verhindern zu können, wenn man ihm das Sudetenland überlassen würde. Das war ein großer Irrtum! Schon am 28. September 1938 hatte sich drüben an der bayrischen Grenze das so genannte »Freikorps« gebildet, erzählte Mahler weiter. Das lieferte sich noch am gleichen Tag einige Scharmützel mit den Tschechen, die sich bereits den ganzen Sommer über an der Grenze aufhielten. Wie bekannt, brach Hitler das Münchner Abkommen und begann am 1. Oktober 1938 mit der Besetzung der Tschechoslowakei. Albert Mahler schmunzelte, als ich ihm kurz zu verstehen gab, dass ich über diese Dinge bestens Bescheid wisse. Er erwähne die damaligen Ereignisse deshalb, ließ er mich wissen, weil sie genau in die Zeit fielen, wo sich die folgende Geschichte ereignete.

Albert Mahler arbeitete zwar in Weißensulz, wohnte aber mit seinem jüngeren Bruder in Bischofteinitz. Er hatte auch schon länger eine Freundin, die er in absehbarer Zeit heiraten wollte. Das überaus gute Verhältnis zu seinem Bruder Leonhard (Name geändert) ließ ihn aber immer wieder den Hochzeitstermin verschieben. Seine Freundin Gertrud war wegen dieses Zögerns nicht wenig verärgert. Doch Albert versprach ihr, bald eine Entscheidung zu treffen. Oft musste er, bedingt durch seine Arbeitszeit in Weißensulz, bei einem Arbeitskollegen übernachten. Dieser Umstand trug ebenfalls dazu bei, dass im Moment die Beziehung zu seiner Freundin nicht gerade als gut bezeichnet werden konnte. Der 1. Oktober 1938 war ein Samstag, als schließlich die Deutsche Wehrmacht mit der Besetzung der CSR begann. Mahler fuhr übers Wochenende mit dem Zug nach Bischofteinitz. Er freute sich schon auf das Wiedersehen mit seinem Bruder. Leonhard erwartete ihn ungeduldig vor dem Haus. Die Begrüßung war so herzlich, dass man hätte meinen können, die beiden hätten sich schon wochenlang nicht mehr gesehen. Angesichts der politischen Lage hatten sie sich auch viel zu erzählen. Albert hatte sich noch vorgenommen, am Abend seine Freundin Gertrud zu besuchen. Es blieb beim Wollen. Erst am nächsten Tag, den Sonntag, besuchte er sie.

Er hatte kein gutes Gefühl und ein schlechtes Gewissen. Gertrud war aufgebracht und machte ihrem Freund heftige Vorwürfe. Ansonsten lenkte sie nach einem solchen Streit auch gleich wieder ein und die Sache war vergessen. Heute war dies aber nicht der Fall. Alberts Versuche, sie umzustimmen, hatten keinen Erfolg. Verärgert verließ Albert seine Gertrud.

Leonhard bemerkte sofort, dass der Bruder Beziehungsprobleme hatte. So versuchte er erst gar nicht, nach der Ursache zu fragen. Noch am Abend fuhr Albert zurück nach Weißensulz. Zwei Tage später hörte er, dass Leonhard erkrankt sei. Ein Arbeitskollege bot an, ihn sofort nach Feierabend nach Bischofteinitz zu fahren. Dieser besaß ein Motorrad und somit ging es wesentlich schneller als mit der Bahn. Schon an der Haustür erfuhr Mahler von einem Nachbarn, dass sein Bruder vor etwa einer Stunde ins Krankenhaus gebracht werden musste. Er fuhr mit seinem Arbeitskameraden sofort zum Spital.

Bevor er zu seinem Bruder durfte, bat ihn der zuständige Arzt in sein Sprechzimmer. Was Albert erfuhr, war alles andere als erfreulich. Leonhard hatte einen schweren Herzanfall, er konnte sich gerade noch ins Treppenhaus schleppen, wo er von einem Hausbewohner gefunden wurde. Der momentane Zustand sei äußerst kritisch, versicherte der Arzt. Er fragte Mahler, ob sein Bruder in letzter Zeit zu viel gearbeitet habe. Er antwortete, dass dieser in der Stadtverwaltung tätig sei und keinerlei schwere körperliche Arbeit verrichte. Der Arzt nickte und gab Albert zu verstehen, dass es nicht gut um seinen Bruder stehe. Er erlaubte ihm, ihn kurz zu besuchen. Als Albert das Krankenzimmer betrat, erschrak er. Leonhard war ohne Bewusstsein. Bleich und mit eingefallenen Wangen lag er in den Kissen. Schon nach wenigen Minuten bedeutete ihm eine Krankenschwester, wieder zu gehen. Noch lange saß Mahler wie verloren im Flur des Spitals. Er hoffte und betete zu Gott, dass sein Bruder vielleicht doch noch gegen alle Erwartung genesen möge. Doch dessen Zustand blieb unverändert kritisch. Der Arzt riet ihm dringend, nach Hause zu gehen. Er versprach, sollte es Leonhard besser oder eventuell schlechter gehen, ihn unverzüglich zu benachrichtigen. Albert hinterließ die Telefonnummer eines Hausbewohners, der von Beruf Polizist war und einen Fernsprecher besaß. Unruhig und nervös ging er in der gemeinsamen Wohnung auf und ab. Er war müde, konnte aber kein bisschen schlafen. Sein Arbeitskollege war zwischenzeitlich wieder zurück nach Weißensulz gefahren. Er hatte Frühschicht und konnte deshalb nicht bleiben.

Albert Mahler war vor Übermüdung letztendlich doch auf dem Sofa eingeschlafen. Es war gegen drei Uhr morgens, als er durch lautes Klopfen an der Tür geweckt wurde. Sofort sprang er auf die Beine und öffnete. Der Nachbar stand vor ihm. Dieser teilte ihm mit, dass es seinem Bruder leider schlechter gehe, und er möchte doch möglichst schnell ins Krankenhaus kommen.

Als Albert Mahler im Spital ankam, wurde er bereits vom diensthabenden Arzt erwartet. Er brachte ihn ins Zimmer, wo sein Bruder – das konnte ein Laie erkennen – mit dem Tode rang. Erschüttert und mit Tränen in den Augen nahm Albert die Hand seines Bruders und streichelte sie.

»Leonhard, hörst du mich?«, fragte er leise.

Doch es kam nicht die geringste Reaktion von ihm. Immer wieder versuchte Albert, seinen Bruder anzusprechen.

»Du darfst mich nicht alleine lassen«, sagte er verzweifelt, den Mund ganz nah am Ohr des Todkranken. Seine Stimme versagte ihm fast den Dienst.

»Bleib bei mir!«, redete er auf den Bruder ein. »Ich brauche dich doch!« - Plötzlich verspürte Albert Mahler deutlich, wie sich die Hand seines Bruders in der seinen bewegte. Er musste wohl seine Worte verstanden haben! Nochmals spürte er den Druck der Hand seines Bruders, dann schien die Kraft ihn verlassen zu haben. Schlaff und kalt fühlte sich die Hand plötzlich an. Albert strich seinem Leonhard sacht über die Haare, die ihm schweißnass in die Stirn hingen. Der Arzt trat nun ans Bett. Er hob ein Augenlied des Kranken und leuchtete mit einer Lampe in das Auge. Dann legte er sein Ohr an dessen Mund und seine Finger an die Halsschlagader. Wie aus weiter Ferne hörte Albert Mahler den Arzt sagen: »Ihr Bruder ist tot!«

Völlig in sich zusammengesunken saß Albert am Bett des toten Bruders. Er hörte zwar die Stimmen des Arztes und der Krankenschwester. Was sie sagten, war dennoch wie eine fremde Sprache, die er nicht verstand. Nach dem viel zu frühen Tod der Eltern – Albert war gerade mal 12 Jahre alt – waren die beiden Brüder unzertrennbar gewesen. Mit ihrer gegenseitigen Herzlichkeit versuchten sie, den herben Verlust erträglicher zu machen und hielten zusammen wie Pech und Schwefel. Nun sollte er, Albert, ohne Leonhard leben müssen! Wie sollte das gehen? Ein Teil von ihm, ein großer, war mit Leonhard gestorben. Und er fühlte sich, als hätte er zum zweiten Mal seine Familie verloren. Als er endlich aus seiner tiefen Trauer erwachte, musste er mit ansehen, wie das Pflegepersonal ein weißes Laken über Leonhard legte. Der Arzt begleitete ihn hinaus auf den Flur. Abermals setzte er sich auf einen Stuhl – er wollte einfach nicht nach Hause. Immer wieder schaute er zu der Tür, wo sie soeben seinen Bruder auf einem fahrbaren Gestell zur Pathologie geschoben hatten. Die Krankenschwester musste alle ihre Überredungskünste anwenden, um Albert Mahler zu bewegen, endlich nach Hause zu gehen.

Als er in der Wohnung ankam, wurde alles nur noch schlimmer. Jedes, auch das kleinste Detail, erinnerte ihn

an seinen Bruder. Er legte sich auf die Couch, ohne die Kleider auszuziehen. An Schlaf war nicht zu denken. Er dachte mit Grauen an den nächsten Tag. Da mussten die Formalitäten für Leonhards Begräbnis erledigt werden. Außerdem sollte er an seinen Arbeitsplatz zurückzukehren, wo er bereits ungeduldig erwartet wurde. Zwei Tage später wurde Leonhard Mahler schließlich beerdigt. Zu Alberts Sorgen, die zum Teil in depressive Zustände ausarteten, kamen noch weitere hinzu: Er wurde kurzerhand zur Deutschen Wehrmacht eingezogen! Man überstellte ihn zu einer Ausbildungskompanie, die in Klattau (Klatovy) einquartiert war. Dann überschlugen sich die Ereignisse förmlich. Albert Mahler kam im Verlauf von Hitlers Invasion bereits wenige Wochen später nach Prag. In deutscher Uniform war man dort von der einheimischen Bevölkerung nicht gerade gerne gesehen. Mahler konnte sich auch nicht der jetzigen Euphorie anschließen, die in der Truppe und bei der deutschen Bevölkerung herrschte. Obwohl ihn Politik, insbesondere aber Parteien überhaupt nicht interessierten, stieß sein Verhalten bei seinen Kameraden auf keinerlei Verständnis. Oft wurde ihm der Vorwurf gemacht, dass er mit seiner unpolitischen Haltung kein treuer Volksgenosse sei. Im Grunde genommen war dies Albert Mahler ziemlich egal; doch die Sticheleien der Kameraden gingen ihm allmählich auf die Nerven.
Bald schon sollte sich für Alfred Mahler Entscheidendes ändern. Aus welchen Gründen auch immer – er wurde aus der Wehrmacht entlassen. Eine eindeutige Begründung wurde ihm nicht mitgeteilt. Nur so viel war aus dieser zu entnehmen, dass er als Soldat völlig untauglich und ungeeignet sei. Für die damalige Zeit eine höchst seltsame Entscheidung! Nun, dem Albert konnte dies nur recht sein. Er fuhr erleichtert zurück nach Bischofteinitz, wo er als Erstes seine Freundin Gertrud aufsuchen wollte. Er hat-

te sie, nachdem sein Bruder gestorben war, kein einziges
Mal mehr gesehen. Doch Gertrud wohnte nicht mehr in
Bischofteinitz, sie war umgezogen. Ihre Adresse konnte oder wollte man ihm nicht mitteilen. Mahler meldete
sich wieder bei seiner früheren Firma in Weißensulz, wo
er auch sofort wieder arbeiten konnte. Nur sein ehema-
liges Zimmer war nicht mehr frei, und so musste er sich
ein neues suchen. Er kam bei einer älteren Beamtenwitwe
unter. So schien sich trotz der großen politischen Ereignisse Alfred Mahlers Leben wieder in geordneten Bahnen
zu bewegen.

Noch bevor der Zweite Weltkrieg richtig begann, wurde
Mahler allerdings durch sehr merkwürdige Geschehnisse
aus dem Gleichgewicht gebracht.

Im Frühjahr 1939 besuchte er in Domažlice (Taus) einen
ehemaligen Arbeitskollegen. Dieser war schon einige Zeit
in Rente und der Besuch war überfällig. Hatte er doch fest
versprochen, einmal vorbeizuschauen. Es war so gegen
Mittag, als er in Taus ankam. Er bummelte erst noch ein
wenig durch die Stadt. Er mochte die Geschäfte, die sich
zum Teil hinter den geschwungenen schönen Bögen befanden. Er wollte erst am Nachmittag seinen Bekannten
besuchen, keinesfalls mochte er dessen Mittagsruhe stören. Als er auf die andere Straßenseite wechselte, fiel
ihm ein Mann auf, der etwa 15 Meter vor ihm ging. Albert Mahler zuckte zusammen, – glaubte er doch, in diesem Mann seinen Bruder Leonhard zu erkennen. Gang
und Gestalt sahen ihm zum Verwechseln ähnlich. Was Albert in seiner Wahrnehmung bestärkte, war außerdem die
Kleidung: Die Person vor ihm trug den gleichen schwarzen Anzug, in dem sein Bruder beerdigt wurde. Doch bevor Albert sich fassen und ihn einholen konnte, um sein
Gesicht zu sehen, verschwand dieser Mensch in einem
Hauseingang. Verwirrt von der Begegnung, ging auch

Albert hinein. Doch im Hof des Hauses war niemand zu sehen. Die Eingangstür war verschlossen. Drei Namensschilder befanden sich an der Tür. Zwei von ihnen waren kaum noch lesbar, das dritte aber noch relativ neu: *Gertrud Hohwald* (Name geändert) stand hier deutlich geschrieben. Albert erschrak erneut bis ins Innerste: So hieß doch auch seine ehemalige Freundin aus Bischofteinitz! Plötzlich öffnete sich die Tür, eine ältere Frau trat heraus und schaute etwas verwundert auf ihn. »Entschuldigung!«, sprach er die Frau an. »Ich suche eine Frau Hohwald, die wohnt doch hier?«

»Steht ja groß genug an der Tür!«, sagte die alte Frau. »Sie muss auch zu Hause sein, hat gerade Besuch bekommen!« Mahler war dermaßen überrascht, dass er wohl einen etwas wunderlichen Eindruck machte. Die Frau schüttelte den Kopf und ging.

Noch bevor die Tür ins Schloss fallen konnte, betrat Albert Mahler das Haus. Eine abgenutzte Holztreppe führte zu den einzelnen Wohnungen. An der mittleren sah er ein Papierschild, auf dem mit Bleistift der Name *G. Hohwald* stand.

Da also wohnte Gertrud! War der Besuch, den sie nach Aussage der alten Frau vor wenigen Minuten bekommen hatte, etwa der Mann, dem Albert Mahler gefolgt war? Er klopfte an die Wohnungstür, die auch sofort geöffnet wurde. Gertrud war äußerst verblüfft, als sie ihren ehemaligen Freund erkannte.

»Was machst du denn hier?«, fragte sie. »Und woher weißt du, dass ich hier wohne?«

Ohne ihre Fragen zu beantworten, stellte er seinerseits eine Gegenfrage: »Du hast Besuch?« - »Ja, aber was soll diese Frage?«

»Kann ich reinkommen?«, fragte er nervös. »Hätte mir gerne mal deinen Besuch angeschaut!« Gertrud trat zur

Seite, um Albert in die Wohnung zu lassen. Dabei gab sie ihm zu verstehen, dass es ihn überhaupt nichts angehe, wer sie besuche. Ein Mann mittleren Alters saß am Tisch in der Küche und sah verwundert auf Alfred Mahler. Dieser musterte ihn sorgfältig und musste dann feststellen, dass der Mann da am Küchentisch nicht die geringste Ähnlichkeit mit seinem Bruder Leonhard hatte. Er trug auch keinen schwarzen Anzug, sondern die Arbeitskleidung eines Handwerkers. Gertrud war über das Verhalten ihres ehemaligen Freundes verärgert: Was wollte er von ihr? Er war doch derjenige, der damals wochenlang nichts mehr von sich hören ließ! Alfred entschuldigte sich und verließ eilig die Wohnung. Als er wieder auf der Straße war, kam ihm sein Verhalten ziemlich lächerlich vor; er hatte Gertrud nicht einmal gefragt, warum sie aus Bischofteinitz weggezogen war. Da blickte er mit einem Mal zum Himmel, blieb stehen und sagte: »Bruder, selbst wenn ich mich getäuscht habe, selbst wenn du jetzt in dem Land bist, von dem noch keiner zurückgekehrt ist: Ich danke dir! Die Gertrud hat Haare auf den Zähnen; und ich bin froh, dass mir das Schicksal erspart hat, sie zu heiraten.«

Er beeilte sich nun, seinen Arbeitskollegen zu besuchen. Die Freude war groß, als sich die beiden begrüßten, und er blieb länger, als er sich eigentlich vorgenommen hatte. Sie erzählten sich ausgiebig Erlebnisse aus ihrem gemeinsamen Berufsleben und als sie sich verabschiedeten, machten sie miteinander aus, sich bald wieder zu treffen.

Auf dem Weg zum Bahnhof musste Alfred Mahler immer noch an diesen Mann denken, der so große Ähnlichkeit mit seinem Bruder Leonhard hatte. Auf keinen Fall war das der Handwerker, den er bei Gertrud in der Küche gesehen hatte. Er sah den Mann, den er verfolgt hatte, genau in diesem Hauseingang verschwinden. Wo war er geblieben? Auch während der Fahrt nach Bischofteinitz ging ihm die Sache nicht aus dem Kopf.

Am nächsten Tag nach der Arbeit besuchte Alfred das Grab seines Bruders. Er hatte auf dem Weg zum Friedhof ein paar Frühlingsblumen gepflückt, die er dort niederlegen wollte. Er hatte sich auch vorgenommen, eisern zu sparen, um einen richtigen Grabstein zu kaufen. Das Holzkreuz gefiel ihm nämlich ganz und gar nicht.

Einige Tage später hatte Alfred Mahler im Auftrag seiner Firma in *Furth im Wald* zu tun. Mit einem kleinen Lastwagen sollte er Bauteile abholen. In *Česká-Kubice* (Böhm.-Kubitzen) hatte er noch etwas abzugeben und bevor er rüber ins Bayrische fuhr, wollte er eine kurze Pause einlegen. Er parkte den Wagen, um sich in einer Metzgerei ein Stück Wurst zu kaufen. Anschließend holte er sich beim Bäcker einige Semmeln, um auch für die Rückfahrt etwas Essbares zu haben. Gerade als er den Bäckerladen verließ, sah er nur wenige Schritte vor sich erneut diesen Mann! Alfred stand offenen Mundes da, wie vom Donner gerührt: Die Person trug einen schwarzen Anzug und die starke Ähnlichkeit mit seinem verstorbenen Bruder Leonhard war eindeutig! Die Tüte mit den Semmeln in der Hand, versuchte er, den Mann einzuholen. Er hätte beinahe ein Kind über den Haufen gerannt. Doch schon nach wenigen Schritten hatte er die Gestalt aus den Augen verloren. Das kann es doch gar nicht geben, dachte Mahler, er war doch nur wenige Meter vor mir! Angestrengt hielt er Ausschau, aber der Kerl blieb verschwunden. Trotzdem ging er noch ein Stück in die Richtung weiter, wo er den Mann aus den Augen verloren hatte. Als er sich schon entschlossen hatte, wieder zu seinem Auto zu gehen, – sah er ihn tatsächlich wieder! Zwar war der Mann jetzt bedeutend weiter entfernt als vorher; aber es gab keinen Zweifel: Es war die gleiche Gestalt. Wieder rannte Alfred

Mahler los! Er versuchte, so gut wie möglich diese Person im Auge zu behalten. Doch auch dieses Mal waren alle Bemühungen vergeblich. Auf einmal war der Unbekannte weg, obwohl er auf freiem Feld gegangen war. Ratlos blieb Alfred stehen: Wer um alles in der Welt war das? Warum zeigte er sich ihm, um dann wieder zu verschwinden? Was ging da eigentlich vor sich?

Er kehrte zu seinem Wagen zurück, um zur bayrischen Grenze zu fahren. Noch bevor er aber Furth im Wald erreichte, musste er wegen eines Unfalls anhalten. Ein Lastwagen, der Baumstämme transportierte, hatte einen großen Teil seiner schweren Ladung verloren. Die Stämme mussten verrutscht sein und hatten einen Bulldog komplett unter sich begraben. Feuerwehr und Polizei waren bereits vor Ort. Von den Leuten, die das Geschehen beobachtet hatten, erfuhr Mahler, dass sich der Unfall vor etwa einer halben Stunde ereignet hatte.

Nachdem die Straße wieder frei gegeben wurde, fuhr Alfred weiter. Erst jetzt wurde ihm schlagartig bewusst – wäre er, nachdem er sich Wurst und Brot in Česká-Kubice gekauft hatte, gleich weitergefahren, hätte *er* mit seinem Auto unter den Bäumen liegen können. Die Zeit, die er zur Verfolgung des seltsamen Mannes im schwarzen Anzug brauchte, hatte ihm unter Umständen das Leben gerettet.

Auch auf der Rückfahrt hatte er den seltsamen Mann im schwarzen Anzug ständig im Sinn. So ganz allmählich glaubte Alfred Mahler nicht mehr an einen Zufall. Der Mann, der aussah wie sein verstorbener Bruder Leonhard, musste eine Bedeutung für ihn haben.

Einige Wochen später, an einem heißen Sommertag, plante Alfred Mahler, an der Abschiedsfeier für einen Arbeitskollegen teilzunehmen. Dieser musste nämlich zum Militär und da lag es nahe, sich noch mal mit den Freunden und Kollegen zu treffen. In einer Gastwirtschaft in Weißensulz kam man bereits nach der Frühschicht zusammen. Es ging anfangs sehr lustig zu; und da es »Freibier« gab, herrschte schon am Spätnachmittag eine ausgelassene Stimmung. Ein junger Mann aus Eisendorf, der auch in der Firma arbeitete, mahnte die Gesellschaft, es doch etwas langsamer angehen zu lassen. Es schien aber keiner seine Worte wirklich Ernst zu nehmen. Nach wie vor wurde dem Alkohol tüchtig zugesprochen. Im Lokal waren übrigens auch uniformierte Männer – SA Leute! (SA = Sturmabteilung.) Mit zunehmendem Alkoholkonsum auf beiden Seiten kam es am Ende zu einem Streit. Die Männer um Alfred Mahler hatten nämlich wenig am Hut mit den *Braunhemden*, wie sie allgemein genannt wurden. Der Streit schien aber plötzlich zu eskalieren. Nur dem Wirt und dem jungen Mann aus Eisendorf war es zu verdanken, dass keine handfeste Schlägerei entstand. Mahler, der von einem der SA-Leute als Drückeberger beschimpft wurde, da er ja bekanntlich vom Wehrdienst befreit war, ließ diesen wissen, dass er nichts von der SA halte. Er würde mit seiner Arbeit mehr fürs Vaterland tun als sie selber. Nachdem sie Mahler dann angedroht hatten, ihm schon noch sein dreckiges Maul zu stopfen, verließ der braune Haufen geschlossen das Wirtshaus. Erst einige Stunden später brachen auch Alfred Mahler und seine Freunde auf. Den weitesten Heimweg hatte der junge Mann aus Eisendorf. Alfred begleitete ihn ein Stück des Wegs, um, wie er sagte, seinen Kopf wieder klar zu bekommen. Er ging fast bis zur Ortsgrenze mit ihm. Dann verabschiedete er sich, um ins Bett zu kommen. Morgen wartete ein schwerer Arbeitstag auf ihn.

Noch bevor er wieder in den Ort gelangte, sah er auf der linken Seite auf einem Feldweg eine Gestalt! Obwohl schon dunkel, glaubte er, wenn auch etwas undeutlich, den

Mann im schwarzen Anzug zu erkennen. In Mahler stieg panische Angst hoch! Er blieb stehen und schaute unentwegt auf die Erscheinung. Gerade als er sich entschlossen hatte, schnell von hier wegzukommen, sah er, wie der Kerl ihm zuwinkte. Die Geste war eindeutig – er sollte ihm folgen. Wie unter einem geheimen Zwang stehend, ging er dem Mann langsam nach. Er war jetzt keine zwei Meter mehr von ihm entfernt. Und obwohl er nichts sehnsüchtiger wünschte, als einfach wegzulaufen – es gelang ihm nicht. Erst als sie die halbe Ortschaft über Wiesen und Felder umgangen hatten, verschwand der Unheimliche, – nicht ohne Alfred nochmals zuzuwinken: Diesmal aber glich die Geste eher einem Abschied. Und Alfred blieb wie angewurzelt am Boden haften: Genau so, mit der linken Hand und auffällig abgespreizten Fingern, hatte ihm sein Bruder immer ein Lebewohl gewunken. Selbst bei kurzen Trennungen. Dann stand Alfred plötzlich einsam und verlassen auf dem Feldweg. Der Mann war spurlos verschwunden. - Durch diesen unsinnig erscheinenden Umweg kam Mahler fast eine Stunde später ins Bett.

Als er am nächsten Morgen zur Arbeit kam, erfuhr er, dass zwei seiner Kollegen auf dem Nachhauseweg von der Abschiedsfeier fast totgeschlagen wurden. Weiter konnte er in Erfahrung bringen, dass die SA-Leute vor allem nach ihm gesucht hatten. Als er nicht auffindbar war, hatten sie aus Wut die beiden Arbeitskameraden übel zugerichtet. Nur deshalb also, weil er gezwungenermaßen diesem Mann gefolgt war, hatten ihn die *Braunhemden* nicht erwischt. Zum wiederholten Male hatte ihn der Bursche im schwarzen Anzug, der aufs Haar genau aussah wie sein verstorbener Bruder Leonhard, gerettet. Es war auch das letzte Mal, dass ihm dieser Schutzengel begegnet war. Bis zum heutigen Tag hatte er sich ihm nie wieder gezeigt.

* * *

Albert Mahler bemerkte wohl, als er mit der Geschichte fertig war, dass ich ihn ungläubig ansah. »Ich weiß«, gab er mir zu verstehen, »dass es dir schwer fallen muss, die Geschichte zu glauben.« Dabei blickte er mich an und ich las in seinen Augen, dass er in vollem Ernst erzählt hatte. »Ich versteh das ja selber nicht, junger Mann – nur - es ist nun einmal die Wahrheit!« Nach einer Weile fuhr er fort: »Mein Bruder Leonhard half mir, – wie schon so oft, als er noch lebte – auch noch aus dem Jenseits!«

Langsam fuhr der Zug im Nürnberger Hauptbahnhof ein. Wir stiegen aus und verabschiedeten uns. Noch bevor er über die Treppe den Bahnsteig verließ, winkte er mir nochmals zu. Mit der linken Hand und die Finger auffällig abgespreizt. Dann verschwand er unter den vielen Menschen, die zum Ausgang strebten. Ich hatte ein eigenartiges Gefühl, dass mich noch während der ganzen Fahrt bis Vohenstrauß begleitete.

Der Tote aus Gorawic

Das 600 Einwohner zählende Dorf Gorawic (Name erfunden) lag eingebettet in einem Tal nahe an der bayrischen Grenze. Nur ein paar Kilometer entfernt erreichte man den Grenzort Schwarzach. Über die Orte Stadlern und Dietersdorf war es nicht mehr weit ins oberpfälzische Schönsee. Noch näher aber war es, über die *Waldhäuser* die Grenze zu passieren. Über den Reichenstein war man dann noch schneller in Schönsee. Etwas grob gerechnet, lag Gorawic zwischen *Weißensulz* und der Ortschaft *Schwanenbrückl*. Außer seiner schönen Lage hier im westlichen Böhmerwald hatte Gorawic nicht viel zu bieten. Wären da nicht der überaus geschäftstüchtige Schreinermeister Gustav Singer (Name geändert) und der Ortsvorsteher Alfons Pollmeier (Name geändert) gewesen. Schreinermeister Singer strebte schon über Jahre hinweg das Amt des Ortsvorstehers an. Was wiederum der »amtierende« Pollmeier geschickt zu verhindern wusste. Die beiden waren also nicht gerade Freunde. Schon oft hatte der katholische Geistliche des Ortes versucht, die Streithähne zu versöhnen. Ein vergebliches Unterfangen.

Gustav Singer hatte vor Jahren mit Grundstücksspekulationen in der Stadt Bischofteinitz viel Geld verdient. Wie viel genau, wusste aber keiner. In Gorawic kursierten die wildesten Gerüchte, was das Vermögen des Schreinereibesitzers anbetraf. Einige sprachen von mehreren hunderttausend Kronen, die anderen wieder behaupteten, dass alles nur »Lug und Trug« sei. Eines aber stand fest: Nicht etwa der Ortsvorsteher hatte das schönste Haus mit Grundstück im Ort, sondern der Schreinereibesitzer! Manchmal war es unausweichlich, dass die beiden aufeinander trafen. Etwa bei besonderen Anlässen innerhalb der

Gemeinde oder auch in der Gastwirtschaft. Die gegenseitigen Sticheleien blieben dann natürlich nicht aus. Einen
eindeutigen Sieger bei solchen Auseinandersetzungen gab
es nicht. Mal behielt Alfons Pollmeier die Oberhand, ein
andermal der Gustav Singer. Singer hatte sich vor einigen
Tagen eine Kutsche gekauft. Eine Sonderanfertigung aus
der Stadt Pilsen. Nach ihrem Aussehen musste sie eine
schöne Stange Geld gekostet haben. Viele der Gorawicer
Bürger meinten, der Gustav Singer habe die teuere Karos-
se nur gekauft, um den Pollmeier zu ärgern.
Am darauffolgenden Sonntag fuhr der Schreinermeister
mit seiner Kutsche beim »Adlerwirt« vor. Ein neues Pfer-
degeschirr mit Zaumzeug durfte natürlich auch nicht feh-
len. Einige der Stammgäste begutachteten das Gefährt
und sparten nicht mit Lob. Nur der Ortsvorsteher saß mit
unbeteiligter Miene am Stammtisch und tat so, als ob es
diese Kutsche gar nicht gäbe. Nach dem Mittagessen kam
auch der Herr Pfarrer an den Stammtisch.
Pfarrer Zelič (Name geändert) versuchte wieder einmal,
zwischen den Streithähnen zu vermitteln. Gustav Singer
erklärte sich zum Erstaunen der Stammtischrunde damit
einverstanden, allen Streit zu begraben. Alfons Pollmeier war über das Verhalten seines Kontrahenten dermaßen
überrascht, dass er für einen Moment keine Antwort parat hatte. Durch die mahnenden Worte des Pfarrers und
das versöhnliche Entgegenkommen des Schreiners geriet
er gewaltig in die Enge.
»Ich wüsste nicht, was es da zu bereden gäbe!«, stellte der Ortsvorsteher ärgerlich fest. »Ich mache dir einen
Vorschlag zur Güte«, antwortete ihm der Schreinereibesitzer und fuhr fort: »Ich werde nicht mehr für das Amt
des Ortsvorstehers kandidieren, solange du es innehast!«
Überrascht von diesem Angebot, hätte Pollmeier beinahe
sein Bierglas fallen lassen. Er musterte Singer eingehend,

dann machte er eine abfällige Handbewegung und sagte laut, so dass es bis im letzten Winkel der Gaststätte zu hören war: »Du führst doch etwas im Schilde! Ich lasse mich doch von dir nicht vorführen!«

»Wie der Schelm ist, so denkt er auch«, sagte Singer mit ruhiger Stimme, »du willst doch gar keinen Frieden, du bist und bleibst ein Streithammel!« Noch bevor der Herr Pfarrer schlichtend eingreifen konnte, stand Gustav Singer auf, um das Lokal zu verlassen. Er drückte dem Wirt ein Geldstück in die Hand und ging. Innerlich kochte er vor Wut. Er hatte im Beisein des Pfarrers dem Pollmeier die Chance gegeben, sich mit ihm zu versöhnen. Und der hatte sie leichtfertig verspielt.

Es war Heuerntezeit und das Wetter geradezu ideal. Selbst am Sonntag waren die Bauern fleißig dabei, ihre Wiesen zu mähen. Der Schreinermeister wollte noch nicht nach Hause. Es war früher Nachmittag, und so entschloss er sich, nach *Schmolau/Smolov* zu fahren. Er wollte dort seinen Vetter besuchen und ihm seine neue Kutsche zeigen. So fuhr er über den kleinen Ort *Neubäu*, immer an der *Radbusa* (Fluss) entlang, direkt nach Schmolau.

Vetter Heinz staunte nicht schlecht, als er Gustavs prächtige Kutsche zu Gesicht bekam. Nach etwa zwei Stunden wollte er aber, trotz des Protests der anwesenden Verwandtschaft, zurück nach Gorawic. Er nahm nicht den Weg, den er auf der Hinfahrt benutzte, sondern fuhr zunächst Richtung *Karlbachhütte/Karlova Hut*. Über Walddorf und Franzelhütte, immer hart an der bayrischen Grenze, wollte er in Plöss/Pleš eine kurze Pause einlegen, um den Pferden eine Rast zu gönnen. Im Gasthaus »*Zum Kleinseffm*« wollte er eine Kleinigkeit essen und etwas trinken.

Die Gaststube war gut gefüllt, was für Sonntagabend nichts Besonderes war. Gustav Singer war auch in Plöß

kein Unbekannter. Er hatte beruflich oft hier zu tun. Ohne
Umschweife wurde ihm an einem der Tische ein Platz an-
geboten. Nachdem die Tischrunde seine neue Kutsche be-
wundert hatte, gab er eine Runde »Selbstgebrannten«
(Schnaps) aus. Gustav rief schließlich den Wirt, um zu
bezahlen, als ein Mann vom Nachbartisch ihn ansprach:
»Herr Singer, ich habe eine Bitte: Nehmen Sie mich bis
Schwanenbrückl mit?« Zwar kannte dieser den Mann
nicht, gestattete ihm aber die Mitfahrt.
Es war so gegen 22.30 Uhr, als der Schreinermeister mit
dem Fremden losfuhr. Der saß stumm neben ihm auf dem
Kutschbock. Sprechen schien nicht gerade dessen Stärke
zu sein. Gustaf kannte den Weg von Plöß über *Schwanen-
brückl, Wistersitz/Bystřice* nach Weißensulz wie seine
Hosentasche. Auch im Dunkeln fand er sich gut zurecht.
»Sind Sie von Schwanenbrückl?«, fragte Singer seinen
Begleiter. »Ja«, antwortete dieser, »aber eigentlich bin ich
ein Gorawicer, bin da geboren.« Erstaunt sah Gustav den
Mann an. Er hatte diesen bis vor einer Stunde noch nie in
seinem Leben gesehen. »Ist auch schon lange her, dass ich
Gorawic verlassen habe«, meinte dieser und ein seltsames
Lächeln huschte dabei über sein Gesicht.
»Ist es viel verlangt, wenn Sie mir Ihren Namen verra-
ten?«, fragte Gustav höflich seinen Begleiter.
»Überhaupt nicht!«, meinte der, und wieder sah Singer
für einen kurzen Augenblick ein seltsames Lächeln auf
dessen Gesicht.
»Mein Name ist Ignaz Grünbauer!« (Name geändert) –
»Noch nie gehört, in Gorawic gibt es meines Wissens nie-
mand mit diesem Namen«, kommentierte Gustav Singer
verdutzt.
»Wie gesagt, bin schon lange aus Gorawic weg!« Dann
deutete er mit der Hand voraus auf den Weg und sprach:
»Wir sind gleich da!« – Gustav Singer wurde aus dem

Burschen nicht schlau. Und noch bevor sie den Ort *Schwanenbrückl* erreicht hatten, bat ihn der Fremde anzuhalten. Er bedankte sich höflich bei Gustaf, stieg ab und winkte ihm, als dieser weiterfuhr, nochmals zu. Als sich Singer nach wenigen Metern vom Kutschbock erhob und nach hinten schaute, war vom Ignaz Grünbauer absolut nichts mehr zu sehen.

Ein seltsamer Kauz, dachte sich der Schreinermeister aus Gorawic: Warum fuhr er nicht mit bis zur Ortschaft? Nun ja, es gab sicherlich Menschen, die gerne nachts alleine herumgingen. Endlich erreichte er Gorawic. Er versorgte die Pferde, dann legte er sich schlafen.

Am Montagmittag verließ Singer seine Schreiner-Werkstatt, um Pfarrer Zelič aufzusuchen. Dieser war aber in großer Eile, er musste zu einem Schwerkranken. »Wenn es nicht dringend ist, kommen Sie bitte morgen!«, sagte der Geistliche. »Ist in Ordnung, es ist nichts Eiliges«, versicherte Singer. Da er nun schon mal da war, begab er sich gleich auf das Gemeindeamt, das ja auf dem Weg lag. In der Amtsstube war nur der Gemeindediener anwesend. Er fragte ihn nach dem Amtschreiber, doch der wusste nicht, wo sich dieser im Moment aufhielt. Im selben Augenblick betrat der Ortsvorsteher das Amtszimmer.

»Was willst du?«, fragte er den Schreinermeister unwirsch. »Ich hätte gerne gewusst, ob es mal einen Ignaz Grünbauer bei uns hier im Ort gab.« – »Warum willst du das wissen?«, fragte Pollmeier erstaunt. »Hat er womöglich eine Rechnung bei dir offen?«

»Quatsch!«, erwiderte Singer. »Es interessiert mich halt!« »Wenn du keine plausible Erklärung für deine Neugier hast, gibt es keine Einsicht ins Gemeindebuch!«, wurde der Ortsvorsteher plötzlich dienstlich. Ohne noch ein weiteres Wort zu verlieren, verließ Gustav Singer die Amtsstube. Er hatte nämlich keine Lust, sich mit Alfons Pollmeier herumzustreiten. Die Suche nach Ignaz Grünbauer wollte er aber keinesfalls aufgeben. Denn was sich Gustav Singer mal in seinen Kopf gesetzt hatte, das würde er auch durchführen. Wenn Ignaz Grünbauer tatsächlich hier in Gorawic gewohnt hatte, musste dies doch im Gemeinde- oder Kirchenbuch vermerkt sein. Er würde am nächsten Tag zu Pfarrer Zelič gehen und ihn um Einsicht ins Kirchenbuch bitten.

Früh am Morgen war er schon zur Stelle und trug dem Geistlichen sein Anliegen vor. Dieser hörte dem Schreinermeister aufmerksam zu. »Es ist kein Problem«, versicherte der Pfarrer, »im Kirchenbuch nachzusehen!«

Er ging zu einem großen Holzschrank und holte ein dickes Buch hervor. Er blätterte geraume Zeit darin, dann schien er fündig geworden zu sein. Er entnahm dem Buch ein loses Blatt Papier, das eng beschrieben war. Pfarrer Zelič brauchte lange, bis er das Blatt studiert hatte und es endlich zur Seite legte. »Ich weiß nicht, mein lieber Herr Singer, ob ich Ihnen überhaupt Auskunft geben soll«, meinte er. »Diese Nachricht stammt nämlich von meinem Vorgänger.«

Der Schreinereibesitzer aber pochte hartnäckig darauf, den Inhalt zu erfahren, sollte der Schrieb diesen Herrn Grünbauer betreffen. »Wenn Sie mir versprechen, dass Sie die Geschichte für sich behalten«, sprach der Geistliche, »so werde ich Sie Ihnen vorlesen.« Gustav Singer versprach es bei seiner Ehre und forderte Hochwürden auf, ihm das Blatt auszuhändigen. – Er könne doch schließlich selber lesen. »Gut!«, meinte dieser und überreichte ihm das Papier. Singer holte seine Brille hervor, setzte diese hastig auf und fing an zu lesen.

Es war schon einige Jahre her, als sich in Gorawic Folgendes zugetragen hatte:

Ich, Miroslav Hutec, katholischer Priester in Gorawic, schwöre bei Gott dem Allmächtigen, dass sich folgende Geschichte genauso zugetragen hat, wie es auf diesem Papier geschrieben steht.

An einem kalten Maitag wurde ich zur Familie Klostermeier gerufen. Diese bewirtschaftete etwas außerhalb von Gorawic einen Bauernhof. Der Bauer war schwer erkrankt, er verlangte nach priesterlichem Beistand. Als ich dann am Krankenbett des Hofbesitzers stand, konnte ich sofort erkennen, dass er nicht mehr lange zu leben hatte. Das Sprechen fiel dem Kranken schwer. Er verlangte, dass ich ihm die Beichte abnehme. Ich schickte die Familienangehörigen aus dem Zimmer. Nach der Beichte verabreichte ich ihm die Heiligen Sterbesakramente. Was er mir gebeichtet hatte, habe ich erst nach seinem Tod auf dieses Papier geschrieben.

Als Klostermeier zwanzig Jahre alt war, hatte er in der Nähe der jetzigen Ortschaft Schwanenbrückl einen Mann erschlagen. Wie es genau zu dieser Tat kam, konnte er mir, bedingt durch die Schwere der Krankheit, nicht mehr Wort für Wort sagen. Es musste sich wohl um ein Kartenspiel gehandelt haben. Der Mann hatte scheinbar viel Geld verloren, was zum größten Teil Klostermeier gewonnen hatte. Auf dem Nachhauseweg lauerte er dem jungen Kerl aus Gorawic auf, um ihm das Geld wieder abzunehmen. Doch Klostermeier wollte das Geld nicht freiwillig herausgeben, und so kam es zu einem Handgemenge. Er schlug den Mann, der ihn massiv bedrängte, mit einem gezielten Fausthieb nieder. Der stürzte zu Boden, wobei er unglücklich mit dem Kopf aufschlug. Als Klostermeier bemerkte, dass der Mann sich nicht bewegte und auch nicht mehr atmete, verließ er fluchtartig den Tatort.

Später erfuhr er, dass die Ermittlungen der Gendarmerie zu folgendem Ergebnis geführt haben: Der Mann sei durch einen Raubüberfall zu Tode gekommen. Der Täter konnte trotz intensiver Nachforschung der Kriminalpolizei nicht gestellt werden. Von diesem Tag an versuchte der angesehene Landwirt, die Tat zu vergessen. Er tröstete sich damit, dass er den Mann ja nicht umbringen wollte. Er hatte in Notwehr gehandelt. Und nicht sein Faustschlag, sondern ein tragischer Unfall hatte ihm das Leben gekostet.

Trotzdem trug Klostermeier bis zum heutigen Tag schwer an dieser Tat. Noch bevor der herbeigerufene Arzt eintraf, starb er in meinem Beisein. Der Mediziner stellte nach einer kurzen Untersuchung den Totenschein aus. Ich verließ das Anwesen der Klostermeiers und ordnete die Überführung des Leichnams nach Gorawic an. Noch am Abend desselben Tages wurde der Verstorbene in den Leichenraum der Gemeinde Gorawic gebracht.

Anschließend wurde der Leichnam vom Totengräber eingesargt. Am nächsten Tag, als dieser das Grab ausgehoben hatte, begab er sich in die Leichenkammer. Er wollte dort auf die Familienangehörigen warten, um den Sarg zu öffnen. Zu unserer Zeit war es noch üblich, dass die Verwandten und Freunde bereits am Vortag der Beerdigung am offenen Sarg Abschied von den Verstorbenen nahmen. Als die Familie sich um den Sarg versammelt hatte, öffnete ihn der Totengräber. Dieser war erstaunt, dass der Sargdeckel nicht angeschraubt war. Er hatte, und das wusste er genau, diesen gestern Abend höchst persönlich vorschriftsmäßig zugeschraubt. Er hob den Deckel an und noch bevor er ihn entfernen und abstellen konnte, glitt ihm dieser aus der Hand und fiel geräuschvoll zu Boden. Erschrocken traten einige, die nahe am Totenschrein standen, etwas zur Seite. Der Totengräber aber schaute mit weit aufgerissenen Augen in den Sarg. Der Tote lag nicht auf dem Rücken! Das bleiche Gesicht war an die rechte

Seitenwand gedrückt! Er hatte eine völlig andere Lage eingenommen! Die meisten der Anwesenden verließen daraufhin fluchtartig die Leichenkammer. Nur der Totengräber starrte unentwegt auf den Toten im Sarg. Er hatte doch nach dem Einsargen diesen nicht mehr bewegt! Und die Tür zur Kammer hatte er nach getaner Arbeit selbst abgeschlossen! Frau Klostermeier war im Leichenraum geblieben und schaute verwirrt auf den Leichenwärter. Der fand endlich seine Sprache wieder und versicherte ihr, dass er keine Ahnung habe, wie das passiert sein konnte. Er brachte den Leichnam wieder in seine ursprüngliche Lage und verschloss in Anwesenheit von Frau Klostermeier den Sarg mit größter Gewissenhaftigkeit. Am Tag der Beerdigung wagte allerdings keiner mehr, den Sarg zu öffnen! Ich, Miroslav Hutec, Pfarrer von Gorawic, war Zeuge dieses Vorfalls.

Gustav Singer gab das Papier an Pfarrer Zelič zurück. Er bedankte sich nochmals und versicherte dem Geistlichen, niemandem von dieser Geschichte zu erzählen. Jetzt wusste er, wen er vor einigen Tagen mit seiner Kutsche von *Plöss/Pleš* bis zum Ortsrand von *Schwanenbrückl* mitgenommen hatte. Es musste, und da gab es für Singer nicht den geringsten Zweifel, der Mann sein, der von Klostermeier erschlagen wurde. »Herr Pfarrer«, meinte er schließlich, »ich möchte Ihnen unter dem Siegel größter Verschwiegenheit nun meinerseits ein Geheimnis anvertrauen.« Und er erzählte ihm von seinem Erlebnis in der letzten Nacht. Der Geistliche machte ein neutrales Gesicht, weil er dem aufgebrachten Singer seine erheblichen Zweifel nicht zeigen wollte. Und als der reiche Schreinermeister ihn bedrängte, er möge ihm doch das Kirchenbuch zur eigenen Einsicht aushändigen, ließ er ihn gewähren, ja stellte ihm sogar sein Büro zur Verfügung. »Das Kirchenbuch darf diesen Raum nicht verlassen- verstehen Sie?« Stundenlang studierte Singer dann sämtliche Namen, die im Buch aufgeführt waren. Auf einer Seite war der Eintrag eines »durch Gewalt zu Tode gekommenen Mannes« durch Tintenbleistift ergänzt worden: *Grünbauer I.* – »Ja!«, meinte der Pfarrer, der eben von Amtsgeschäften wieder in sein Arbeitszimmer zurückkehrte: »Sie haben richtig gelesen. Der Mann, den Sie suchen, wurde vor mehr als vierzig Jahren von Klostermeier erschlagen.« – »Warum«, entgegnete der bestürzte Schreiner, »haben Sie mir nicht gleich die Stelle gezeigt?« – »Ich wollte, dass Sie selbst alles herausfinden. Sie haben doch behauptet, dass Sie mit Ignaz Grünbauer erst kürzlich eine lustige Kutschfahrt unternommen haben, nicht wahr? Und mit Menschen, die Gespenster gesehen haben wollen, streite ich prinzipiell nicht!«

Bei einem späteren Besuch Singers in *Zemschen/ Třemešné* erzählte ihm ein Fuhrmann, dass er, von Weißensulz kommend, einen Mann mitgenommen hatte. Kurz vor dem Ort Schwanenbrückl wollte dieser aber unbedingt absteigen. Singer ließ sich den Mann genau beschreiben: Alle Merkmale passten exakt zu Ignaz Grünbauer, dessen Seele wohl immer noch ruhelos unterwegs war.

Besuch am Heiligabend

Es war im Dezember 1955, in der so genannten *staden* (stillen) Zeit, wie man in Bayern sagt. Ich (der Autor) war von einem guten Bekannten eingeladen worden, den Abend bei dessen Familie zu verbringen. Der kleine Ort lag nur wenige Kilometer von der damaligen Kreisstadt Vohenstrauß in der Oberpfalz entfernt. Es war allgemein üblich, insbesondere aber auf dem Land, sich in der Adventszeit bei einer Familie zu treffen. Nachbarn und Bekannte kamen an den langen Winterabenden in den »Hutschastuben« (vgl. die Erzählung »In den Hutschastuben«) zusammen. Dort wurden, unter anderem, auch Erlebnisse und Geschichten erzählt.

Schon damals interessierten mich derlei Geschichten und Erzählungen. Gerade die älteren Leute verstanden es, mich mit ihren oft gruseligen Schilderungen zu fesseln. Manchmal hatte ich aber auch das Gefühl, dass mehr hinter diesen Geschichten steckte als bloße Fantasie. Ja einige von ihnen hatte ich sogar schon anderswo und von anderen Erzählern gehört. Das machte sie nicht weniger gruselig. Im Gegenteil: Sie klangen außerordentlich realistisch. So auch die folgende Geschichte, die mir ähnlicherweise schon einmal zu Ohren gekommen war. Mich schaudert bis heute – doch hören Sie selbst.

Mein Bekannter und Arbeitskollege sagte mir beim Abendessen, zu dem mich seine Eltern freundlicherweise eingeladen hatten, dass ich heute bestimmt auf meine Kosten käme. Die alte *Moosweberin* habe ein schier unerschöpfliches Repertoire an Geschichten. Und sie hatte ihr Kommen fest zugesagt. So war es dann auch. Die bereits achtzigjährige *Moosweberin* kam als Letzte in die gute Stube. Wie alle erfahrenen Erzählerinnen wusste sie natürlich, dass man die Leute vor dem Auftritt ein wenig warten lassen musste. Das steigerte die Spannung. Ich saß auf einem schon sehr betagten Sofa und fragte mich, was für eine Geschichte die alte Dame wohl erzählen würde. Doch diese nahm erst einmal betont langsam an dem riesigen Holztisch Platz. Sie war für ihre achtzig Jahre noch durchaus rüstig. Ihr schneeweißes Haar war nach hinten gekämmt und zu einem Knoten gebunden. Sie sah sich erst einmal alle Anwesenden genau an, dabei fiel ihr Blick auch auf mich. Für einen Moment hielt sie inne, dann sagte sie: »Aha, ein ganz neues Gesicht, wo kommst du denn her, Bub?« Etwas verlegen gab ich Auskunft. Als ihr mein Bekannter mitteilte, dass ich eigentlich aus dem nahen Böhmerwald stamme, breitete sich ein Lächeln über ihr Gesicht aus. »Das trifft sich gut«, sprach sie und wurde plötzlich wieder ganz Ernst. »Meine Geschichte, die ich euch heute erzählen werde, hat sich genau dort zugetragen.« An mich gewendet sagte sie weiter: »Es ist eine wahre Geschichte, die ich während des Zweiten Weltkriegs drüben auf der böhmischen Seite erlebt habe.«

Die Stube war nun bis auf den letzten Sitzplatz gefüllt. Über den großen Holztisch war die Lampe heruntergezogen und verbreitete ein wohliges Schummerlicht. Nur die *Moosweberin* war, weil sie direkt unter der Lichtquelle saß, deutlich zu sehen. Wir anderen erschienen nur umrisshaft im Hintergrund des Raumes. Mit einem Federkissen im Rücken, lehnte ich mich behaglich auf dem Sofa zurück. Mein Arbeitskollege saß ebenfalls entspannt neben mir.

Endlich hatte auch der Hausherr am Tisch Platz genommen. Dieser ermunterte alsbald die *Moosweberin*, mit ihrer Geschichte zu beginnen. Die ließ sich nicht lange bitten, verlangte aber energisch nach etwas Ruhe. Sofort verstummte jegliche Unterhaltung. Sie nahm noch einen Schluck aus ihrem »Teehaferl«, schaute in die Runde und begann zu erzählen. Ich (der Autor) habe bis zum heutigen Tag die Geschichte noch sehr gut in Erinnerung. Viele Jahre später, wie schon eingangs erwähnt, sollte sie mir erstaunlicherweise nochmals, in ganz ähnlicher Form, bei einem Besuch im Bayerischen Wald zu Gehöhr kommen.

**

Die Ortschaft Kamlitz (Name geändert) im westlichen Böhmerwald lag direkt an der Grenze. Schon nach einigen 100 Metern war man auf der bayerischen Seite. Es war Mittwoch, der 22. Dezember 1943. Bei der Familie Trautmann (Name geändert.) wollte zwei Tage vor Heilig Abend keine rechte Weihnachtsstimmung aufkommen. War es doch bereits die vierte Kriegsweihnacht, die sie ohne Vater und Sohn feiern musste. Dazu kam noch, dass der Schwiegersohn sich schon geraume Zeit nicht mehr gemeldet hatte. Er war an der Ostfront, wie die anderen beiden auch. Nur von Vater und Sohn kam, wenn auch in unregelmäßigen Abständen, Feldpost.
Marlies Höfer (Name geändert), geb. Trautmann, wartete schon mehr als vier Wochen auf eine Nachricht von ihrem Mann. Bernhard Höfer (Name geändert) hatte sich das letzte Mal aus Polen gemeldet. In dieser Nachricht teilte er seiner Frau Marlies mit, dass er einer neu erstellten Einheit zugeteilt wurde. Diese werde schon bald an die Front verlegt. Jeden Tag wartete die junge Frau nervös auf den Briefträger. Immer, wenn er die Dorfstraße entlangkam, sah er Marlies wartend auf der Straße stehen. Schon beim Sortieren der Post achtete er darauf, ob nicht eine Nachricht für Marlies Trautmann dabei wäre. In den letzten Monaten fing der Postbote an, seinen Beruf zu hassen. Wenn er ein Haus

betrat, wurde er von den Bewohnern mit nackter Angst im Gesicht empfangen. War es ein Feldpostbrief, konnte er die Erleichterung der Menschen förmlich spüren. Er hatte aber auch andere Post dabei. Diese konnte man schon rein äußerlich als eine Todesnachricht erkennen. In den letzten Monaten häuften sich diese Nachrichten. Seit im Februar 1943 die Schlacht um Stalingrad zu Ende gegangen war, gehörten sie mehr oder weniger zum Alltag. Heute, zwei Tage vor Weihnachten, brachte der Bote wieder keine Feldpost – also kein Lebenszeichen. Aber auch keine andere Post. Und das war immerhin ein Trost.

Marlies und ihre Mutter richteten sich also schweren Herzens darauf ein, die Feiertage ohne ihre Lieben zu verbringen. Die Mutter tröstete ihre Tochter mit der Hoffnung, dass in den verbleibenden zwei Tagen vor Weihnachten ja immer noch Feldpost eintreffen könne. Obwohl sie alle beide nicht wirklich daran glaubten – die Hoffnung an sich tat ihnen gut. Am Morgen des kommenden Tages waren sie schon mit den Vorbereitungen zum Fest beschäftigt.

Für Heiligabend hatte sich in diesem Jahr Besuch angesagt. Eine Tante aus dem Bayerischen wollte den Weihnachtsabend bei Familie Trautmann verbringen. Mutter und Tochter waren froh, in der Heiligen Nacht nicht alleine zu sein. Marlies Trautmann hatte es einen Tag vor dem 24.12. doch noch geschafft, ein Suppenhuhn aufzutreiben. Auch die Tante kündigte an, etwas Essbares mitzubringen. An diesem Donnerstag, den 23. 12. 1943, wartete Marlies wie immer auf den Postboten. Eigentlich war er um diese Uhrzeit (13.00 Uhr) schon längst da. Heute, wohl wegen der vielen Weihnachtspost, schien er sich zu verspäten. Marlies aber wartete erneut vergebens. Schon von weitem konnte sie erkennen, dass keine Post für sie dabei war. Denn hätte der Bote für Marlies eine Nachricht gehabt, dann hätte er ihr schon von weitem damit gewunken.

Traurig ging Marlies ins Haus zurück. Nach dem Essen ging sie zu der kleinen Kapelle am Ortsausgang. Wie schon so oft in den Monaten zuvor, wollte sie für ihren Mann, Vater und Bruder ein Gebet sprechen. Heute betete sie besonders eindringlich und flehend zur Heiligen Mutter Gottes. Als sie sich auf den Rückweg machte, war es bereits dunkel. Ein seltsames Gefühl beschlich sie. Irgendwie war sie nach dem Besuch in der Kapelle erleichtert. Beim Abendbrot konnte auch die Mutter erkennen, dass ihre Tochter heute nicht so traurig aussah wie sonst.

Am Weihnachtsmorgen überraschte Marlies ihre Mutter aufs Neue, als sie vor dem Foto ihres Mannes kniete und betete. Sie merkte gar nicht, dass die Mutter die Stube betreten hatte, so versunken war sie. Leise sprach sie zu ihrer Tochter: »Marlies, du musst mir helfen, den Weihnachtsbaum zu schmücken.« - »Ja, ich komme!«, antwortete sie und zündete die Kerze an, die neben dem Foto auf der Kommode stand. Das Bild zeigte ihren Mann in Uniform. Es war eine Aufnahme aus dem letzten Urlaub.

Sie waren mit dem Schmücken des Baumes noch nicht ganz fertig, als die Tante, weit früher als angekündigt, in der Tür stand. Die packte nach herzlicher Begrüßung ihre große Tasche aus. Sie hatte nicht zu viel versprochen! Ein riesiges Stück Rauchfleisch, frische Butter und Hausmacherwurst wurden auf dem Küchentisch ausgebreitet. Die Wurst verbreitete ein Aroma, dass man unwillkürlich Appetit bekam. Die Sachen wurden sogleich in die Speisekammer gebracht und gehütet wie ein Schatz. Denn zu kaufen gab es solche Köstlichkeiten nicht. Jeder wusste, dass man derlei Dinge nur mit einer »Schwarzschlachtung« erzeugen konnte. Damals bedurfte es nämlich einer Genehmigung, wenn man schlachten wollte! Es war nicht ungefährlich und mit einer hohen Strafe zu rechnen, wenn man beim »Schwarzschlachten« erwischt wurde.

Liebevoll hatte Marlies' Mutter den Tisch gedeckt. Für jeden lag ein kleines Geschenk unter dem Christbaum. Es waren Gaben der besonderen Art. Ein warmer Schal und Handschuhe, natürlich selbst gestrickt. Auch für Bernhard Höfer, der sich in diesem Moment wohl irgendwo an der Ostfront in einem Schützengraben befand, war ein Geschenk dabei. Gedankenverloren stand Marlies vor der Kommode, auf der das Foto ihres Mannes stand, geschmückt mit einem Tannenzweig. Liebevoll glitten ihre Finger über das Bild. Sie entzündete gerade eine selbst gebastelte Kerze, als ihre Mutter sie bat, am festlich gedeckten Tisch Platz zu nehmen. Noch bevor sie sich setzten konnte, klopfte es plötzlich laut an der Haustür.

»Wer kommt denn zu dieser Stunde noch zu uns?«, fragte Marlies und sah dabei ihre Mutter fragend an. »Ich erwarte eigentlich niemanden«, meinte diese, »aber schau doch bitte mal nach!« Die Tochter verließ das Zimmer, um die Haustür zu öffnen. Gleich darauf hörten die beiden Frauen in der Stube einen Schrei! Das war kein Angstschrei! Nein, das war ein Freudenschrei! Die beiden Frauen liefen auf den Flur hinaus – was sie sahen, war so unglaublich, dass es ihnen die Sprache verschlug: Marlies lag glücklich in den Armen eines Mannes! Dann hörten sie sie rufen: »Mama! Mama! Bernhard ist gekommen!« Tatsächlich, der Mann da im Hausflur war Bernhard Höfer. Die Mutter wusste zunächst nicht, was sie sagen sollte, dann forderte sie die beiden auf, in die Stube zu kommen.

Bernhard Höfer schien in keiner guten Verfassung zu sein. Die Uniform war verschmutzt, sein abgemagertes Gesicht blass. Unentwegt strich ihm seine Frau übers Haar, sie konnte es immer noch nicht fassen, dass ihr Bernhard heute an Heiligabend mit am weihnachtlich gedeckten Tisch saß.

»Ich komme direkt von der Front!«, sagte er in einem Ton, der wohl sein äußeres Erscheinungsbild entschuldigen sollte. Er zog Mantel und Jacke aus und setzte sich wieder zu den drei Frauen an den Tisch.

»Warum hast du mich über dein Kommen nicht benachrichtigt?«, fragte Marlies, dabei ergriff sie seine Hand, als hätte sie Angst, dass alles gar nicht wahr sei, dass er einfach wieder verschwinden könne.

»Es ging alles so schnell«, antwortete Bernhard, »ich habe selber nicht glauben können, heute bei dir zu sein!« Dabei sah er seine Frau liebevoll an und nahm sie erneut in den Arm. Lange saßen sie eng umschlungen und vollkommen selig am Tisch.

»Das muss gefeiert werden!«, rief die Mutter freudig in die Runde und trug alle Leckerbissen auf, die die Tante aus Bayern mitgebracht hatte. Schweigend, jeder schien seinen eigenen Gedanken nachzuhängen, nahmen sie das Abendessen ein. Immer noch weigerte sich Bernhard, ein Bad zu nehmen. Er wolle jede Minute mit Marlies verbringen, wehrte er alle Vorschläge ab, sich doch ein wenig frisch zu machen. Dann teilte er ihnen mit leiser Stimme mit, dass er bereits am kommenden Morgen gegen 5 Uhr wieder zurück an die Front müsse. Sein Urlaub, sprach er, sei von *oberster Stelle* kurzfristig genehmigt worden. Als er bemerkte, dass Marlies ihn enttäuscht ansah, nahm er sie sanft bei den Schultern und blickte ihr lächelnd ins Gesicht:

»Sei froh!«, und plötzlich drückte er sie fest an sich. »Wir haben doch noch viele Stunden für uns Zeit!«

»Ich bin ja so glücklich!«, sprach sie und wischte die Tränen aus ihrem Gesicht. »Noch heute Nachmittag hätte ich nicht einmal im Traum daran gedacht, dich zu sehen. Dann erzählte sie Bernhard, wie sie heute in der kleinen Kapelle für ihn gebetet habe. Angefleht habe sie den lieben Gott und die Heilige Jungfrau um ein Lebenszeichen von ihrem Mann! Nun war er leibhaftig da, sie konnte es immer noch nicht begreifen. Heute Morgen wäre sie froh gewesen, wenn der Postbote einen Feldpostbrief gebracht hätte. Der baldige Abschied jedoch überschattete Marlies' große Freude. Bereits in wenigen Stunden sollte sie wieder Abschied nehmen. Bernhard schien die Gedanken seiner Frau zu erraten. Leise und wie aus weiter Ferne hörte Marlies die Stimme ihres Mannes an ihr Ohr dringen: »Liebling, du bist undankbar!« - »Entschuldige bitte, du hast ja Recht!« Sie legte ihren Arm um seine Schulter, streichelte über seine eingefallenen Wangen und meinte: »Lass uns einfach die Zeit genießen, die wir zusammen sein können.«

Lange saßen Mutter und Tante mit dem jungen Paar an diesem Heiligabend noch zusammen. Bernhard hatte das Geschenk, das Marlies für ihn unter den Christbaum gelegt hatte, noch unausgepackt vor sich auf dem Tisch liegen. Er schien sehr müde zu sein. In sich gekehrt, ja manchmal regelrecht abwesend, saß er am Tisch. Und nur sporadisch nahm er an der Unterhaltung teil. Marlies bemerkte das natürlich und forderte ihn auf, doch endlich sein Weihnachtsgeschenk zu öffnen. Alle anderen hätten dies bereits getan. Langsam und etwas ungeschickt entfernte Bernhard die Verpackung. Ein silbernes Kettchen mit einem Kreuz war der Inhalt. Auf der Rückseite des Kruzifixes war mit feiner Gravur zu lesen: »*In Liebe - Deine Marlies.*«

Langsam legte Bernhard das wundervolle Geschenk auf den Tisch, damit es alle sehen konnten. Die Mutter war erstaunt, sie hatte von alldem nichts gewusst. »Dieses Halskettchen, mein lieber Bernhard, soll dich beschützen und dich unversehrt aus dem Krieg zu mir zurückkommen lassen!« Dann legte sie es um seinen Hals und küsste ihn. Tief bewegt und mit Tränen in den Augen saß Bernhard Höfer auf seinem Stuhl. Er griff mit der Hand nach dem Kreuz an dem Kettchen und betastete und streichelte es. Marlies Mutter begann den Tisch abzuräumen. Die Tante half ihr dabei. Anschließend gingen sie zu Bett. Sie wollten das Paar alleine lassen. Die beiden zogen sich nur wenig später auf Marlies' Zimmer zurück.

Schon um vier Uhr früh hatte die Mutter das Frühstück zubereitet. Auch die Tante war schon reisefertig. Sie wollte im Laufe des Vormittags ebenfalls den Heimweg antreten. Marlies kam zur Überraschung von Mutter und Tante alleine zum Frühstück. »Wo ist Bernhard, schläft er noch?«, fragte die Mutter verwundert. - »Er ist bereits vor zwei Stunden aufgebrochen, er bat mich, euch zu grüßen.« Mehr wusste auch Marlies nicht zu berichten, obwohl sie alles Menschenmögliche versucht hatte, ihn zu einem gemeinsamen Frühstück zu überreden. Traurig saßen die drei Frauen an dem Tisch. So hatten sie sich den Abschied von Bernhard nicht vorgestellt. Schließlich machte sich auch die Tante auf den Weg. Sie versuchte, Marlies zu trösten: »Hast deinen Bernhard doch zumindest für einige Stunden bei dir gehabt! Das war mehr, als du erwarten konntest!« Marlies begleitete die Tante noch ein Stück. Dann ging sie mit ihrer Mutter in den Christsonntags-Gottesdienst.

Es war Montag, der 27. 12. 1943, als der Briefträger bei Familie Trautmann an die Tür klopfte. Erschrocken zuckten Mutter und Tochter zusammen. Hilflos stand er in der Tür. Mit ernstem Gesicht übergab er Marlies ein Schreiben. Diese wurde kreidebleich. Mit zitternder Hand öffnete sie das Kuvert. Schon nach wenigen Sekunden fing sie an, besinnungslos zu schreien. Mit wenigen Worten war in dem Schreiben zu lesen: »*Am Mittwoch, den 22. Dezember 1943, ist Unteroffizier Bernhard Höfer im heldenhaften Kampf für Volk und Vaterland den Heldentod gestorben.*«

Marlies hatte sich nach dieser Nachricht nicht mehr erholt. Sie wurde krank und starb wenige Wochen später. Immer wieder fragte sie, wie es möglich war, dass ihr Bernhard an Heiligabend unter Zeugen zu Besuch war, wenn er doch bereits am 22. 12. 1943 sein Leben verloren hatte? Bis heute ist dieser Tatbestand ein Rätsel geblieben.

***

Die alte Moosweberin schaute in die Runde. In vielen Gesichtern war der Zweifel am Wahrheitsgehalt der Geschichte deutlich zu erkennen. Sie erhob sich und sagte mit leiser, sehr eindringlicher Stimme: »Die Tante von Marlies steht übrigens vor euch. Und was ich mit eigenen Augen gesehen habe, lasse ich mir von niemandem ausreden.« Schon fast an der Tür, drehte sie sich nochmals um: »Übrigens! Ich selbst habe Nachforschungen angestellt, noch während des Krieges. Bernhard ist tatsächlich am 22. Dezember gefallen. Das Silberkettchen mit Kreuz, das ihm seine Frau am Heiligabend um den Hals gelegt hatte, wurde der Marlies Trautmann einige Tage später mit anderen persönlichen Dingen zugestellt. – Gute Nacht!«

Der Breuer Wastl

Es war ein schöner Sommermorgen, als sich Sebastian Breuer (Name erfunden), den aber alle nur »Breuer Wastl« nannten, wieder einmal auf den Weg machte.

In *Alt-Schlossberg* (Name erfunden), was sein Geburts- und Wohnort war, begegnete man ihm mit großem Respekt. Einigen Bürgern aber war er nicht ganz geheuer. Dem Breuer Wastl sagte man nämlich nach, dass er übernatürliche Kräfte besitze, die er auch schon des Öfteren unter Beweis gestellt habe. So war er nicht nur im Landkreis *Bischofteinitz/Horšovský Týn* bekannt, sondern noch weit darüber hinaus. Heute war er unterwegs nach *Neudorf/Nová Ves*. Die Waldarbeiterfamilie Horak (Name erfunden) hatte ihn rufen lassen. Der Familienvater Josef Horak war schwer erkrankt.

Der Breuer Wastl war schon eine sonderbare Erscheinung: Nicht gerade groß gewachsen (1,65 m) und reichlich hager, dazu stets in Schwarz gekleidet, glich er eher einem Totengräber als einem »Wunderheiler«. Sein schütteres Haar war ständig von einem ebenfalls schwarzen Hut bedeckt. Nun mochte jeder über ihn denken, was er wollte, eines aber war sicher: Nicht wenigen Schwerkranken hatte er wieder auf die Beine geholfen. Heute allerdings, das wusste der Wastl nur zu gut, wartete eine besonders schwere Aufgabe auf ihn. Frau Horak hatte ihn wissen lassen, dass der Arzt mit seinem Latein am Ende war. Im Sommer, so auch heute, benutzte der Wastl gewöhnlich sein Fahrrad. Am Weiherwiesenhaus/Rybničná vorbei, fuhr er Richtung Dianaberg/Diana, um über Novohradský Neudorf zu erreichen. Die Fahrt war alles andere als einfach. Fortwährend musste er absteigen und das Rad schieben, weil es oft steil bergauf ging. Kurz vor Neudorf beschloss er, eine Rast einzulegen.

Er setzte sich am Wegrand ins Gras und machte es sich bequem. In der Gegend um Novohradský begegnete man um diese Uhrzeit kaum einem Menschen. Jetzt, am Mittag, war die Hitze fast schon unerträglich. Den spärlichen Schatten nutzend, döste der Wastl eine Weile vor sich hin. Plötzlich wurde er durch die Geräusche eines herannahenden Fuhrwerks aus seinen Träumen gerissen. Noch bevor er sich aufgerichtet hatte, kam ein sonderbares Gefährt vor ihm zu stehen. Anfangs konnte der Breuer Wastl das Fahrzeug gar nicht richtig einstufen. Erst als er genau hinsah, kam er zu dem Ergebnis, dass es sich womöglich um einen Leichenwagen handelte. Darauf deutete das Kreuz, das an der Seite des komischen Fahrzeugs angebracht war. Ansonsten hätte man es auch für eine edle Kutsche halten können. Gezogen wurde das Gefährt von zwei Pferden. Ein Mann stieg vom Kutschbock, legte zwei Finger an seine Hutkrempe und murmelte so etwas Ähnliches wie einen Gruß.

»Ist nicht gerade angenehm bei dieser Hitze!«, meinte er und deutete auf das Fahrrad.

Der Wastl hatte auf den Gruß des Fremden nur leicht seine Hand gehoben und entgegnete: »Ist Gewohnheitssache!« Dabei beobachtete er den Kutscher und dessen seltsames Gefährt. Diesen Mann hatte er hier in der Gegend noch nie gesehen. Es konnte somit gar nicht möglich sein, dass der vermeintliche Leichenbestatter in der näheren Umgebung tätig war.

»Wo kommen Sie her und wo soll es denn hingehen?«, fragte er den Fremden.

»Ich komme aus *Saßlitz* (Name geändert), das liegt zwischen *Pfraumberg/Přimda* und *Molgau/Málkov!*«, antwortete er; dann stieg er wieder auf die Kutsche.

Bevor er losfuhr, rief er dem Wastl noch zu: »Muss mich beeilen und meine Pflicht tun!« Bald darauf war er um die nächste Wegbiegung verschwunden.

Auch der Wastl schwang sich nun auf sein Fahrrad, um so schnell wie möglich seinen Patienten zu erreichen. Als er schweißgebadet und außer Atem bei der Familie Horak ankam, wurde er dort schon sehnlichst erwartet. Josef Horak schien tatsächlich schwer krank zu sein. Mit hohem Fieber fand ihn der Wastl im Bett liegend vor.

»Wir brauchen eiskaltes Wasser und Tücher«, ordnete der Breuer Wastl an, was von der Ehefrau des Kranken eiligst herbeigeschafft wurde. Nun fertigte er aus einem Leinentuch einen so genannten »Wickel« (Umschlag) und legte ihn dem Erkrankten auf die Stirn. Einen zweiten brachte er auf dessen Brust an. Weiter befahl er, aus mitgebrachten Kräutern einen Teeaufguss zu kochen. Aus seiner Brusttasche holte er ein kleines Holzkreuz hervor, setzte sich zu dem Kranken ans Bett und legte ihm dieses auf die Brust. Dann setzte er sich auf den extra für ihn bereitgestellten Stuhl. Als Frau Horak mit dem Tee kam, versuchten sie gemeinsam, dem sterbenskranken Josef etwas davon einzuflößen. Ein schwieriges Unterfangen. Der Patient war einfach zu schwach, um den Trank selber zu schlucken. Der Wastl nahm das Holzkreuzchen wieder an sich und richtete den Kranken etwas auf. Mit vereinten Kräften gelang es den beiden, ihm doch noch etwas Flüssigkeit zu verabreichen. Nachdem Josef Horak wieder in seinem Kissen lag, legte ihm der Breuer Wastl erneut das kleine Holzkruzifix auf die Brust. Dann faltete der Wunderheiler seine Hände zum Gebet und schien nichts mehr um sich herum zu registrieren. Nur das schwere Atmen des Todkranken war zu hören. Ansonsten herrschte im Zimmer Grabesstille. Regungslos stand Frau Horak am Kopfende des Krankenlagers und starrte unentwegt auf ihren Mann. Die drei Kinder ließ man im Moment nicht zu ihrem Vater. Keinesfalls durfte der Breuer Wastl bei seinem Heilungsversuch gestört werden. Dieser, so schien es, befand sich immer noch in einem tranceartigen Zustand. Überhaupt – die ganze Atmosphäre im schwach beleuchteten Raum war irgendwie gespenstisch. Unerwartet richtete sich der Kranke aber plötzlich auf! Frau Horak war dermaßen erschrocken, dass sie vor Schreck einen Schritt vom Krankenbett zurückwich. Auch der Breuer Wastl war augenblicklich wieder hellwach. Das kleine Holzkreuz, das er dem Josef Horak auf die Brust gelegt hatte, war durch dessen heftiges Aufbäumen zu Boden gefallen.

»Den Priester bitte!«, rief er unter Aufbietung all seiner Kräfte. – »Schnell!« Dann fiel er wieder in das Kissen zurück. Frau Horak rannte aus dem Zimmer, um der Bitte ihres Mannes nachzukommen. Der Wastl legte dem Josef seine Hand auf die Stirn, was diesen zu beruhigen schien. Er atmete jetzt nicht mehr so hastig und lag mit geschlossenen Augen ganz ruhig da. Der Breuer Wastl hatte inzwischen das Kruzifix wieder aufgehoben und dem Horak in die Hand gegeben. Dieser schien aber keine Kraft mehr zu haben, es festzuhalten. »Willst du beten?«, fragte ihn der Wastl, selbst etwas ratlos geworden.

Durch die Tür waren jetzt Stimmen zu hören. Gleich darauf betrat Frau Horak mit dem Pfarrer den Raum.

»Josef, kannst du mich hören? Ich habe dir Pfarrer Merk (Name geändert) mitgebracht!«

Doch der Kranke gab keine Antwort. Das Holzkreuzchen schlaff in der Hand haltend, lag dieser immer noch reglos mit geschlossen Augen in den Kissen.

Der Geistliche trat nun ans Krankenbett heran, um Josef Horak die Sterbesakramente zu erteilen. Dabei schaute er nicht gerade freundlich zu dem Breuer Wastl hinüber, der inzwischen wieder auf seinem Stuhl Platz genommen hatte. Er nahm dem Kranken das Holzkreuzchen aus der Hand und überreichte es mit angewidertem Gesicht dem Wunderheiler. Doch noch bevor Hochwürden mit der Letzten Ölung fertig war, hauchte der Josef Horak sein Leben aus. Der herbeigerufene Arzt stellte wenig später amtlich den Tod fest. Ohne den Breuer Wastl auch nur mit einem Blick zu würdigen, verließ der Pfarrer mit Frau Horak das Sterbezimmer. Der Wastl war nun mit dem Toten allein.

»Tut mir Leid«, sprach er und wandte sich dabei dem Verstorbenen zu, »dass ich dir nicht mehr helfen konnte!« Dann verließ auch er den Raum. In der angrenzenden Wohnstube waren der Arzt und Hochwürden gerade dabei, sich von der Familie Horak zu verabschieden. Beide, der Arzt wie auch der Pfarrer, taten so, als sei der Wastl Luft für sie. Frau Horak fragte mit Tränen im Gesicht den Breuer Wastl: »Was bin ich Ihnen schuldig?«

»Gar nichts!«, antwortete er. – »Ich konnte Ihrem Mann ja nicht helfen!«

»Trotzdem, – danke!«, erwiderte sie, dann ging sie ins Zimmer zu dem Verstorbenen.

Der Wastl hatte es jetzt eilig, das Haus zu verlassen. Es war zwar nicht das erste Mal, dass ihm »Gevatter Tod« einen »Klienten« vor der Nase wegschnappte. Der Ärger, dass er nicht helfen konnte, war dennoch groß. Wütend schwang er sich auf sein Fahrrad und fuhr davon. Kaum hatte er das Ortsende erreicht, kam ihm das seltsame Gefährt von heute Morgen wieder entgegen.

»Schon wieder auf dem Heimweg?«, fragte der komische Kauz von seinem Kutschbock herab. Der Wastl nahm eine Hand vom Fahrradlenker und machte damit eine wegwerfende Geste in Richtung des Fremden und wollte weiterfahren. Doch dieser zog seine Pferde mit einem scharfen Ruck quer zur Straße, sodass der Wastl gezwungen war, abzusteigen oder in den Graben zu fahren.

Erbost stieg er vom Fahrrad ab, um den Mann zur Rede zu stellen.

»Wohl verrückt geworden, was?«, schrie er ihn an und stellte sein Fahrrad zur Seite.

»Sachte, Kamerad!«, antwortete der Kutscher. Dabei hatte er noch die Frechheit, spöttisch zu grinsen. »Ich bin sonst ein recht friedfertiger Mensch!«, rief der Breuer Wastl zornig. »Sie sollten meine Gutmütigkeit aber nicht überstrapazieren!« Plötzlich wurde der Mann, der behauptete, aus der Ortschaft *Saßlitz* zu sein, sehr ernst: »Ich meine es nur gut und will Ihnen einen Umweg sparen!« Verdutzt schaute der Wastl den Fremden an. Dieser nahm die Pferde wieder etwas zurück und sprach: »Am Ortsausgang von *Mühlhäuseln/Mýnské Domky* wartet Arbeit auf Sie und ich hoffe, Sie haben diesmal mehr Glück als heute Morgen!« Noch bevor der Wastl eine weitere Frage stellen konnte, fuhr der Kerl mit seinem auffällig luxuriösen Leichenwagen los, wobei er ihm noch zurief: »Habe keine Zeit mehr, mit Ihnen zu plaudern, muss nämlich den Josef Horak abholen!«

Woher zum Teufel wusste dieser Bursche von Horaks Tod? Es war noch nicht einmal eine Stunde her, dass dieser verstorben war. Wer hatte ihm bloß die Nachricht zukommen lassen? Langsam kam ihm dieser Leichenkutscher aus *Saßlitz* unheimlich vor. Neugierig geworden, ob ihn wohl am Ortsausgang in *Mühlhäuseln* tatsächlich jemand erwarten würde, schwang er sich auf sein Fahrrad und fuhr weiter. Von *Neudorf* bis *Mühlhäuseln* war es nicht weit. Wastl trat fest in die Pedale, so dass er noch am frühen Nachmittag sein Ziel erreichte. Er fuhr bis zum Ortsausgang und war aufs Äußerste gespannt, wer da eventuell auf ihn wartete. Er hatte *Mühlhäuseln* schon ein gutes Stück hinter sich gelassen, als er eine Person auf der Straße vor sich sah. Es war eine jüngere Frau, die sehr nervös wirkte. Diese schien ihn zu erwarten, denn sie deutete mit heftigem Winken an, dass er stehen bleiben solle.

»Bist du der Sebastian Breuer aus Alt-Schlossberg?«, fragte ihn die Frau.

»Ja! Was willst du von mir und woher kennst du meinen Namen?«, fragte der Wastl zurück.

»Komm bitte mit, mein Bruder ist schwer erkrankt, alles andere erkläre ich dir später!«, sagte die Frau aufgeregt und ging auf das kleine Häuschen zu, das etwas abseits von der Straße stand. Der Breuer Wastl war inzwischen vom Rad gestiegen und folgte der Frau, die vor der Haustür ungeduldig auf ihn wartete. Sofort führte sie ihn in das Zimmer des Kranken. Im Bett lag ein Junge, der nicht älter als 14 Jahre sein mochte. »Er hat Fieber und ist zeitweise auch bewusstlos«, erklärte ihm die Schwester des Kranken.

Der Breuer Wastl beugte sich über den Jungen und hob ein Augenlid an. Dann nahm er dessen Hand und fühlte den Puls. Schließlich holte er aus seiner Rocktasche einen Beutel mit verschiedenen Kräutern hervor und bat die Frau, diese auszukochen. Dabei schärfte er ihr ein, dem Patienten jede Stunde genau ein Glas von diesem Getränk einzuflößen. Weiter befahl er, Essigwickel an den Beinen anzubringen, die mehrmals am Tag gewechselt werden sollten. Abschließend legte er dem Jungen das kleine Holzkreuzchen auf die Brust und begab sich in die Küche. Dort reinigte er sorgfältig seine Hände und ließ sich auf einem Stuhl am Küchentisch nieder. Als nach einigen Minuten die Frau in die Küche kam, wollte der Wastl wissen, wer ihr gesagt habe, dass er hier vorbeikommen würde. Während sie sich um den Teeaufguss kümmerte, erzählte sie, dass sie auf der Straße einem fremden Mann begegnet sei. Dieser hatte behauptet, dass er, Sebastian Breuer, in Kürze hier vorbeikommen werde. »Wie sah denn dieser Unbekannte aus?«, wollte der Wastl jetzt wissen. Nach ihrer Beschreibung konnte es sich nur um den Mann mit der seltsamen Kutsche handeln! Umso erstaunter war er, als er erfuhr, dass der Mann ohne ein Fahrzeug unterwegs war und zu Fuß in Richtung *Neudorf* weiterging. Wo also hatte er dann die Kutsche samt den Pferden gelassen? Ein Fuhrwerk, versicherte die Frau sehr glaubwürdig, sei heute hier noch nicht vorbeigefahren. Der Wastl wollte nun aber ganz genau wissen, was der Fremde zu ihr gesagt hatte.

»Ich wollte gerade in den Ort gehen, als der Mensch plötzlich die Straße entlangkam!«, sprach die Frau und fuhr fort: »Er grüßte mich höflich und sagte, dass ich mir keine Sogen um meinen Bruder zu machen brauche.« - »Und weiter?«, fragte der Wastl neugierig dazwischen. - »Er versprach mir, dass ich bald Hilfe bekommen werde, ein Mann mit Namen Sebastian Breuer müsse in Kürze hier eintreffen. Der könne meinen kranken Bruder wieder gesund machen.« Der Breuer Wastl erhob sich von seinem Stuhl, ging zum Küchenfenster und schaute auf die satte grüne Wiese vor dem Haus. Er wusste nicht, was er von dieser mysteriösen Geschichte halten sollte. Fragen schwirrten ihm im Kopf herum, auf die er keine vernünftigen Antworten fand. Woher kannte ihn dieser seltsame Vogel? Wo hatte er das merkwürdige Gefährt gelassen? Und überhaupt: Woher wusste er, dass der Bruder der jungen Frau krank war? Wieso konnte er sein Kommen der Frau ankündigen, noch bevor er ihn erneut getroffen hatte? Ratlos setzte er sich wieder an den Tisch. Nach einiger Zeit kam die Frau aus dem Krankenzimmer zurück und fragte ihn, ob er etwas essen wolle. Obwohl er eigentlich einen mordsmäßigen Hunger hatte, lehnte er ihr Angebot ab – ihm war der Appetit urplötzlich vergangen. Er versprach, in zwei Tagen wieder vorbeizukommen, um nach dem Kranken zu sehen. Dann fuhr er mit dem Rad nach Alt-Schlossberg zurück.

Als er nach zwei Tagen, wie versprochen, den Kranken besuchte, war dieser so weit genesen, dass er schon wieder das Bett verlassen konnte. Der Wastl freute sich riesig, dass seine Mittel geholfen hatten, kassierte sein »Honorar« und fuhr weiter nach *Saßlitz*. Er wollte sich dort endgültig über diesen Mann mit der seltsamen Kutsche erkundigen. Es musste sich doch feststellen lassen, ob dieser dort wirklich als Leichenbestatter tätig war.

In der Ortschaft Saßlitz gab es nur eine Gastwirtschaft, und in dieser wollte der Wastl gezielte Fragen über den Fremden stellen. In der Schankstube saßen nur drei Männer und der Wirt am Stammtisch. Nach einem lauten »Grüß Gott« setzte sich der Wastl vorerst an einen der leeren Tische. »*Wau kumsten her?*« (Wo kommst du denn her?), fragte ihn der Wirt im echten Böhmerwälder Dialekt: »*Konste a zu uns hersetzn, owa nea, wennst mogst!*« (Kannst dich auch zu uns hersetzten, aber nur, wenn du möchtest!) – Natürlich wollte das der Wastl. Wusste er doch, dass er nur da, wenn überhaupt, etwas über den Mann mit der Kutsche erfahren konnte.

»*Ich kum as Alt-Schlossberg*« (Ich komme aus Alt-Schlossberg), eröffnete er das Gespräch, ebenfalls im Dialekt, »*und ho a boa Fraugn o enk!*« (und habe ein paar Fragen an euch!)

Dann erzählte der Breuer Wastl von seiner Begegnung mit dem Fremden und seinem auffälligen Gefährt. Zu seinem Erstaunen lachten die Männer nicht. Einer von ihnen musterte den Wastl sehr genau, nahm seinen Bierkrug, machte einen kräftigen Schluck und sprach: »Wir kennen den Mann und seine absonderliche Kutsche!« - »Ich wüsste gerne, wo er wohnt, möchte ihn nämlich besuchen und mit ihm reden«, fragte der Wastl hastig weiter. Die Männer sahen sich lange an und sagten kein Wort. Dann meinte der Wirt: »Besuchen kannst du ihn schon. Nur mit ihm reden, das wird wohl nicht gehen.« - »Warum nicht?«, entgegnete der Breuer Wastl. - »Weil der schon länger als 10 Jahre tot ist und drüben auf dem Friedhof liegt!«, sprach der Wirt, stand auf und begab sich an den Tresen.

Nun verstand der Wastl gar nichts mehr. Er hatte doch den Mann gesehen, mit ihm gesprochen – wie konnte er also tot sein? Die drei am Tisch und der Wirt am Zapfhahn sahen, dass der Mann aus Alt-Schlossberg etwas verwirrt und ungläubig dreinschaute: »*Höll und da Teifl!*« (Hölle und der Teufel!), rief er. – »*Wollts ihr mi af'm Arm nehma?*« (Wollt ihr mich auf den Arm nehmen?)

»*Na, des is die reine Woaurat!*« (Nein, das ist die reine Wahrheit!), versicherten alle vier einstimmig. Als der Wastl verständnislos den Kopf schüttelte und ungläubig die Männer ansah, kam der Wirt wieder an den Tisch. Er hatte sich einen Krug Bier mitgebracht und war bereit, den Wastl aufzuklären. Nachdem er einen mächtigen Zug aus dem Bierkrug genommen hatte, erfuhr der Breuer Wastl eine vollkommen unglaubliche Geschichte.

Der Mann mit dem leichenwagenähnlichen Gefährt war hier in Saßlitz vor über 10 Jahren gestorben. Er war über viele Jahre Totengräber und Leichenbestatter zugleich. Sein sehnlichster Wunsch zu Lebenszeiten war, dass man ihm einen schön verzierten Leichenwagen zugestand. Die Gemeinde aber lehnte sein Ansinnen immer wieder ab, obwohl er sich mit einem bescheidenen Betrag an den Kosten selbst beteiligt hätte. So musste er bis an sein Lebensende die Verstorbenen von Saßlitz mit dem Handkarren in die Leichenkammer und zum Friedhof überstellen. Schon wenige Monate nach seinem Tod wollten ihn einige Dorfbewohner, aber auch andere aus den umliegenden Dörfern, mit einem luxuriösen Leichenwagen gesehen haben. Besonders dann aber, wenn in Saßlitz und in der näheren Umgebung jemand verstarb, war er schon vielen mit seiner Kutsche begegnet. Bis zum heutigen Tag hatte sich daran nichts geändert. - Langsam begriff der Breuer Wastl, dass auch er diesem Mann begegnet sein musste. Als die vier Einheimischen erfuhren, dass der Fremde am Tisch der so genannte »Wunderheiler« aus Alt-Schlossberg war, wurde ihnen einiges klar. Der aber hatte für heute genug gehört. Nachdem er seinen bescheidenen Imbiss samt Getränk bezahlt hatte, verließ er eilig das Wirtshaus. Auf dem Heimweg war er dermaßen unkonzentriert, dass er gerade noch einen Sturz mit dem Fahrrad vermeiden konnte. Immer wieder musste er an diesen Mann mit seinem komischen Gefährt denken. Als er bereits wieder *Mühlhäuseln* erreicht hatte und sein Rad die Anhöhe zum *Niklasberg* hinaufschob, hörte er plötzlich deutlich Geräusche eines herannahenden Fuhrwerks. Als er sich umdrehte, um eventuell das Fahrzeug vorbeizulassen, zuckte er zusammen: Es war wieder diese merkwürdige Kutsche, die er nur zu gut kannte! Als sie nur noch wenige Meter von ihm entfernt war, fingen plötzlich die Pferde wild zu galoppieren an. Der Kutscher hieb wie ein Verrückter mit der Peitsche auf die Tiere ein. Ohne den geringsten Zweifel erkannte der Wastl in ihm den Mann, dem er nun schon zum dritten Mal begegnete. Kalte Schauer liefen über seinen Rücken, als er sein Fahrrad die letzten Meter zur Anhöhe hinaufschob. Wieder auf seinem Rad sitzend, tastete er heimlich mit einer Hand nach dem Holzkreuzchen in der Jackentasche. Von dieser Stunde an stand sein Entschluss unwiderruflich fest: Die »Wunderheilerei« war von nun an vorbei. Er würde in Zukunft weder dem Herrn Doktor noch dem hochwürdigen Herrn Pfarrer in die Quere kommen. Wer sterben musste und wer nicht, war offenbar von höheren Mächten bestimmt. Und die Lust, mit irgendwelchen Botschaftern aus dem Schattenreich zu tun zu bekommen, war ihm ein für allemal vergangen.

Das einsame Waldhaus.

Der 18 Juli 1956 war ein Mittwoch und ich (der Autor) fuhr mit dem Zug von Remscheid im Rheinland nach Vohenstrauß in der Oberpfalz. Ich arbeitete damals in Remscheid bei der Deutschen Bundesbahn. Wie zu jener Zeit üblich, war der Dienstplan so eingerichtet, dass man alle vier Wochen in den Genuss eines verlängerten Wochenendes kam. Dadurch nahm die Dienststelle Rücksicht auf die vielen Beschäftigten, die aus verschiedenen Bundesländern der Republik stammten und nach Hause fahren wollten. Überstunden waren an der Tagesordnung. Wenn man Glück hatte und keine Personalnot herrschte, konnte man ein oder zwei Tage an ein solches Wochenende »anhängen«. Ich besuchte bei einer solchen Gelegenheit immer meine Familie in Altenstadt bei Vohenstrauß. Konnte ich doch meine schmutzige Wäsche bei meiner Mutter abgeben und frisch gewaschen und gebügelt wieder mitnehmen. Ein weiterer Vorteil war, dass man bei der Familie »Kost und Logis« frei hatte.

Heute hatte der Eilzug von Nürnberg nach Weiden erhebliche Verspätung. Ärgerlich war, dass dadurch mein Anschlusszug von Weiden nach Vohenstrauß bereits abgefahren war. Ich stand vor der Wahl, entweder ein Taxi zu nehmen oder den Rest der Nacht im Warteraum 2. Klasse im Bahnhof zu verbringen. Ich entschied mich aus Sparsamkeitsgründen für das Letztere. Denn der Geldmangel war zu jener Zeit ein chronisches Übel. Es war jetzt kurz vor 23.00 Uhr, der letzte Zug nach Vohenstrauß war vor etwa 10 Minuten abgefahren. So ging ich mit meinem Koffer in den Wartesaal. Dieser Raum sah in den fünfziger Jahren fast überall gleich aus: Ein paar Holztische und Stühle, dazu einige Kleiderhaken an der Wand. Das war alles. In Weiden gab es noch eine kleine Besonderheit: In der Wand zur Bahnhofsgaststätte war eine so genannte Durchreiche angebracht. Solange die Gaststätte geöffnet hatte, konnten die Leute im Wartesaal etwas kaufen, vorausgesetzt, man hatte Geld, und ich gehörte zu denen, die meistens keines hatten. Fuchsig, weil ich meinen Anschlusszug so knapp verpasst hatte, nahm ich an einem dieser Holztische Platz. Morgen früh wollte ich gleich mit dem ersten Zug nach Vohenstrauß fahren. Im Wartesaal waren nur wenige Reisende. Bahnpolizei wie auch Bahnbedienstete kontrollierten nachts alle Personen, die sich im Warteraum aufhielten. Wer keinen gültigen Fahrausweis vorzeigen konnte, wurde aus dem Raum verwiesen. Auf der mir gegenüberliegenden Seite waren einige junge Leute, die sich lautstark unterhielten. Ich hatte es mir gerade auf meinem Stuhl bequem gemacht und den Koffer zwischen die Beine gestellt. Das war ratsam, um einem Diebstahl vorzubeugen. Tagsüber war es ziemlich heiß gewesen, dementsprechend war die Luft im Raum. So zog ich meine Jacke aus und hängte sie über die Stuhllehne. Plötzlich kam ein Mann mit Koffer durch die riesige Eingangstür. Nach einem prüfenden Blick in die Runde steuerte er auf meinen Tisch zu.

»Darf ich mich zu Ihnen setzen?«, fragte er mich. Als ich dies bejahte, nahm er mir gegenüber Platz. Er war eine stattliche Erscheinung. Seine vollen grauen Haare waren kurz geschnitten und unter seiner auffallend hohen Stirn blickten mich die braunen Augen hellwach an. »Auch den Anschluss verpasst?«, fragte er mich. Ich nickte und erzählte ihm, dass mein Zug aus Nürnberg mehr als zwanzig Minuten Verspätung hatte. Es stellte sich heraus, dass auch er mit dem gleichen Zug weiterfahren wollte wie ich. Und er hatte ebenfalls den Eilzug Nürnberg – Weiden benutzt. Man hätte doch, so seine Meinung, den »Bockl« – so nannte man allgemein den Zug, der von Weiden nach Eslarn fuhr – warten lassen können. Er sparte dabei nicht mit Schimpfworten auf die Eisenbahn. Ich pflichtete ihm bei, dass es doch egal sei, ob der »Bockl« eine halbe Stunde später in Eslarn ankommen würde. Jedoch vermied ich es, ihm anzuvertrauen, dass ich bei der Eisenbahn arbeitete. Als wir etwas später ins Gespräch kamen, erfuhr ich, dass er Sudetendeutscher war. Nach der Vertreibung aus der Heimat hatte es ihn nach Waidhaus verschlagen. Weiter erfuhr ich noch, dass er aus einem amerikanischen Gefangenenlager im Herbst 1945 in seine Heimat fliehen konnte.

Er wurde im Jahr 1900 in Tachau/Tachov geboren, seine Eltern zogen jedoch, als er gerade mal zwei Jahre alt war, nach Krotschin (Name geändert). Der Ort lag nahe der bayerischen Grenze, nicht weit von Bärnau in der Oberpfalz entfernt. Auch ich ließ ihn wissen, dass ich es nicht weit in meine alte Heimat habe. Er schien sehr erfreut zu sein, einen Landsmann getroffen zu haben. Ich machte den Vorschlag, gemeinsam ein Taxi zu nehmen und uns die Fahrkosten zu teilen. Er aber rechnete mir vor, dass dies für jeden von uns mindestens 12 DM kosten würde. Wir könnten uns, bevor die Bahnhofsgaststätte schließe, noch eine Bratwurst in der Semmel und ein Bier kaufen und hätten dann immer noch eine Menge Geld gespart. Gegen diese Idee hatte ich nichts einzuwenden. So wechselten wir den Tisch und wählten einen in der hintersten Ecke. Als wir Platz genommen hatten, stellte er sich vor: »Ich heiße Willi Gramosch (Name geändert) – nenn mich einfach Willi.« - »Gut!«, sagte ich. »Mein Name ist Richard Bachmann – sag einfach Richard zu mir!«

»Lass uns darauf anstoßen, Junge!«, sprach's und ging zur Durchreiche, um zwei Bratwurstsemmeln und für jeden ein Bier zu holen. Als ich meine Brieftasche aus der Gesäßtasche herausholte, winkte Willi ab: »Lass nur, Richard, ich habe heute meine Spendierhosen an!« Der Ehrlichkeit halber muss ich gestehen, dass ich froh war, nichts bezahlen zu müssen. Mein Barvermögen bestand nämlich gerade mal aus 14,50 DM. Diese mussten ja auch noch über die freien Tage reichen. Wir prosteten uns zu und aßen mit Heißhunger die Bratwurst. Dann zogen wir zwei freie Stühle an die unsrigen heran. Wir zogen unsere Schuhe aus und legten die Füße hoch. An diese Nacht im Wartesaal kann ich mich noch genau erinnern.

Anfangs erzählte mir Willi aus der Zeit im Zweiten Weltkrieg, als er Soldat an der Ostfront gewesen war. Auch einige andere schreckliche Dinge, die er in verschiedenen Gefangenenlagern erlebt hatte. Als wir später von unserer Heimat und dem Böhmerwald sprachen, kam er regelrecht ins Schwärmen. Plötzlich aber und für mich völlig überraschend, wurde er von einer Minute zur anderen ernst. Ich fragte, ob ihn etwas bedrücke, er schüttelte nur den Kopf und sagte: »Mir fällt da eine Geschichte ein, bin mir aber nicht sicher, ob ich überhaupt davon reden sollte.« Neugierig geworden, bedrängte ich ihn, mit mir darüber zu sprechen. Er nahm die Füße vom Stuhl, setzte sich näher an den Tisch und schaute mich dabei eigenartig an. »Glaubst du an übernatürliche Dinge, Richard?«, fragte er dann. Ich war so verblüfft, dass ich mich ebenfalls aufrichtete und kerzengerade an den Tisch setzte. »Eigentlich nicht!«, antwortete ich. »Deine Antwort genügt mir nicht – glaubst du oder glaubst du nicht?«, bohrte er weiter. »Wenn du meinst, dass ich mich vor Geistern oder Gespenstern fürchte – nein!« Er war aber immer noch nicht zufrieden: »Das meine ich nicht, ich rede vom Übernatürlichen, – wenn du verstehst, was ich meine?« - »Ich verstehe, wenn du damit Erscheinungen oder dergleichen meinst, bin mir aber nicht so ganz sicher, kommt auf das Ereignis an, ob ich so etwas glaube oder nicht«, antwortete ich reichlich unsicher.

»Das ist genau das, was ich meine! Auf den Einzelfall kommt es an! Bis zu dieser Geschichte, die ich am 12. August 1930 in der Nähe meines Heimatorts erlebte, habe ich über derlei Dinge nur gelacht!« Jetzt war ich natürlich mehr als nur neugierig geworden. Willi Gramosch konnte ja nicht wissen, dass mich solche Erzählungen schon seit meiner Kindheit faszinierten. Ich bestürmte ihn hartnäckig, seine Erlebnisse bis ins Detail zu schildern. Und ich ließ nicht locker, bis er zustimmte. Inzwischen hatten auch die jungen Leute den Warteraum verlassen, nur ein älteres Ehepaar war einige Tische weiter noch anwesend. Ich war mächtig gespannt, was Gramosch mir wohl berichten würde. Der Wartesaal schien wie geschaffen für diese Art von Geschichten. Bis zu der Ecke, wo wir saßen, drang die spärliche Beleuchtung kaum durch. Wir saßen praktisch im Dunkeln. Willi lehnte sich etwas zurück und schloss für einen Moment die Augen. Es fiel ihm nicht leicht, sein Erlebnis preiszugeben. Dann aber begann er, mit leiser Stimme zu erzählen.

***

Der besagte 12. August 1930 war ein Dienstag. Mein Vater bat mich, von einem guten Bekannten einiges Tischlerwerkzeug abzuholen. Dieser brauchte es nicht mehr, weil er seine kleine Tischlerei hatte aufgeben müssen. Durch einen Unfall hatte er das linke Bein verloren und konnte daher seinen Beruf nicht mehr ausüben. Es waren knapp 20 Kilometer Fußmarsch bis *Paulushütte/Pavlova Hut*, wo der Bekannte meines Vaters jetzt ein kleines Anwesen hatte. Bereits um 5 Uhr früh machte ich mich auf den Weg. Vater bestand darauf, dass ich den großen Rucksack mitnahm, um so viel Werkzeug wie möglich unterzubringen. Da ich nicht genau wusste, wie viel und wie schwer das alles sein würde, bangte mir schon, wenn ich an den Rückweg dachte. Gegen 7.00 Uhr hatte ich etwa die Hälfte des Wegs zurückgelegt. Ich befand mich jetzt am Fuß des »Hohen Knock«; das war ein etwa 700 Meter hoher Berg. Nach gut 10 Minuten Marsch, immer durch dichten Wald hindurch, erreichte ich die kleine Lichtung mit dem »Waldhaus«. Hier wollte ich eine Pause machen.

Ich war nicht zum ersten Mal hier. Das Waldhaus glich mehr einer geräumigen Hütte als einem Haus. Doch fast jeder nannte diese Unterkunft eben »Waldhaus.« Ich ging in die Hütte, um eine kleine Brotzeit zu machen. Die Tür war nie verschlossen und jeder, der wollte, konnte sich dort aufhalten. Die Einrichtung bestand aus einem großen Tisch und sechs hölzernen Stühlen. An der Wand hing, was gar nicht in den Raum passte, eine riesige Uhr. In der rechten Ecke stand ein Ofen. Auf der linken Seite war ein Fenster, daneben eine Kredenz, in der einige Steinkrüge, Blechteller sowie Messer und Gabeln aufbewahrt waren. Ich stellte zufrieden fest, dass alles sauber und aufgeräumt war. Dieser Umstand bestärkte mich in der Annahme, dass das Waldhaus von vielen Leuten benutzt wurde. Jeder hatte offensichtlich ein Interesse daran, die Ordnung einzuhalten. Ich setzte mich an den Tisch und verzehrte mein bescheidenes Vesper, das aus einem Stück geräucherten Bauchspeck und Brot bestand. Dann brach ich wieder auf. Ich wollte noch vor der großen Mittagshitze die Ortschaft *Paulushütte* erreichen. So gegen 10 Uhr war ich am Ziel.

Ich wurde freundlich empfangen und von der Familie zum Mittagessen eingeladen. Der Freund meines Vaters erzählte einige Episoden, die sie in jungen Jahren gemeinsam erlebt hatten. Im Laufe unserer Unterhaltung kamen wir auch auf das Waldhaus zu sprechen. Er war erstaunt, als ich ihn über den sauberen Zustand desselben berichtete. »Ich«, so meinte er daraufhin, »bin auch schon öfter dort vorbeigekommen – sauber war es da aber nie!« Dann gab er allerdings zu, dass er schon seit langem nicht mehr vor Ort gewesen sei. »Das ist schade«, meinte ich, »es ist doch ein wunderbarer Rastplatz!« – »Ich weiß nicht so recht«, entgegnete er. »Ich habe schon mehrfach – und von verschiedenen Leuten – gehört, im Waldhaus gehe es seit einigen Monaten nicht mit rechten Dingen zu. Es sei besser, sich fernzuhalten. Ganz besonders nachts.« Ich versicherte dem alten Herrn, dass sich die Hütte in einem ordentlichen Zustand befinde und dass man nicht alles glauben sollte, was unsere Mitmenschen den lieben Tag lang erzählen. Wir wechselten das Thema. Nicht ohne Stolz zeigte mir mein Gastgeber dann das kleine, aber sehr gepflegte Anwesen. Dies nahm durch seine Gehbehinderung viel Zeit in Anspruch. Mit Unterstützung seiner Frau bedrängte er mich, zum Abendbrot zu bleiben. Höflichkeitshalber nahm ich die Einladung an, obwohl ich mir vorgenommen hatte, den Rückweg früher anzutreten. - War doch der Rucksack prall gefüllt mit schwerem Tischlerwerkzeug. So kam es, dass ich mich erst nach 20 Uhr von dem liebenswerten Ehepaar verabschiedete.

Schon nach einer halben Stunde machte ich eine Pause. Die schwere Last auf meinem Rücken zwang mich dazu. Ich stellte also den Rucksack ab und setzte mich auf einen Baumstumpf. Es war zwar noch hell, doch was ich durch den Hochwald nicht sehen konnte, war eine dunkle Wetterwand. Als die ersten Blitze über den Baumwipfeln zuckten, bemerkte ich das Unheil. Auch die Schwüle und die Stechmücken machten mir schon geraume Zeit zu schaffen. Die Viecher waren vor Beginn eines Gewitters eine große Plage. So machte ich mich schleunigst auf den Weg und wenn ich Glück hatte, konnte ich vor dem Unwetter noch das Waldhaus erreichen.

Leider hatte ich mich in dieser Hinsicht getäuscht. Nur wenige Minuten später kündigte sich mit Blitz und Donner das Gewitter an. Kurz darauf öffnete der Himmel seine Schleusen und es fing an, wie aus Kübeln zu regnen. Der Wind tobte in den Baumwipfeln und peitschte mir das Regenwasser ins Gesicht. Zudem war es stockdunkel geworden. Ich beschimpfte mich selber, weil ich erst so spät den Heimweg angetreten hatte. Doch alles half nichts, ich musste zusehen, dass ich so schnell wie möglich das Waldhaus erreichte. Die nassen Kleider, der schwere Rucksack und die starken Windböen ließen ein schnelles Vorwärtskommen einfach nicht zu. So gegen 23 Uhr, nach gut zwei Stunden Schinderei, hoffte ich, das Waldhaus zu erreichen. Ich ging und ging. Trotz des starken Regens lief mir zusätzlich der Schweiß übers Gesicht. Nach endlos scheinender Zeit näherte ich mich meinem Ziel. - Täuschte ich mich oder war da wirklich ein Lichtschimmer, den ich durch die dichten Zweige zu erkennen glaubte? Schon nach wenigen Metern sah ich das Waldhaus vor mir, durch dessen einziges Fenster tatsächlich schwacher Lichtschein nach außen drang. Da hatte wohl schon jemand Unterschlupf gefunden!

Vorsichtig näherte ich mich der Hütte, um erst einmal einen Blick durchs Fenster zu werfen. Was ich zu sehen bekam, bestätigte meine Vermutung: Um den klobigen Holztisch saßen drei Männer und eine Frau. Auf der Kredenz waren zwei Petroleumlampen aufgestellt, die den Raum in einem eigenartigen Licht erscheinen ließ. Ich war mir plötzlich nicht mehr sicher, ob ich da hineingehen sollte. Das Unwetter aber schien an Stärke nicht nachlassen zu wollen. Und so entschloss ich mich, letztendlich doch hineinzugehen.

Ich öffnete die Tür und trat ein. Verwundert stellte ich fest, dass die Gesellschaft, die da um den Tisch saß, über meine Ankunft keineswegs überrascht war.

»Guten Abend!«, grüßte ich höflich.

Sie erwiderten meinen Gruß – ließen sich aber weiter nicht stören. Nur schien es mir, als ob sie das Thema ihrer Unterhaltung gewechselt hätten. Es bat mich auch niemand, am Tisch Platz zu nehmen. So stellte ich wortlos meinen Rucksack nahe am Fenster in die Ecke und setzte mich auf den Stuhl neben der Kredenz.

Ich wollte, sobald sich das Gewitter verzogen hatte, das Waldhaus schnellstmöglich verlassen. Am Tisch wurde jetzt nur noch getuschelt. Es schien mir, dass diesen Leuten meine Anwesenheit keinesfalls in den Kram passte.

Erst jetzt fiel mir auf, welch merkwürdiges Bild die ganze Gesellschaft abgab: Die Männer waren alle in Schwarz gekleidet, die Hosen wie auch die Jacken schienen noch mit keinem Bügeleisen in Berührung gekommen zu sein. Auch die Frau, die wohl kaum älter als 40 Jahre sein konnte, trug ein schwarzes, hochgeschlossenes Kleid, das völlig zerknittert war. Alle vier machten den Eindruck, als kämen sie geradewegs von einer Beerdigung. Einer der Männer erhob sich und trat ans Fenster. Er sah vollkommen verwahrlost aus. Zottelige Haare und ein wild wuchernder Vollbart ließen kaum das Gesicht erkennen. Er schaute durchs Fenster in die Dunkelheit hinaus. Dann wandte er sich mir zu. Seine grauen Augen waren ohne Glanz und stumpf. »Wir werden bald abgeholt!«, ließ er mich wissen. »Dann gehört Ihnen die Unterkunft ganz allein.« Seine Stimme war unangenehm heißer, ja fast tonlos. »Mich stören Sie und Ihre Kameraden keineswegs. Sobald das Unwetter vorbei ist, breche ich ebenfalls auf!«, antwortete ich. Die Andeutung, dass die Gesellschaft abgeholt werde, hatte mich aber neugierig gemacht.

»Wer holt Sie denn so spät noch von hier ab?«, wollte ich wissen.

Seinen Blick werde ich so schnell nicht vergessen! Die ausdruckslosen und wie tot wirkenden Augen auf mich gerichtet, antwortete er: »Unser Meister!« Seine Stimme jagte mir einen eiskalten Schauer über den Rücken. Noch bevor ich etwas sagen konnte, ging er wieder auf seinen Platz zum Tisch zurück. Ein unangenehmer Zeitgenosse, dachte ich mir, und war froh, dass er die kurze Unterhaltung beendet hatte. Verstohlen schaute ich hin und wieder zum Tisch hinüber – es war ein höchst wunderliches Quartett.

Urplötzlich wurde ungestüm die Tür aufgerissen und im Rahmen derselben stand eine furchterregende Gestalt! Ich zuckte förmlich zusammen und musste mir eingestehen, dass ich panische Angst bekam. Der Kerl war ebenso schwarz gekleidet wie die vier am Tisch, trug aber einen mächtigen Umhang aus edlem Stoff, der wild im Wind flattere. Sein hageres und verwittertes Gesicht war bleich wie eine Leinwand. So wie dieser Bursche aussah, glich er dem Tod in Menschengestalt.

»Raus hier jetzt!«, brüllte er das Quartett am Tisch an, dann blickte er, wenn auch nur für einen kurzen Moment, auf mich. Mir war, als ob mich jemand würgen würde. Ich bekam Atemnot und hatte das Gefühl zu ersticken. Mein Herz raste, der gesamte Brustbereich schien von einer Schlinge umgeben, die sich langsam zusammenzog. Die vier am Tisch waren inzwischen aufgestanden und hatten es eilig, den Raum zu verlassen. Ich selber war nicht in der Lage mich zu bewegen, geschweige denn aufzustehen. Doch plötzlich war der Spuk vorbei! Der Raum war leer. Ich saß immer noch bewegungslos auf meinem Stuhl. Genau weiß ich es nicht, wie lange ich so dagesessen hatte. In meinen Körper kehrte erst wieder das Leben zurück, als die Wanduhr zwölf Mal schlug und die Mitternachtsstunde ankündigte. Ich schulterte meinen Rucksack und hat-

228

te nur einen Gedanken, – dieses Waldhaus schnellstens zu verlassen. Als ich schon an der Tür war, bemerkte ich, dass die Petroleumlampe noch brannte. Ich löschte sie und verließ hastig den seltsamen Ort.

Draußen an der frischen Luft atmete ich erst einmal richtig durch. Das Gewitter war abgezogen und es regnete kaum noch. Von den Leuten und ihrem fürchterlichen »Meister« war nichts mehr zu sehen.

Ich hatte noch mehr als eine Stunde Fußweg bis Krotschin. Es war frisch geworden nach dem Unwetter und meine nasse Kleidung ließ mich dies noch deutlicher spüren. Der ungeheuerliche Vorfall wollte mir nicht aus dem Sinn gehen. Wer waren diese Leute und wohin verschwanden sie so urplötzlich? Was war das für ein Bursche, der sie förmlich aus der Hütte jagte? Eine höchst mysteriöse Sache. Noch auf dem Heimweg beschloss ich, genaue Nachforschungen anzustellen.

Am nächsten Tag erzählte ich Vater von meinem Erlebnis. Er hatte eine plausible Erklärung parat. Es war bestimmt arbeitsscheues Gesindel oder, was noch wahrscheinlicher sei, Schmuggler und Diebe. Ich widersprach ihm zwar nicht, er hatte ja die Leute nicht gesehen, doch ich hegte schwere Zweifel an seiner Theorie.

Schon zwei Tage später begann ich, das Waldhaus nachts zu beobachten. Mein Gefühl sagte mir, dass nur hier der Schlüssel für eine Aufklärung zu finden war. Es war gegen 21 Uhr und noch nicht dunkel, als ich das Waldhaus erreichte. Nachdem ich einen geeigneten Platz gefunden hatte, wo mich von der Hütte aus keiner sehen konnte, legte ich mich auf die Lauer. Ich hatte Vaters Fernglas dabei, was mir sehr zugute kam.

Doch ich wurde enttäuscht! Obwohl ich bis weit nach Mitternacht blieb, sah ich keinen Menschen in der Nähe des Waldhauses. An mir selbst zweifelnd machte ich mich auf den Heimweg. Auch über das Wochenende hinweg setzte ich meine Beobachtungen fort. Meine Familie machte sich schon Sorgen ob solcher Hartnäckigkeit. Ich beschloss, bis zum Dienstag, den 19. August, auf Posten zu bleiben. Dann würde mein Erlebnis auf den Tag genau eine Woche zurückliegen. Sollte ich bis dahin keinen Erfolg haben, wollte ich mein Vorhaben endgültig aufgeben. Bis zum Montag war alle Mühe umsonst. Also ging ich am Dienstag zum letzten Mal zum Waldhaus. Da ich mir selber keine große Hoffnung mehr machte, begab ich mich schlecht gelaunt in mein Versteck. Doch mit einem Schlag war ich plötzlich hellwach!

Ich hörte aus der Richtung zur bayerischen Grenze ganz deutlich Stimmen. Natürlich konnte alles ganz harmlos sein. Vermutlich waren das Forstleute. Dann zuckte ich aber gehörig zusammen! Es mussten mehrere Personen sein, die mit zwei Laternen ausgerüstet das Waldhaus betraten. Schon wenig später konnte ich schwachen Lichtschein durchs Fenster erkennen. Ich wartete noch einige Minuten, dann schlich ich mich zum Fenster heran, um in die Hütte zu schauen.

Was ich sah, ließ mir den Atem stocken! Da saßen dieselben schwarz gekleideten Gestalten um den Tisch, einschließlich der Frau, wie vor einer Woche! Ich duckte mich, um ja nicht gesehen zu werden, und schaute auf meine Taschenuhr: Es war auf die Minute genau 23 Uhr! Ich ging zurück in mein Versteck. Auf keinen Fall wollte ich dem »Meister« in die Arme laufen, der aller Wahrscheinlichkeit nach wieder zum »Abholen« kommen würde! Da ich durch das geschlossene Fenster sowieso nichts hören konnte, blieb ich also sicherheitshalber in meinem Schlupfwinkel. Es war wenige Minuten vor Mitternacht, als ich in meiner Nähe Schritte vernahm.

In der hellen Augustnacht konnte ich ihn eindeutig erkennen – es war dieser schreckliche Kerl, der aussah wie der Tod. Er hatte die Tür kaum geöffnet, als er auch schon anfing zu brüllen: »Raus hier jetzt!« Obwohl ich doch einige Meter Abstand zum Geschehen hatte, konnte ich diese grausame Stimme wieder erkennen. Schauer, heiß und kalt zugleich, jagten mir den Rücken hinunter. Obzwar ich große Angst hatte, wollte ich dieser zweifelhaften Gesellschaft heute unbedingt folgen. Es war mir sehr wichtig zu erfahren, wohin sie sich aus dem Staub machte. Nur wenige Sekunden nach dem Befehl ihres »Meisters« verließen die vier am Tisch das Waldhaus. Gerade wollte ich mich bereit machen, um ihnen zu folgen – da geschah es!

Mit irrsinnigem Geschrei wirbelten sie auf einmal alle fünf in einer riesigen schwarzen Rauchwolke umher, in der grauenhafte Blitze aufleuchteten. Kurz darauf hörte ich ein entsetzliches, dumpf grollendes Getöse. Und dann waren plötzlich alle wortwörtlich vom Erboden verschluckt. Ich blieb wie vom Schlag gerührt in meinem Versteck. Was, um Gotteswillen, hatte sich da soeben vor meinen eigenen Augen abgespielt? War ich etwa nicht mehr Herr meiner Sinne? Entweder war ich nun vollends übergeschnappt oder ich war leibhaftiger Zeuge eines Vorgangs geworden, der mit irdischen Gesetzen nicht zu erklären war. Vor Angst wie gelähmt, wagte ich mich lange nicht aus meinem Versteck heraus. Dann hielt ich es nicht mehr länger aus. Ich rannte, als ob der Satan hinter mir her wäre. Und vielleicht war er das sogar! Als ich am Waldhaus vorbeiraste, sah ich noch schwachen Lichtschein durchs Fenster. Erst als ich schon fast Krotschin erreicht hatte, wurde ich etwas ruhiger. Endlich daheim, setzte ich mich in die Küche, um erst einmal aufzuatmen. Mutter hatte mich wohl gehört, als ich das Haus betrat. Sie überredete mich, doch endlich ins Bett zu gehen.

Richtig schlafen aber konnte ich in dieser Nacht nicht. So war ich gottfroh, als das erste Morgenlicht meine Schlafkammer erhellte.

Ich saß sehr schweigsam am Tisch, als Mutter mit der Zubereitung des Frühstücks beschäftigt war. Vater hatte ich schon in aller Frühe das Haus verlassen hören. Er arbeitete als Forstgehilfe in der Kreisstadt beim dortigen Forstamt. Sein Zeitvertreib aber war die Schreinerei. Er hatte im Keller eine richtige Werkstatt eingerichtet und verbrachte dort seine freie Zeit. Ich arbeitete erst seit kurzem im nahegelegenen Sägewerk als Vorarbeiter. Die Auftragslage war zur Zeit miserabel und wir arbeiteten nur drei Tage in der Woche. Ich musste also heute nicht zur Arbeit und nahm mir vor, ins oberpfälzische *Bärnau* zu fahren. Die Geschichte vom gestrigen Tag verfolgte mich ständig. Ich erhoffte mir, in Bärnau vielleicht Näheres über das seltsame Waldhaus zu erfahren. Nach dem Frühstück nahm ich mein Fahrrad und radelte los.

Ein Händler, den ich in einem Wirtshaus in Bärnau antraf, berichtete mir tatsächlich Unglaubliches, nachdem ich ihm meine Erlebnisse mitgeteilt hatte. Noch vor dem ersten Weltkrieg, so ließ er mich wissen, hatten vier Geschwister, drei Männer und eine Frau, am Fuße des »Hohen Knock« ein dort geschlagenes Bauholz mit einem Pferdefuhrwerk abgeholt. Das teuere Bauholz aber war nicht für sie bestimmt; kurzum, sie wollten es stehlen. Das Fuhrwerk war gewichtsmäßig überladen. Es war ein Dienstag im August, ein schweres Unwetter tobte über dem »Hohen Knock«, als sie an einer abschüssigen Stelle das schwer beladene Fahrzeug nicht mehr halten konnten. Der überlastete Wagen stürzte mitsamt den Pferden einen mehreren Meter tiefen Hang hinunter und riss die vier Leute, die vergeblich versuchten, den Absturz zu verhindern, mit in die Tiefe. Sie waren alle vier tot, als man sie wenige Stunden später fand.

Der Händler wusste noch weiter zu berichten, er habe in der Kreisstadt *Tachau/Tachov* von einem Kaufmann gehört, dass seit diesem Unfall in der Gegend um den *»Hohen Knock«* drei Männer und eine Frau des Öfteren gesehen wurden, und zwar zuverlässig kurz vor Mitternacht. Sie seien durch ihr merkwürdiges Äußeres und durch ein absonderliches Benehmen aufgefallen. Er versicherte mir, dass mein Erlebnis im Waldhaus unmittelbar mit dieser Geschichte zu tun haben musste. Trotz vieler Versuche bin ich mit meinen Nachforschungen nie weiter gekommen als zu dieser Vermutung. Ich erinnere mich noch gut an das Gespräch mit dem Händler. Es war schon spät in der Nacht, als ich mit meinem Fahrrad bei *Paulusbrunn/ Pavluv Studenec* wieder auf die böhmische Seite wechselte und zurück nach Krotschin fuhr. Ich war sehr schnell unterwegs. Die Angst verlieh mir Flügel. Und für eine ganze Zeit lang blieb ich, zur Freude meiner Mutter, nach Einbruch der Dunkelheit brav zu Hause.

***

Willi Gramosch verstummte. Soweit ich das bei den schlechten Lichtverhältnissen im Wartesaal erraten konnte, sah er mich mit gespannter Aufmerksamkeit an. Offensichtlich erwartete er, dass ich mich zu seinem Erlebnis äußern würde. Ich war von seinen Schilderungen aber noch dermaßen gefesselt, dass ich dazu nicht in der Lage war. Ich wusste einfach nicht, wie ich seine Geschichte kommentieren sollte: Tat ich sie als Hirngespinst ab, war er womöglich beleidigt. Gab ich ihm zu erkennen, dass ich sie für wahr hielt, würde er mir wohl anmerken, dies nur aus Höflichkeit zu tun. So schwieg ich.

»Bin dir keineswegs böse, Richard, wenn du alles für dummes Zeug hältst!«, begann er das Gespräch wieder.

»Dummes Zeug bestimmt nicht!«, gab ich zur Antwort. »Es ist halt, wie das Wort schon sagt, – unglaublich. Aber unglaublich heißt nicht sofort unglaubwürdig. Ich glaube dir, dass du dein Erlebnis als Realität empfunden hast. Ob das Überirdische existiert, sollen gescheitere Leute als ich entscheiden. Und auch die haben noch nie eine überzeugende Antwort auf diese Frage gefunden.«

»Ich gebe dir mein Wort«, erwiderte er, »es war alles haargenau so, wie ich es dir geschildert habe.«

»Könnte es sein«, wandte ich zaghaft ein, »dass die ganze Sache, so wie sie passiert ist, überhaupt keinen mysteriösen Hintergrund hat? Dass es ganz normale Leute waren, die sich in jener Nacht im Waldhaus einfanden und sich vielleicht nur etwas seltsam verhielten?«

»Mein Lieber: Nur zu gerne würde ich es auch so sehen! Leider war das alles andere als normal. Du hast die Geschichte ja gehört!«

Was sollte ich dazu noch sagen – ich schwieg. Wir saßen einige Zeit nachdenklich da. Die leeren Tische und Stühle wie überhaupt die ganze Atmosphäre im Wartesaal machten inzwischen einen unerträglich nüchternen und deprimierenden Eindruck.

Um einfach etwas zu tun, richtete ich meinen Blick auf eines der großen Fenster. Draußen kündigte sich bereits der neue Tag an. Ich sah auf meine Armbanduhr und war erstaunt, wie schnell die Zeit vergangen war. In einer kappen Stunde war unser unfreiwilliger Aufenthalt beendet. Bereits zehn Minuten später füllte sich langsam der Warteraum mit Tagespendlern, die meist unausgeschlafen auf ihren Zug warteten.

»Lass uns an die frische Luft gehen«, forderte mich Willi Gramosch auf. Wir verließen den tristen Wartesaal und begaben uns auf den Vorplatz. An der Bahnsteigsperre auf Gleis 1 herrschte nun reger Betrieb. Wir standen schweigend nebeneinander und beobachteten die Menschen, die wie Ameisen umherliefen - und doch wirkte alles geordnet und alltäglich. Willi machte schließlich den Vorschlag, wir sollten uns ausnahmsweise im Bahnhofsrestaurant eine Tasse Kaffee leisten. Ich war einverstanden und wir setzten uns an einen mit weißer Decke bezogenen Tisch. Der Kellner fragte schlechtgelaunt nach unseren Wünschen. So nebenbei bemerkte er, dass es auch ein komplettes Frühstück gäbe. Wir blieben jedoch hartnäckig und beließen es bei einer Tasse Kaffee. Es waren noch etwa 10 Minuten bis zur Abfahrt des »Bocklzugs« nach Eslarn. Wir passierten die Kontrolle zum Bahnsteig und nach kapp 100 Metern erreichten wir auf einem Nebengleis unseren »Bockl«. Die Lokomotive fauchte und zischte. Sie entwickelte einen derart dichten Dampf, dass man die Waggons kaum erkennen konnte. Wir stiegen ein, verstauten unsere Koffer und nahmen auf einer dieser damals üblichen harten Holzbänke Platz. Willi Gramosch war immer noch auffällig schweigsam. Bis zur Bahnstation *Floß* wechselten wir kein einziges Wort miteinander.

Dann sagte Willi unvermittelt zu mir: »Bald erreichen wir Vohenstrauß, Richard. Habe mich gefreut, dich kennen zu lernen.« Ich versicherte ihm, dass die Freude ganz meinerseits war. Wir schüttelten uns kräftig die Hände. Ich bedankte mich nochmals für die Bratwurst samt Bier und den Kaffee, den er ebenfalls bezahlt hatte. Besonders aber dankte ich ihm dafür, dass er mir von seiner seltsamen Begegnung im Waldhaus erzählt hatte. »Behalte sie lieber für dich«, riet er, »du erntest womöglich nur Spott, solltest du sie jemandem erzählen.« Als der Zug in Vohenstrauß einfuhr, gaben wir uns nochmals die Hand: »Mach's gut, Junge!«, sagte Willi. »Wenn du mal wieder nach Waidhaus kommst, schau mal bei mir vorbei!«

– »Mach ich gerne!«, meinte ich. Die Bremsen kreischten lautstark auf und der Zug stoppte. Ich musste aussteigen. Ich hatte schon den Ausgang am Bahnhof Vohenstrauß erreicht, als der Zug wieder anfuhr. Willi Gramosch hatte das Fenster geöffnet und winkte mir freundschaftlich zu. Auch ich winkte zurück, bis ich ihn nicht mehr sehen konnte.

Obwohl ich heilfroh war, endlich angekommen zu sein, schlug ich auf dem Nachhauseweg eine langsame und zerstreute Gangart ein. Willis Geschichte gab mir immer noch viel zu denken. Als ich mich Altenstadt näherte, setzte ich für einen Moment den Koffer ab und blickte um mich. Ein prächtig strahlender Sommertag zog herauf. Selbst auf dem Gipfel des Fahrenbergs hatte sich ein leichter Frühnebel verzogen. Die dort befindliche Wallfahrtskirche war in klar leuchtenden Umrissen perfekt erkennbar. Und die in sanften Hügeln sich hinziehenden Wälder boten ein Bild ländlicher Idylle und Friedens. – Dennoch: Eine mystische Gegend war das schon, dachte ich. Wenn an der Vielzahl der hier umlaufenden Geschichten nur das Geringste wahr sein sollte, dann war das Überirdische hier ganz besonders zu Hause. Und selbst, wenn alles nur der Phantasie entsprungen war: Die Mentalität der Einheimischen war ohne jeden Zweifel höchst ungewöhnlich und sonderbar. Denn von ungefähr kam dieses Erzählgut sicher nicht.

Als ich ein knappes Jahr später zufällig nach Waidhaus kam, wollte ich natürlich Willi Gramosch besuchen. Von einer Nachbarin musste ich leider erfahren, dass er etwa vor einem viertel Jahr verstorben war. Ich besuchte seine Grabstätte. Als ich auf seinen in Stein gemeißelten Namen starrte, murmelte ich unwillkürlich: »Raus hier jetzt! – Hat dich also am Ende doch der bleiche Tod abgeholt, Willi. Er lässt keinen von uns aus. Nur zu gerne hätte ich mich mit dir noch einmal getroffen. Vielleicht hätten wir doch noch eine plausible Erklärung für dein so seltsames Erlebnis im Waldhaus gefunden. Vielleicht aber auch nicht.«

Die Nacht im Wartesaal werde ich jedenfalls meiner Lebtag nicht wieder vergessen.

Der Zangerl Lenz

Es war in einem Frühling Anfang der fünfziger Jahre. Der *Laurenz Zangerl,* besser bekannt unter dem Namen »Zangerl Lenz« (beide Name geändert), wanderte durch den Grenzwald. Von seinem Heimatort *Hollersrieth* (Name geändert) hatte er es nicht weit bis zur tschechischen Grenze. Bereits nach einer guten Stunde Fußmarsch, über den Goldberg direkt am Zollhaus vorbei, hatte er die Tillyschanz erreicht.

Dieser Gegend gab er den Vorzug vor allen anderen. Hier konnte er seiner Phantasie so richtig freien Lauf lassen. Der ehemalige Waldfacharbeiter war seit einem Jahr in Rente. Schon zu seiner aktiven Zeit hatte er ein für seinen Beruf eher seltenes Hobby: Er war ein begeisterter »*Gschichtlschreiber*« (Geschichtenschreiber), wie er sich selber bezeichnete. Und in dieser Eigenschaft fand er weithin Anerkennung. Wo immer er auftauchte, sei es bei einer Feier oder im Wirtshaus, musste er etwas erzählen. Und stets trug er ein Schulheft und einen Bleistift bei sich. Er kam oft hierher zur Tillyschanz, um im gleichnamigen Gasthaus Einkehr zu halten. Bei schönem Wetter, so wie heute, saß er meistens im Garten. Die großen Kastanienbäume, die jetzt im Frühjahr leuchtend grüne Blätter trugen, liebte er sehr. Bei einem Seidel Bier schrieb er dann Geschichten in seine durch häufiges Mitführen arg abgegriffenen Schulhefte hinein. Dabei war er so innig vertieft und so vollkommen glücklich, dass selbst grobe Zeitgenossen davor zurückschreckten, ihn anzusprechen oder auch nur im Geringsten zu stören.

Als ehemaliger Waldfacharbeiter kannte er sich an der bayerisch-tschechischen Grenze aus wie kein zweiter. Auch über Geschichten, die im Grenzwald ja haufenweise

kursierten, wusste er natürlich bestens Bescheid. Vor und
während des Kriegs war er oft in Eisendorf gewesen, das direkt an der bayrischen Grenze lag. Dieser Grenzabschnitt
verlief unmittelbar am Wirtshaus »Zur Tillyschanz« vorbei. Anfangs kamen die tschechischen Grenzsoldaten noch
bis zum Schlagbaum. Manchmal konnte der *Zangerl Lenz*
sogar einen kurzen Plausch mit ihnen halten. Er erfuhr,
dass der Ortsname in *Eisendorfů* umbenannt wurde. Erst
später nannte man Eisendorf dann »Železná«. Nun kamen schon seit längerem keine »Grenzerer« mehr bis zur
Absperrung. »Kalter Krieg« und »Eiserner Vorhang« ließen solche Kontakte nicht mehr zu. Neben den Kastani-
enbäumen hatte der *Gschichtlschreiber* aber auch noch
einen anderen Lieblingsplatz. Und das waren die ganz in
der Nähe liegenden Tillygräben. Er brauchte am ehemaligen Zollhaus vorbei nur wenige Meter den Grenzweg zu
nutzen und schon hatte er sie erreicht. Die noch gut er-
kennbaren Bodenvertiefungen stammten aus der Zeit des
Dreißigjährigen Kriegs. Diese so genannten »Tillygräben«
hatten es dem Zangerl Lenz einfach angetan.
Wer Genaueres über diesen geschichtsträchtigen Platz wissen wollte, war bei ihm an der richtigen Adresse. Er sprach
wie ein Buch, wenn er vom *Feldherrn Tilly* berichtete. Es
gab kaum Lücken in seinem Wissen um diesen Teil des
Dreißigjährigen Kriegs. Wenn er dann auch noch interessierte Zuhörer um sich wähnte, schilderte er die damalige
Welt bis ins letzte Detail. Selbst Lehrer mit ihren Schulklas-
sen fragten an, ob er zu dem Thema etwas vortragen wolle.
Darauf war er mächtig stolz. Von ihm war eine solche Ent-
wicklung nicht zu erwarten gewesen. Er war ein einfacher
Arbeiter, der nur die Volksschule besucht hatte. Den Auf-
stieg zum Fach- und Vorarbeiter musste er sich mit saurem
Schweiß verdienen. Und jetzt war er sogar ein anerkannter
Spezialist für Geschichte und Geschichten.

Auch heute, nachdem er das Wirtshaus verlassen hatte, suchte er die Tillygräben auf. Wieder einmal stand er fast andachtsvoll vor den Bodenvertiefungen. Es war still in diesem Teil des Waldes. Nur hin und wieder war Vogelgezwitscher zu hören. Laurenz Zangerl setzte sich direkt in einen der Gräben hinein, das war so seine Art, und hing dann lange seinen Gedanken nach. Die Tillygräben waren nur wenige Schritte vom Grenzweg entfernt und man konnte durch die Bäume ins Böhmische hinübersehen. Er versuchte, und das nicht zum ersten Mal, sich in das 17 Jahrhundert zurückzuversetzen. Alles, was er an Büchern und Zeitschriften bekommen konnte, hatte er über die Zeit des Dreißigjährigen Krieges (1618-1648) gelesen. Wenn er in einer der Senken saß, stellte er sich lebhaft vor, wie es wohl im Jahr 1621 gewesen sein mochte, als sich Tilly und General Mansfeld hier mit ihren Truppen gegenüberlagen. Mansfeld und seine Landsknechte waren auf der böhmischen Seite nahe Eisendorf stationiert; die unter Tilly stehenden Truppen des Herzogs Maximilian hatten an der bayerisch-böhmischen Grenze Position bezogen. Zu dieser Zeit war die Ortschaft Eisendorf von pfälzischen Truppen des General Mansfeld besetzt. Feldherr Tilly wollte sich die Einfallstore nach Westböhmen sichern. Dazu gehörten, neben Eger und Pfraumberg, vor allem die Grenzübergänge von Schönsee bis Muttersdorf und von Eslarn bis Eisendorf. General Mansfeld wiederum wollte unbedingt Pilsen halten. Aber bereits im April desselben Jahres musste er vor den Truppen Tillys kapitulieren. - Aus dieser Zeit, so wusste der Zangerl Lenz, datierten die Tillygräben bei Eisendorf.

Was hatte sich wohl in den Grenzwäldern alles abgespielt? Nach dem erfolglosen Aufstand der böhmischen Stände kam es, ebenfalls in den zwanziger Jahren des 17. Jahrhunderts, zur Schlacht am »Weißen Berg«. In jener Zeit litt die

Landschaft unter Durchzug schwedischer und kaiserlicher Heere. Die Bürger versteckten sich vor den Söldnern in den Grenzwäldern. Der Zangerl Lenz blickte verträumt über die Bodenvertiefungen hinweg, – wenn diese Hügel doch erzählen könnten. Er zog sein abgegriffenes Schulheft hervor und begann, einige seiner Gedanken niederzuschreiben.

Nach etwa einer Stunde klappte er das Schreibheft zu und verließ die Senke. Er hatte vor, nach Hollersrieth zurückzukehren. So nahm er den Weg von der Tillyschanz aus, immer hart an der Grenze durch den Wald. Er genoss diese Spaziergänge über alle Maßen, besonders im Frühling. Wenig später erreichte er die »Karlsbrücke« und von jetzt an ging er direkt am »Fahrbach« entlang in Richtung Hollersrieth. Er wollte in seiner guten Stimmung nicht direkt nach Hause gehen. Und so machte er noch kurzfristig einen Abstecher ins Wirtshaus in Hollersrieth. Einige Bauern und ein gut gekleideter Mann saßen am Stammtisch. Der Zangerl Lenz nahm nach einem kurzen Gruß ebenfalls Platz.

»*Wau kummst denn du scho wieder her, woast ebba wieder vo dein Tilly?*« (Wo kommst denn du schon wieder her, warst etwa wieder bei deinem Tilly?), fragte ihn einer der Gäste. »*Hoalt da Maal, dau vaschtöist du suawöisua necks!*« (Halt dein Maul, davon verstehst du sowieso nichts!), antwortete der Lenz sehr ungehalten. Am Tisch kam nun Gelächter auf. Wussten doch alle, dass sich der Zangerl Lenz, sonst die Friedfertigkeit in Person, gar zu leicht aufregte, wenn man abfällig über die Tillygräben sprach. »*Gima a Sei'l Böia, dase des dumms Gschmada asholtn kon!*« (Gib mir ein Seidel Bier, damit ich das dumme Gerede aushalten kann!), wandte er sich an den Wirt. Das Lachen der Gäste wurde noch lauter und der Lenz ärgerte sich mehr über sich selber als über die Lacher. Wäre er nur gleich nach Hause gegangen! Der Wirt versuchte, ihn zu besänftigen. Er bat den Lenz, dem Herrn am Tisch doch eine seiner wunderbaren Geschichten zu erzählen. Der käme aus Norddeutschland und sei zu Besuch bei einem Kriegskameraden in Hollersrieth.

»Ich bin doch koi Gschichtldazula für Schdoodara!« (Ich bin doch kein Geschichtenerzähler für Stadtleute!), erboste sich aber, immer noch unwirsch, der Zangerl Lenz.

Der Wirt und die anderen Gäste beredeten ihn nun von allen Seiten. Weit und breit gebe es keinen, der besser über den Dreißigjährigen Krieg Bescheid wisse. Und keinen, der mehr Geschichten auf Lager habe. Der Lenz nahm inzwischen sein Bierseidel in die Hand und trank es mit einem Zug fast leer. Dann holte er umständlich sein Schnupftuch aus der Tasche und wischte sich fein säuberlich damit den Mund ab.

»Wennts aamol a Stund enga Gosch halts, laue mit mir ren!«, (Wenn ihr einmal eine Stunde eueren Mund haltet, lasse ich mit mir reden!), sagte der Zangerl Lenz und blickte erwartungsvoll in die Runde. Mit heftigem Kopfnicken wurde ihm dies bestätigt. Nur der Wirt wagte einen Hinweis: Die Geschichte sollte mit dem Dreißigjährigen Krieg zu tun haben. Dafür interessiere sich der Herr aus Norddeutschland ganz besonders. »Ja, das stimmt!«, meldete sich dieser. »Ich wäre Ihnen sehr dankbar, wenn Sie mir darüber etwas erzählen könnten.« – Da erwiderte Lenz in seinem besten Schriftdeutsch: »Wenn ich Ihnen damit dienen kann – bitte sehr. Ich werde Ihnen von einem persönlichen Erlebnis erzählen, das im Zusammenhang mit dem Dreißigjährigen Krieg steht. Ob Sie mir dafür am Ende dankbar sind – das bezweifle ich allerdings.«

Der Herr aus Norddeutschland konnte seine Neugier nicht länger zügeln und drängte ihn, doch endlich zu beginnen. Nachdem sich alle noch mit frischem Bier versorgt hatten, begann der Zangerl Lenz wie folgt zu erzählen.

* * *

Es war noch vor dem Zweiten Weltkrieg, als ich wieder einmal in Eisendorf zu tun hatte. Auf dem Heimweg hielt ich Einkehr beim »Ferdlzenz«, einer Schankwirtschaft unweit der Grenze zur Tillyschanz. Meistens traf ich dort alte Freunde und dann konnte es schon mal recht spät werden. So war es auch an jenem Sommerabend. Eine gar lustige Gesellschaft hatte sich um den riesigen Holztisch in der Schankstube eingefunden.

Am Nachbartisch wurde Karten gespielt und oft genug ging es da nicht nur um kleine Beträge. So mancher Spieler sah sich am Ende der Partie um seine letzte Barschaft gebracht. Oft hatte die ganze Familie darunter zu leiden, denn das verspielte Geld fehlte zu deren Lebensunterhalt. Ich selber spielte höchst selten und wenn, dann nur um geringe Summen. Für mich war es bloße Unterhaltung. Was mich hauptsächlich an den Wirtshaustisch trieb, war ein gutes Seidel Bier und ein Gespräch unter Freunden. Die »Holzhauer«, so nannte man die Waldarbeiter, waren nicht nur harte Burschen, sondern auch fidel und trinkfest. Auch konnte so mancher über seltsame Dinge berichten, die er bei seiner Arbeit in abgelegenen *Holzschlägen* erlebt hatte. Viele Seiten in meinen Heften sind voll von diesen Erzählungen.

Heute war einer meiner besten Freunde beim »Ferdlzenz« anwesend. Willi, so sein Name, äußerte seine Freude über das Zusammentreffen, indem er mir mit der Hand auf die Schulter klopfte. Beinahe wäre ich durch die Wucht seiner kräftigen Pranken vom Stuhl gefallen. Natürlich lachten alle, als ich mich, halb unter dem Tisch hängend, hochrappelte. Willis Gegenwart veranlasste mich dann, länger zu bleiben, als ich dies ursprünglich beabsichtigte. So war es weit nach 23 Uhr, als ich endlich nach Hause ging. Ich nahm den Weg zur Tillyschanz, um über den Goldberg Hollersrieth zu erreichen. Den kürzeren Weg über die

Karlsbrücke in Richtung Teufelstein wollte ich nachts
nicht gehen. Nicht dass ich etwa Angst hatte, nur konnte
man sich dort im Finstern sehr schnell verirren. Als ich das
Wirtshaus verließ, war es trotz der warmen Sommernacht
ziemlich dunkel. Im Nachhinein ärgerte ich mich doch,
nicht früher gegangen zu sein. Da ich eine kleine Abkürzung nahm, kam ich an einigen Tümpeln vorbei, die zum
Teil von Weidenstauden umgeben waren. Das Quaken der
Frösche in diesen Weiherchen war schon von weitem zu
hören. Hätte ich nicht einen Fußmarsch von mehr als einer Stunde vor mir gehabt, wäre diese laue Sommernacht
direkt romantisch gewesen. So stapfte ich etwas missmu-
tig Richtung Grenze.
Ich ging den schmalen Weg entlang und näherte mich den
Tillygräben. Ein seltsames Geräusch ließ mich innehalten.
Es kam aus dem Wald und hörte sich an wie Pferdegetrap-
pel. Angestrengt lauschte ich in die Richtung, wo ich das
vermeintliche Klappern der Pferdehufe vermutete. War
es anfangs nur schwach zu hören, so wurde es jetzt immer deutlicher. Ich stand noch mitten auf dem Weg, als
das Geklapper plötzlich verstummte. Doch bereits nach
wenigen Schritten hörte ich lautes Pferdewiehern! Was
war da los? Wer war da um Mitternacht noch mit Pferden im Wald? Sollte ich mich etwa getäuscht haben, und
es war nur ein Fuhrwerk weiter vorne auf der Hauptstraße? Ich hatte es nun eilig, so schnell wie möglich die Straße zu erreichen. Schon nach einigen Metern sah ich, wie
jemand hastig aus dem Wald direkt auf mich zukam. Erschrocken blieb ich stehen. Ein Hüne von Mann stand da
auf einmal vor mir und versperrte mir den Weg! So wie
dieser Kerl da vor mir bekleidet war, konnte es sich nur
um einen Landsknecht aus dem Dreißigjährigen Krieg
handeln! Oft genug hatte ich diese in meinen Büchern ab-
gebildet gesehen. Unbeweglich stand er keine zwei Meter

vor mir. Ich wagte es nicht, weiter zu gehen. Angst kam in mir hoch und in meinem Kopf herrschte nur ein Gedanke – Flucht! Ohne mich zu bewegen suchte ich nach einer Möglichkeit, in den Wald zu fliehen. Zu allem Übel kam auch noch der Mond hervor und tauchte das Geschehen in ein gespenstisches Licht. Erst jetzt konnte ich den Burschen da vor mir richtig sehen. Vom Gesicht war nicht viel zu erkennen, denn er hatte einen wild wachsenden Vollbart. Nur die stechenden Augen blitzten mir entgegen. In der Hand hielt er eine Art Machete, die drohend auf mich gerichtet war. Als ich gerade zur Flucht ansetzten wollte, hob der Kerl bedrohlich die Machete, als ob er wüsste, dass ich fliehen wollte. So blieb ich denn stehen, kaum noch in der Lage, einen klaren Gedanken zu fassen. Was in den nächsten Sekunden geschah, jagte mir noch kältere Schauer über den Rücken.

Genau da, wo sich die Tillygräben befanden, kamen plötzlich mehrere Reiter aus dem Wald galoppiert und jagten in Richtung Eisendorf davon. Einer von ihnen scherte aus und kam im wilden Galopp direkt auf mich zu. Instinktiv warf ich mich zur Seite und stürzte dabei die Böschung hinunter. Nicht etwa weil ich mir wehgetan hätte, blieb ich reglos liegen. Die Angst hatte einen solchen Grad erreicht, dass ich mich kampflos in mein Schicksal fügte. Ich rollte mich zusammen und schützte mit meinen Händen den Kopf. Ich wagte kaum zu atmen und hoffte, die furchtbare Gestalt wäre mit der Reiterhorde verschwunden. Für einen Moment war es still geworden und nichts deutete darauf hin, dass sich jemand in unmittelbarer Nähe befand. Jetzt spürte ich plötzlich Schmerzen in meiner linken Schulter. Der erste Schock war wohl gewichen. Ich hatte also doch Verletzungen davongetragen. Vorsichtig versuchte ich aufzustehen, um einen Blick hinauf zum Waldweg zu riskieren. Nichts war bei diesen Lichtverhältnissen zu erkennen. Trotz starker Schmerzen schleppte ich mich vorsichtig die Böschung hinauf. Bevor der Feldweg erreicht war, hob ich meinen Kopf, um den größten Teil des Wegs überschauen zu können.

Nichts! Eine merkwürdige Stille herrschte und ich wagte es endlich, die Straße zu betreten. Jetzt spürte ich den höllisch stechenden Schmerz in der linken Schulter gleich doppelt. Jede Bewegung, die ich mit der linken Hand machte, löste unerträgliche Schmerzen aus. Vorsichtig um mich schauend, ging ich in Richtung zur Hauptstraße weiter. Erleichtert konnte ich die Häuser erkennen, die unmittelbar an der Grenze standen. Nirgendwo brannte noch Licht. Die Bewohner der Tillyschanze schliefen den Schlaf der Gerechten. Immer wieder mal in Richtung zu den Tillygräben schauend, ging ich in flottem Tempo den Goldberg hinauf. Später bog ich in Richtung Teufelstein ab, so konnte ich noch ein gutes Stück Weg bis Hollersrieth abkürzen. Erst jetzt atmete ich richtig auf! Die Angst saß noch immer tief in meinen Knochen. Die Schulter schmerzte enorm. Als ich über einen Hohlweg wieder freies Gelände erreichte, war der Schmerz wie weggeblasen, denn dafür sorgte ein neuer Schock: Auf den bereits abgemähten Wiesen sah ich nur wenige Meter vor mir hoch zu Ross einen Mann! Reglos wie eine Statue schaute er geradewegs zu mir herüber. Der Spuk ging schon wieder los!

Diesmal nur nicht stehen bleiben, dachte ich, und nicht erneut in diese lähmende Angst verfallen! Ich beschloss, den Reiter einfach zu ignorieren, und setzte eiligst meinen Weg fort. Doch der Bursche folgte mir! Zwar Abstand haltend, blieb er mir dennoch kontinuierlich auf den Fersen. Deutlich war das Schnauben des Pferdes zu hören. Plötzlich ergriff mich Panik und ich fing an zu rennen. Doch alles half nichts, der Kerl blieb hinter mir! Eindeutig waren der Hufschlag und das erregte Schnauben des Tieres zu hören. Plötzlich aber musste der Reiter das Tempo gesteigert haben, denn die Geräusche wurden lauter und kamen bedrohlich näher.

Während ich wie ein Irrer um mein Leben lief, wagte ich einen kurzen Blick zurück. Dadurch kam ich aber ins Straucheln und stürzte zu Boden. Am liebsten wäre ich wieder liegen geblieben, reglos zusammengerollt, die Augen geschlossen und meine Hände auf die Ohren gepresst. Doch diesmal war der Überlebenstrieb stärker: Ich versuchte, mit aller Gewalt aufzustehen. Da folgte aufs Neue ein aberwitziger Anblick: Die Vorderhufe des Pferdes waren direkt über mir und der Reiter beugte sich – in der Hand eine Machete! - zu mir herunter. Ich ließ meinen nur halb aufgerichteten Oberkörper einfach zu Boden fallen. Ich wollte wohl meinen Kopf in Sicherheit vor seiner Waffe bringen.

Das Letzte, was ich bewusst wahrnahm, war noch der Pferdekopf: Aus den Nüstern stieg in kurzen Abständen nebliger Rauch in die Luft, der nach Schwefel roch. Die Augen glichen zwei blau leuchtenden Diamanten mit glühenden roten Punkten. Darüber sah ich noch in Umrissen die zur Seite gebeugte Gestalt des Reiters. Drohend ließ er seine schwertähnliche Waffe über seinem Kopf kreisen. In diesem Augenblick hatte ich mit meinem Leben abgeschlossen.

Plötzlich aber riss das Pferd die Vorderhufe nach oben, drehte sich um die eigene Achse und stob wiehernd davon. Es dauerte einige Zeit, bis ich wieder halbwegs auf die Beine kam. Schweißgebadet stierte ich unentwegt in die Richtung, in die der Reiter – gottlob - verschwunden war. Eine unheimliche Stille herrschte jetzt wieder und nichts deutete darauf hin, dass ich noch vor wenigen Minuten dem Tod nahe war. Mit Knien wie Pudding und Schulterschmerzen, die sich wellenförmig über die Brust und den gesamten Rücken ausbreiteten, schleppte ich mich mühsam vorwärts.

* * *

Der Zangerl Lenz unterbrach an dieser Stelle seine Erzählung, nahm einen kräftigen Schluck aus dem Bierkrug und betrachtete wohlgefällig die entgeisterten Gesichter seiner Zuhörer. Besonders dem Gast aus Norddeutschland stand das blanke Entsetzen ins Gesicht geschrieben. Obschon der Wirt so manche Geschichte vom Zangerl Lenz gehört hatte – diese schien ihm doch weit überzogen zu sein. Auch einer der Zuhörer wagte, an der Glaubwürdigkeit der Geschichte zu zweifeln, was den Lenz gehörig in Rage brachte.

»Du hoaust koi Ahnung – jets Word is waua!« (Du hast keine Ahnung – jedes Wort ist wahr!), brauste der Erzähler auf und fuhr fort: »*Es gibt Dinga zwischa Himmel und Erd vo denan du Maalaff koi Ahnung haoust!«* (Es gibt Dinge zwischen Himmel und Erde, von denen du Maulaffe keine Ahnung hast!)

Der Herr aus dem hohen Norden dagegen teilte dem Lenz mit, dass er keinen Zweifel an dem Wahrheitsgehalt seiner Geschichte hege. Dennoch gab er vorsichtig zu bedenken, dass er wohl bei einigen Passagen seiner Schilderung, bedingt durch den Schockzustand, in dem er sich damals befand, einiges durcheinander gebracht habe. Den letzten Satz hätte er besser für sich behalten. Der Zangerl Lenz warf ihm einen giftigen Blick zu und fertigte ihn mit der Erklärung ab, dass er als Fremder keinen blassen Schimmer habe. Entlang des Grenzwaldes gäbe es viele verbürgte Geschichten, die er niemals begreifen könne. Der Fremde wollte den Streit nicht eskalieren lassen und zog es vor zu schweigen. Ein anderer wieder verlangte, dass der Lenz seine Geschichte zu Ende erzählen sollte. Doch der Lenz war aufgebracht von den Einwänden und weigerte sich. Das Wesentliche sei gesagt, meinte er kurz und trocken. Dann rief er den Wirt, um zu bezahlen. Dieser gab ihm zu verstehen, dass er ihm nichts schulde. Dadurch aber wurde der Zangerl Lenz nur noch wütender. Er lasse sich, so seine Antwort, von niemandem etwas bezahlen! Der Herr aus Norddeutschland meldete sich noch einmal zu Wort: »Ich möchte mich nochmals für die spannende Geschichte bei Ihnen bedanken!« Lenz winkte bloß ab: »Schon recht«, sagte er auf Hochdeutsch, »ich bin unseren Gästen gern gefällig.« Dann aber wechselte er abrupt in den Dialekt und rief: »*Des woa as letzte Moal, dass ich eng wos dazült ho!*« (Das war das letzte Mal, dass ich euch was erzählt habe!) Verärgert fügte er noch hinzu: »*Denn für solche Dinga hauts eh zweng in engan Hian!*« (Denn für solche Dinge habt ihr eh zu wenig in euerem Hirn!) Er legte einige Geldmünzen auf den Tisch und verließ ohne Gruß das Wirtshaus. Von diesem Tag an hat der Zangerl Lenz tatsächlich nie mehr eine Geschichte im Dorfwirtshaus erzählt.

Das Museumsgespenst

Wieder einmal verbrachte ich einige erholsame Tage in Pleystein. Das Rosenquarzstädtchen hatte es mir einfach angetan. Zweimal im Jahr – manchmal auch öfter – mache ich mit meiner Frau und meinen Freunden hier Urlaub.

Pleystein und auch Vohenstrauß sind mir schon längst zur zweiten Heimat geworden. Ging ich doch die letzten zwei Jahre meiner Schulzeit in Altenstadt bei Vohenstrauß zur Schule. Meine Frau und Tochter sind in Pleystein, mein Sohn in Vohenstrauß geboren. Wenn ich auch schon 1956 den Altlandkreis Vohenstrauß aus beruflichen Gründen verlassen musste, zieht es mich dennoch unwiderstehlich hierher.

Es war ein Montag nach dem Bergfest, als ich mich entschloss, einen ausgedehnten Spaziergang zu unternehmen. Meine Bekannten wollten ein paar Stunden ausruhen und zogen sich auf ihre Zimmer beim »Gloingirgl« (Hotel Regina) zurück. Auch meine Frau folgte ihrem Beispiel. Ich dagegen wollte umherwandern und brach also in Richtung Galgenberg auf. An der Stadtkirche vorbei erreichte ich den Friedhof. Als ich bereits in den Weg, der zum Galgenberg hinaufführt, einbiegen wollte, rief jemand meinen Namen.

Erstaunt drehte ich mich um. Rechts neben dem Eingang zum Friedhof saß ein Mann auf einer Bank. Dieser hob seine Hand und winkte mir freundlich zu. Da sonst niemand zu sehen war, war er es wohl, der meinen Namen gerufen hatte. Und damit lag ich richtig: »Richard, kennst du mich etwa nicht mehr?«, rief er mir nochmals zu.

Erst als ich einige Schritte näher kam, erkannte ich den Mann auf der Bank. Franz Graser (Name geändert) – den alle, soweit ich mich noch erinnern konnte, nur den »Geister Franzl« (Name geändert) nannten, begrüßte mich mit herzlichem Handschlag.

»*Mei, howe di scho long nima gsäing!*« (Mensch, habe ich dich schon lange nicht mehr gesehen!), sagte er und bat mich, neben ihm Platz zu nehmen. Tatsächlich hatten wir uns schon mehr als 25 Jahre nicht gesehen. Es entwickelte sich, wie üblich nach so langer Zeit, ein ausgiebiges Gespräch. Nachdem man sich hinreichend über die Familie ausgetauscht hatte, kam das Gespräch auf die »Alten Zeiten«.

Soviel ich noch wusste, hatte der Franzl ein Faible für Geister- und Gespenstergeschichten. Daher auch sein Name »Geister Franzl.« Da mich derlei Erzählungen schon immer interessierten, war ich gespannt, ob er eine zum Besten geben würde. Ich brauchte auch nicht allzu lange zu warten. »Ich habe gehört, du schreibst Geschichten?«, fragte er mich plötzlich. Ich nickte, dann fuhr er fort: »Weißt du, Richard, spannende Geschichten erfinden oder nacherzählen mag ja hochinteressant sein. – Sie wirklich erlebt zu haben, ist aber etwas ganz anderes!« Er schaute mich erwartungsvoll an und ich überlegte, was ich erwidern sollte. »Du magst schon Recht haben – nur die erlebten Geschichten sind selten so spannend!«, antwortete ich. »Und wenn ich reale Erlebnisse nacherzähle, dann sind sie vom ursprünglichen Erzähler meist schon mit seiner Fantasie ausgeschmückt und ebenfalls gleichsam erdichtet worden. Was mich interessiert, sind deshalb die starken Gefühle, der Schock, die lähmende Angst und schließlich der Versuch, eine Erklärung dafür zu finden. Diese Gefühle und Gedanken sind durchaus real. Sie sind Ausdruck einer einmaligen Mentalität, die sich in der hiesigen Bevölkerung über Jahrhunderte entwickelt hat.« Franzl setzte ein schelmisches Lachen auf, das ich noch von früher in Erinnerung hatte: »*Ich ho sua Dinga dalebt, des konst ma glam!*« (Ich habe solche Dinge erlebt, das kannst du mir glauben!), entgegnete er, und das Lächeln auf seinem Gesicht war urplötzlich verschwunden. Ernst fuhr er fort: »Mitte der vierziger Jahre hatte ich nicht weit von hier ein Erlebnis, das mir noch heute, wenn ich daran denke, das Blut in den Adern gefrieren lässt!« Neugierig geworden wollte ich wissen, wo genau er was erlebt hatte. Er deutete in Richtung Stadtpfarrkirche und sprach: »Dort, im alten Mädchenschulhaus, wo seit 1967 das Stadtmuseum ist, habe ich höchst Seltsames erlebt.« Die Augen zu Boden gerichtet und in sich gekehrt, starrte er vor sich hin. Gerade als ich ihn vorsichtig fragen wollte, was er denn so Schreckliches erlebt habe, fuhr er fort: »Kurz vor Kriegsende war ich in der Gegend um Pleystein des Öfteren unterwegs, um bei den Bauern einige Eier oder etwas Butter zu bekommen!«, erzählte er. »Du weißt ja, wie schwer solche Dinge damals zu beschaffen waren!« Ich nickte und forderte ihn auf, endlich zur Sache zu kommen.

»Wos ich da glei dazül, wiast eh niat glam!« (Was ich dir gleich erzähle, wirst du eh nicht glauben!), meinte er. - Ich hielt das für die übliche Tiefstapelei, die ich schon häufig bei Erzählern angetroffen hatte, die dann nichtsdestotrotz die haarsträubendsten Geschichten präsentierten. Dann fing der Geister Franzl an, Folgendes zu berichten:

***

Wie schon gesagt, war ich wieder mal auf dem Heimweg von einer Hamstertour. Da ich kaum noch etwas Wertvolles zum Tauschen besaß, war natürlich kein Bauer bereit, mir ein Stück »Geräuchertes« (Rauchfleisch) oder dergleichen zu geben. Alle Mühe war schlicht umsonst. Mein Rucksack blieb so leer wie mein Magen. Es war schon ziemlich dunkel, als ich Pleystein erreichte. Nur ganz selten drang durch eines der Fenster ein schmaler, kaum sichtbarer Lichtstreifen. Du kennst das ja, Richard: Wer gegen die Verdunklungsverordnung verstieß, musste mit einer schweren Strafe rechnen. Es war bereits das fünfte Kriegsjahr und die Bomberverbände der Alliierten waren immer häufiger am Himmel zu sehen. Ich überlegte, ob ich nicht in einem Gasthaus das jetzt mit Blitz und Donner aufziehende Gewitter abwarten sollte. Noch bevor ich mich entscheiden konnte, fing es wie aus Sturzbächen zu regnen an. Ich hielt meinen Rucksack schützend über den Kopf, lief zum Eingang des Schulhauses und drückte mich eng an die Tür, um mich vor dem heftigen Regen zu schützen.

Viel half es zwar nicht, aber ich fühlte mich zumindest etwas sicherer. Ein Blitz folgte dem anderen und der Donner, der sich unmittelbar danach anschloss, war krachend und markerschütternd. Mehr aus Zufall als aus Absicht griff ich zur Türklinke – und siehe da, die Tür sprang einladend auf. Hatte man vergessen, sie abzuschließen? Mir war das egal: Froh, endlich Schutz vor dem Unwetter gefunden zu haben, betrat ich das Schulhaus. Instinktiv zog ich die Tür hinter mir zu. Da stand ich nun im Dunkeln und zögerte, auch nur noch einen Schritt zu tun. Ich kannte das Schulgebäude ja nur von außen. Ich streckte meine beiden Arme aus und ertastete so die rechte Seitenwand. Nun versuchte ich, mit der linken Hand die andere Seite zu erreichen. Es war wohl ein Treppengeländer, was ich dabei zu fassen bekam. Wo ein Geländer ist, dachte ich, da müssen in der Regel auch Stufen sein. Mit meinem Fuß wurde ich auch sogleich fündig. Vorsichtig setzte ich mich auf den untersten Treppenabsatz. Erst jetzt fiel mir meine alte Militärtaschenlampe ein, die ich in einer Seitentasche meines Rucksacks verstaut hatte. Mein Vater hatte diese von einem Fronturlaub mitgebracht und vergessen, sie wieder mitzunehmen. Erleichtert stand ich auf und holte sie hervor. Obwohl sie nur ein kümmerliches Licht verbreitete – die Batterie war schon ziemlich schwach –, konnte ich mich einigermaßen orientieren. Am Ende des Flurs wurden einige Steinstufen sichtbar, die wohl in den Keller führten. Über die Stufen, auf denen ich gesessen hatte, gelangte man vermutlich in die oberen Klassenräume. Ich nahm wieder auf einer der Staffeln Platz und beschloss, das leidige Unwetter ruhig abzuwarten.

Ich machte meine Taschenlampe aus, um die Batterie zu schonen. Plötzlich glaubte ich, ein Geräusch zu hören, war mir aber nicht sicher, wo es herkam. Mein erster Gedanke war, es käme vielleicht von draußen, doch nun war es deutlicher zu vernehmen – es kam von der Treppe, die zum Keller führte.

Was war das? Ich wagte nicht, mich zu rühren. Schließlich kam ich auf die Idee, es könnten Ratten sein. Ich leuchtete mit der Taschenlampe erneut Richtung Treppe. Die Biester sollten gefälligst Ruhe geben und sich in ihre Winkel verkriechen. Es wurde auch mucksmäuschenstill. Und nach einer Weile machte ich die Taschenlampe wieder aus.

Doch mit der Dunkelheit kehrten auch sofort die Geräusche zurück! Sie kamen eindeutig aus dem Keller! Es hörte sich wie Kettengerassel an – das waren keine tierischen Laute! Wie in einer Gespenstergeschichte, dachte ich, und musste fast unwillkürlich grinsen. Doch das Lachen erfror förmlich auf meinem Gesicht, als ich bedachte, dass diese Geräusche tatsächlich existierten und aus einem dunklen Kellerloch an meine Ohren drangen! Die Angst stieg bis in meine Haarspitzen hoch. Wer sollte um diese Zeit – ohne Licht – im Keller hantieren? Selbst ein Dummer-Jungen-Streich war ausgeschlossen: Wie hätte jemand wissen oder planen können, dass ich genau

*zu dieser Zeit in Pleystein ankommen und wegen eines
Gewitters ausgerechnet im Stadtmuseum Schutz suchen
würde?*

*Ich nahm all meinen Mut zusammen und stand auf. Gerade als ich meine Taschenlampe erneut anmachen wollte,
bemerkte ich einen Lichtschein. An der Wand zur Kellertreppe war ein dunkler Schatten zu erkennen. Also doch
ein Mensch! Erleichtert atmete ich auf. Und schnell riss
ich mich zusammen. Denn niemand sollte mitbekommen,
dass sich der »Geister Franzl« wie ein Schulbub im Dunkeln fürchtete. – Doch nichts Menschliches kam näher.
Der Schatten an der Wand bewegte sich nicht vorwärts
und nicht rückwärts. Er nahm aber viele Formen an! Irritiert blickte ich auf diese Stelle: Richard, ich schwör dir:
Das waren Schattenbilder von Köpfen! Nichts als Köpfe,
einmal mit Vollbärten, einmal ohne. Und stets von langen
zotteligen Haaren umgeben! Sie wechselten in schneller Folge, wie eine wild gewordene Dia-Show! Manchmal glaubte ich sogar, ausgestreckte Arme mit verketteten Handfesseln zu erkennen; dann wieder ein grausig
erhobenes Beil, das mit Wucht auf die Vielzahl der Köpfe
herniederfuhr! Und plötzlich nahm auch noch der Lichtschein aus dem Keller zu. Ich hörte schlurfende Schritte.
Und die wild zuckenden Schattenbilder an der Wand waren mit einem Mal verschwunden. Kam da womöglich
doch jemand aus dem Keller?*

Nun sah ich es ganz klar: Da kam eine Gestalt mit Kerzenlicht aus dem Keller hoch.

*Und jetzt erlebte ich selbst, was ich in Gespenstergeschichten immer erzählen hörte: die lähmende Angst. Ich
konnte mich einfach nicht bewegen, obwohl ich nur wenige Schritte zur Haustür hatte, um auf die rettende Straße
zu gelangen. Stattdessen starrte ich auf das Gebilde vor
mir, das immer größer wurde: Ein grauweißes Etwas, kein*

Kopf, keine Füße, nur ein spindeldürrer Arm mit einem brennenden Kerzenlicht war zu erkennen. Meine Hände waren eiskalt, ja mein ganzer Körper schien eine einzige Eisscholle zu sein. Das Donnergrollen, das von draußen jetzt in immer kürzeren Abständen zu hören war, machte alles nur noch unheimlicher.

Das Einzige, was ich noch in mir spürte, war wahnsinnige Angst! Die absurdesten Fragen durchzuckten meinen Kopf: Wieso hörte ich Schritte? Der Kerl hatte doch keine Füße und schwebte über dem Boden? Aber was sollte das schon heißen: der Kerl? Das war kein Kerl, das war ein Geist! Die Erscheinung hatte jetzt die oberste Kellerstufe erreicht. Für einen Moment blieb sie stehen und sah zu mir herüber. Zumindest schien es mir so. Denn sie hatte ja keinen Kopf! Dann aber machte sie kehrt und ging die Kellertreppe wieder hinunter. Gleichzeitig war auch der Lichtschein verschwunden. Es herrschte wieder völlige Dunkelheit. Nur langsam kehrte wieder Leben in meinen Körper zurück. Noch immer wagte ich nicht, mich zu bewegen! Totenstille herrschte im Flur des Schulhauses. Auch Blitz und Donner hatten aufgehört. Das Unwetter war wohl abgezogen.

Endlich, nach großer Überwindung, wagte ich die paar Schritte bis zur Haustür. Vorsichtig öffnete ich diese. Das Gewitter hatte sich tatsächlich ausgetobt, doch es regnete ziemlich stark. Schnell zog ich die Tür hinter mir zu. Noch völlig durcheinander machte ich mich auf den Nachhauseweg. Die Straße war menschenleer. Erst jetzt atmete ich etwas auf. Es hatte mächtig abgekühlt und durch die frische Luft wurde mir etwas wohler.

Ich hatte erst wenige Schritte in Richtung Bahnhof getan, da kam mir zwischen Stadtkirche und Knabenschulhaus jemand entgegen. Ich hatte augenblicklich keine Lust, auf Bekannte zu treffen, und bog zur anderen Straßenseite *ab. Mehr aus den Augenwinkeln wagte ich einen Blick auf den Entgegenkommenden – und erschrak bis ins Herz hinein.*

Es war die Erscheinung aus dem Mädchenschulhaus! Obwohl ich den gegenüberliegenden Gehweg noch nicht erreicht hatte, blieb ich wie angewurzelt stehen. Der starke Regen und der böige Wind schienen dem Kerzenlicht, das die Gestalt bei sich führte, rein gar nichts auszumachen. Wieder schoss die Angst in mir hoch. Noch bevor ich wusste, wie ich mich nun verhalten sollte, sah ich das seltsame Gebilde in der Nähe des Kirchturms verschwinden. Richard! Das Ding ging ohne Probleme durch das Gemäuer hindurch! Ich hatte nur noch eines im Sinn: nichts wie weg! Wie unter einem Zwang stehend, drehte ich mich nochmals um: Was ich sah, war schwacher Lichtschein aus einem der Fenster der Mädchenschule! Die Kirche aber lag still und dunkel vor mir!

Was war nun das schon wieder? Ich hatte doch genau gesehen, wie die seltsame Gestalt im Gemäuer des Gotteshauses verschwand! Wie kam sie, ohne das Schulhaus zu betreten, dort hin? Ich fing an zu rennen; und erst als ich die Hauptstraße nach Vohenstrauß erreicht hatte, blieb ich stehen. Ich verspürte mit jedem Atemzug stechenden Schmerz in meiner Brust. Langsam ging ich weiter bis zum Bahnübergang. Die Angst lastete immer noch zentnerschwer auf mir. Erst als ich nach etwa einer Stunde in Vohenstrauß ankam, verlor sich die Furcht. Und mein Herz schlug endlich wieder ruhiger.

***

Franz Graser hatte aufgehört zu sprechen. Er schaute gedankenverloren in Richtung Stadtmuseum. Dann wandte er sich mir zu: »*Wos sagst öitza?*« (Was sagst du jetzt?), wollte er wissen. Er hatte wohl meinen Gesichtsausdruck richtig gedeutet und argwöhnte: »*Du glabst, des is niat waua?*« (Du glaubst, das ist nicht wahr?) Dabei sah er mich vorwurfsvoll an. Es war jetzt wichtig, den »Geister Franzl« nicht unnötig zu verärgern. So antwortete ich etwas ausweichend: »Kann schon sein, dass du damals etwas beobachtet hast: Ob die Gestalt aber ein Geist war, wage ich zu bezweifeln.« - »*Moch sa, dass deine Gschichtla niat alle waua san, waust du schreibst, – de mei is waua!*« (Mag sein, dass deine Geschichten nicht alle wahr sind, die du schreibst, – die meine ist wahr!), antwortete er erbost. Ich beruhigte ihn und versprach, dass sein soeben erzähltes Erlebnis auch in meinem nächsten Buch stehen werde. Dies schien ihm zu gefallen, denn er lächelte schon wieder spitzbübisch, als er sagte: »*Schreib owa, das mei Gschicht waua is!*« (Schreibe aber, dass meine Geschichte wahr ist!)

Ich beteuerte ihm hoch und heilig, dies zu tun.

Da ich jetzt nicht mehr vorhatte, meinen Spaziergang zum Galgenberg fortzusetzen, versuchte ich, noch mehr über die Geschichte zu erfahren. »Hat das Gespenst«, setzte ich das Gespräch fort, »außer dir sonst noch jemand gesehen?«

»Und ob!«, versicherte er mir. »Bis zum heutigen Tag ist es in diesem Gebäude nicht geheuer.« - »Kannst du etwas konkreter werden?«, bat ich ihn.

»Hast du denn noch Zeit?«, wollte er wissen. – »Natürlich!«, antwortete ich.

Franz Graser schien mit seinen Gedanken woanders zu sein, als ich ihn fragte: »Hast du noch etwas auf Lager?«

Schließlich antwortete er: »Du kennst doch viele Leute aus der Pleysteiner Umgebung – hör dich da mal gezielt um und du wirst fündig!« - »Mag sein!«, versicherte ich ihm. »Ich möchte aber noch was von dir hören.« - »Gut, ich werde dir noch erzählen, was bis heute aktuell ist!« Dann fuhr er fort wie folgt:

***

Ein Schüler, der 1946 dort zur Schule ging, hat mir viel über das Gebäude berichtet: Nach der Vertreibung der Deutschen aus dem Sudetenland hatten viele von ihnen in Pleystein Unterkunft bekommen. Es mussten also weitere Lehrkräfte an der Schule angestellt werden. Noch im selben Jahr trat auch die Lehrerin Annemarie Smolik ihren Dienst an. Es war ein offenes Geheimnis, dass sie gerne ein Glas Wein trank. Sie hatte sogar einen kleinen Wein-Vorrat direkt im Schulkeller angelegt. Der Schüler – ich habe ihm versprochen, seinen Namen nicht preiszugeben –, aber auch andere mussten der Frau Lehrerin gelegentlich ein Fläschlein von ihrem Lieblingsgetränk aus dem Keller holen. Der edle Tropfen sollte ja die richtige Temperatur haben, bevor sich die gute Frau ein Glas davon genehmigte. Nach Auskunft des besagten Schülers war manche Flasche aber angebrochen oder sogar leer. Die Lehrerin hegte daher den Verdacht, dass einige ihrer Schüler nicht widerstehen konnten und sich an ihrem Vorrat gütlich getan hatten. Obwohl sich die Schüler vehement gegen derlei Verdächtigungen verwahrten, kam es jedoch immer wieder vor, dass eine leere Flasche im Weinregal zu finden war. Erst später, in den fünfziger Jahren, vertraute mir der ehemalige Schüler an, dass es wohl das Kellergespenst sein musste, das sich am Wein der Frau Lehrerin vergangen hatte. Ich habe so manches Mal, wenn ich nachts spät von einer Tanzveranstaltung in Pleystein nach Vohenstrauß heimging, Lichtschatten in einem der Klassenzimmer bemerkt. Und nicht nur das. Ich habe auch beobachtet, wenn ich nach Mitternacht noch unterwegs war, wie eine Gestalt zwischen dem heutigen Stadtmuseum und der Kirche hin und her ging. Wenn ich den Mut aufbrachte, was nicht immer der Fall war, und mich in die Richtung zum Kirchturm begab, verschwand das Gebilde durch das Gemäuer der Kirche. Was ich dir erzählt habe, war nur meine erste Begegnung mit dem Gespenst. Ich erfuhr auch, dass es zwischen dem Keller des Stadtmuseums und der Kirche einen unterirdischen Gang gegeben haben soll. Heute ist dieser natürlich nicht mehr zugänglich. Er ist wohl im Laufe der Jahre eingestürzt und verschüttet. Ein älterer Herr aus Pleystein hat mir erst kürzlich erzählt, dass das Gespenst seit Bestehen des Museums immer öfter gesichtet wurde. Als ich ihn nach einer Erklärung fragte, gab er mir zur Antwort: »Es hat mehr Ruhe in den Räumen, in denen viele alte Dinge ausgestellt sind.« Ja, mein lieber Freund, wandte sich der Franzl nun an mich: Ob du es nun glaubst oder nicht - das Museumsgespenst gibt es. Das kannst du ruhig alles aufschreiben.

* * *

Ohne einen Kommentar meinerseits abzuwarten, erhob sich Franz Graser von der Bank. Er gab mir die Hand und versicherte, dass er sich über unser Wiedersehen arg gefreut habe. Plötzlich hatte er es sehr eilig. Ohne sich nochmals umzudrehen, verschwand er in Richtung des ehemaligen Bahnhofs.

Auf dem Rückweg zum »Gloingirgl« blickte ich mit gemischten Gefühlen hinüber zum Stadtmuseum. Beim Abendessen erzählte ich meiner Reisegruppe von der Begegnung mit dem »Geister Franzl«. Natürlich wollten alle die Geschichte vom »Museumsgespenst« hören. Ich versprach, sie ihnen morgen bei einem Spaziergang im bayerisch-böhmischen Grenzwald zu erzählen.